地域に帰る
知的障害者と脱施設化

カナダにおける州立施設トランキルの閉鎖過程

Return to the Community
The Process of Closing an Institution
John Lord & Cheryl Hearn

ジョン・ロード／シェリル・ハーン〈著〉
鈴木 良〈訳〉

明石書店

Return to the Community: The Process of Closing an Institution
by John Lord and Cheryl Hearn

【目　次】

日本語版へのまえがき

脱施設化は障害者が入所施設のケアから離れて、地域の中の市民としての正しい場を獲得できるように変革する地球規模の社会運動である。

一九世紀及び二〇世紀を通して、カナダの何千人もの障害者は入所施設で生活してきた。それは、ほとんど常に隔離された施設であり、地域生活から孤立してきた。これは、日本も他の西欧諸国も同様である。

カナダは施設閉鎖のプロセスを主導してきた。一九七〇年代初期には、カナダにおける親の会や権利擁護活動家は施設閉鎖のための方法を探求し始めていた。同時に調査研究も開始され、どのような重い障害をもっていても、障害者は入所施設よりも地域において充実した意味のある生活を送ることができるということが証明されてきた。

二〇一七年までに、カナダにおけるほぼ全ての入所施設は閉鎖され、残りのいくつかの入所施設は閉鎖過程にある。

本書『地域に帰る　知的障害者と脱施設化――カナダにおける州立施設トランキルの閉鎖過程』は、カナダにおける大規模入所施設の最初の大きな閉鎖過程について記録したものである。これは、障害者のための肯定的改革を創り出すことを望む人々のための重要な教訓を伝えている。本書における調査研究では、脱施設化の取り組みが効果的になされ、障害者本人や地域にとって良い成果をもたらすためには、政策・計画・財政・強力なファシリテーション・適切な支援の全てが求められるということが示されている。

カナダにおける脱施設化運動が最も盛り上がりをみせてから二〇年が経過している。それ以来、世界は変わってきており、現在は障害者のための人権や支援に対してより強い倫理や関与が現れている。今や二つの重要な要因によって、全ての国が施設閉鎖のために前進することが必要不可欠になっている。

・二〇〇六年に国連において障害者権利条約が採択された。この重要な国際的合意は、国が実行しなければならない八つの重要な原則と五〇以上のガイドラインを示している。この国連の障害者権利条約は障害者のための完全な人権にとっての障壁を減らしていくために国が行動するための枠組みを提示している。施設閉鎖は国が採用しなければならない重要な政策の一つである。日本は二〇一四年一月二〇日にこの条約に批准をした。

・過去三〇年の間に、数多くの調査研究によって、障害のある市民が地域で充実した生活を送るためにどのような支援をすべきなのかということについて明らかになってきた。こうした調査研究によって、支援が個別化されたときに個別支援が最も費用対効果があるということが示されている。これは、障害者はカスタマイズされた公的及び非公的な支援を受けることを意味する。本書で示されているように、そのような支援は各障害者本人のストレングスや関心に基づいている。公的支援には、給与をもらって、直接支援と共に障害者本人が地域で人間関係や関心のある活動を探求することを可能にするファシリテーションの支援を提供することが含まれる。給付金は各障害者本人のニーズやストレングスに向けられている。カナダはいわゆる個別化給付（Individualized Funding）を実施することに大きな成功を収めてきた。非公的な支援もまた重要である。それは、ネットワークあるいはサポート・サークルにしばしばつながっている家族・友人・近隣住民による支援が含まれる。調査研究は、このような非公的な支援によって、障害者や彼らの家族がより積極的に関わり力をもてるようになることが示されてきた。

本書で示されているように、脱施設化の取り組みにおいて家族は重要な役割を果たしてきた。多くの家族は当初、彼らの家族構成員が地域に帰るという考えを受け入れることを躊躇してきたが、カナダの経験では、強力な家族支援の戦略によって家族が地域生活という選択肢を探求し支持するようになるということが明らかになっている。家族は肯定的な成功ストーリーを聞くこと、うまくいく方法を見ること、彼らの息子あるいは娘が地域で安全で安心した生活を送れるという保障が必要である。

二〇〇年前にフランスの小説家であるヴィクトル・ユーゴーは「時にかなって生まれた発想ほど強いものはない」と語った。全ての国において入所施設を閉鎖し、障害者が市民権や様々な機会を経験できるように支援をする時がきている。カナダでの経験はとても肯定的なものであり、今や何千人もの障害者が地域で彼らの家族の近くで生活している。日本もまた障害者本人や地域のために同じような肯定的成果をもたらすことができるであろう。

ジョン・ロード

謝辞

ヒューマンサービス調査・教育センター（Center for Research & Education in Human Services）はその開設以来、入所施設とその代替選択肢についての関心をもち続けてきた。本調査と報告は、私たちの「施設閉鎖プロジェクト」における主要な取り組みであった。本研究を完成する上で多くの人たちに支援をしていただいた。

当センターにおける調査チームはとても徹底しており、情熱をもって取り組んでくれた。ジェーン・ブレネマン（Jane Brenneman）、シェリル・ハーン（Cheryl Hern）、ステファン・ラッセル（Stephen Russell）に感謝申し上げたい。とりわけ当センターのダーリーン・ボタン（Darlene Button）とダルシー・ファーロウ（D'Arcy Farlow）による何度かの大変な時期における継続的支援とユーモアに感謝申し上げたい。

プロジェクトの助言者であるフランク・メイドマン（Frank Maidman）は、質的調査の理解や複雑な調査課題に対する慎重な対応を通して、本研究に多大な貢献をしてくれた。

当センターの諮問委員会からは、調査計画・データ作成・最終報告への対応を通して研究期間中に支援をしていただいた。アル・エトマンスキー（Al Etmanski）、ドット・エワン（Dot Ewan）、デニス・ゲスト（Dennis Guest）、デイブ・マクファーソン（Dave Mcpherson）、ペニー・プリディ（Penny Priddy）に感謝申し上げたい。

他の数名の人たちにも原稿を読んで頂いた。アネット・ボーマン（Annette Bauman）、エドナ・ドュワー（Edna Dewer）、ペギー・ハチソン（Peggy Hutchison）、ザーナ・ラットフィヤ（Zana Lutfiyya）、ロン・ノイフェルド（Ron Neufeld）、ジュディス・サンディ（Judith Sandys）によるご指摘に感謝申し上げたい。

調査過程において、閉鎖過程に関与した多くの関係者には本研究の原稿についてのコメントをしていただいた。ブリティッシュコロンビア州政府は私たちの要望に対して応答しないことを選択された。

最後に、施設閉鎖への関わりについての個人的なお話を私たちと共有してくださったトランキルの入居者、家族、職員や権利擁護活動家、政府関係者に感謝申し上げたい。多くの方々にとって、このたびの施設閉鎖には対応が困難な時期があったと考えられるが、私たちにありのままのお話を共有して下さった勇気に感謝申し上げたい。皆さまの経験から他の人たちが学び、カナダにおける入所施設やその代替選択肢に関わる新しい方向性を創り出し続けられることを私たちは心から望んでいる。

プロジェクト責任者

ジョン・ロード

まえがき

本書『地域に帰る　知的障害者と脱施設化——カナダにおける州立施設トランキルの閉鎖過程』は、トランキルの閉鎖についての興味深い報告となっている。トランキルはブリティッシュコロンビア州カムループスに位置しており、精神遅滞とラベルを貼られた人々のための入所施設であった。しかしながら、この調査報告において記述されているプロセスは一つの入所施設の閉鎖ということを超えて、他州や関係団体にとっても学ぶべきことが多い。

本報告において私たちは、主要な関係者の眼差しを通して、入所施設の閉鎖がどのようになされてきたのかというドラマを垣間見る貴重な機会を得られる。まず、家族、入居者、職員、そして彼らの入所施設への矛盾した思いや関わりについて私たちは学ぶことができる。そして、ブリティッシュコロンビア州政府が一八カ月後にトランキルを閉鎖することを宣言した一九八三年七月八日からの一つひとつのプロセスについて知ることとなる。最後には入所施設を退所した男性や女性たちの一年後の状況についても知ることができる。本研究は障害をもって生活する人々に地域サービスを提供するために闘ってきた人々にとっては良い知らせとなるであろう。

本研究によって、その変革過程についての新しい知識や理解を得られる。このことは、施設閉鎖を導く一連の出来事やプロセスについての様々な人々のものの見方から物語が編まれることによって可能となっている。劇的に変化するダイナミックな状況を描く一枚の絵が描かれている。

私たちは重度障害者の平等を求めた運動にとっていかに施設閉鎖が重要なのかを学ぶことができる。施設閉鎖の結果、彼ら多くの人たちに地域への扉が開かれた。彼らの世界はその結果として広がり、様々なことを得て大きくなっていった。出身地に戻った全ての人たちの生活は順調であり、一年経ってからも彼らの多くはとても元気に過ごしている。

本報告から私たちが学んだことは、三つの大きな課題がありながらも、施設閉鎖が実現されたということである。つまり課題とは、施設閉鎖が急速に行われたこと、州政府の主な動機には財政抑制があったこと、計画が十分になされていなかったことである。ここから私たちは入念に計画を作ることがいかに重要であり、家族・地域団体・職員が計画に熱心に関わるべきことを学んだ。幸運なことに中央政府によるトップダウン方式が機能せず、地区ごとに物事を決めるアプローチがあったがゆえに関係組織が相互に関わり、施設閉鎖過程に影響を与えることができた。

本研究の最も重要な教訓の一つは、何年もの間離ればなれになり距離があっても、家族は入所施設を退所し出身地に帰る入居者と再統合できるということであろう。ここにはボランティアや権利擁護団体が家族や施設入居者にアウトリーチする際に果たした役割の重要性が示唆されている。

施設閉鎖過程は社会政策を進展させる上で大きな役割を果たし、劇的な変化が生じる他の場面や状況にも幅広く適用すべき普遍的考えを確認することができたと主な関係者は考えている。本報告はまた、追随すべき他の施設閉鎖の取り組みに応用できる多くの特定の考え方についても報告されている。

一九六〇年代において、グランバーク博士と私は仰々しい題名である『アサイラムの終焉』を書いた。その中で私たちは「サスカチュワンの精神病院ウェイバーンはもはや存在しない」と述べた。このことは北米において初めて、全ての人々を対象にした地域精神保健サービスの地区ごとのシステムを推進するために地域の大規模（そして唯一の）精神病院を閉鎖する計画が作られ実行されたことを意味した。障害者本人は街での暮らしが順調であり、地域のプログラムによって十分な支援を受けていたので、私たちはカナダ全域で一連の施設閉鎖の取り組みが行われるだろうと考えていた。しかしこうしたことは起こらなかった。

一九七〇年代において、ニューヨーク州北部の親やサービス提供者のグループは私と共に、異なる方法に挑戦することを決めた。障害者のいる五、〇〇〇名以上の家族に質の高い地域サービスを提供することによって、人口一〇〇万人の地区に入所施設を新設する動きを止めることができるだろうと考えた。七年にわたる取り組みが成功し、親やサービス提供事業者が施設建設を阻止するために勇敢に立ち向かったにもかかわらず、施設建設計画は進められた。知事が変わり、州政府官僚、大規模建設業者や州労働組合（地元の労働組合は家族や職員のために闘った）のなれあいによって、彼らの運動は敗北した。この結果、補助金は地域を基盤としたプログラムから入所施設の方に割り当てられるようになり、一〇年もたたずにこのプログラムは消滅してしまった。

一九八〇年代の今日、本書によって、実際に多くのことが変わったようにこれからの状況が違ったものになるかもしれないという希望がもたらされた。家族や消費者である本人、そして彼らを代表するアソシエーションは地域サービスが確保されるように決意をし、意識的に関わり、さらに情報をもち、そして闘争的ですらある。それに比較して二〇年前はこれらのグループは、受け身の傍観者で、傍らで眺めているだけの存在であった。一〇年前までは消費者である障害者本人は家族や彼らのアソシエーションと同様に、トランキルで実現させたことを可能にさせるための道を探っている状況であった。当時は多くの障害者本人や家族が、トランキル閉鎖の際に開始された家族支援戦略におけるアソシエーションの役割や親のリーダーシップを明確にするためのビジョンを作り上げてはいたが、階層間で分断されている状況であった。

人権活動によって多くの支援がなされ、全ての人たちが地域で生活することの正当性についての社会一般の意識は高まっていた。地域は障害者を受け入れる準備ができている。それはトランキルが閉鎖したときに一つの地域以外の全ての地域で障害者が受け入れられたということから言えることである。おそらくこれは新しい時代の幕開けを意味する。本報告はいかにより良い計画や方法によってより良い結果がもたらされ、全ての人たちが地域に帰ることができるということを伝える長い一連の報告の最初のものとなるであろう。このことが実現されるための十分な社会状況の変化が起こり、ついには二〇年前に起こるべきであったことが今実現されることになるだろうと私たちは考えている。

オンタリオ州ブロックビル

ヒュー・ラフェイブ

ソリダリティ連合：Solidarity coalition。ソリダリティ連合とは、社会信用党政権による緊縮財政政策に抵抗するために、地域組織や労働組合によって結成された連合体である。

地域開発：Community Development。トランキルから移行する人々を支える居住や日中活動の場所といった新たな社会資源の創出や地域住民の理解の促進など地域全体の支援システムの構築を意味する言葉である。

リソース・ディベロッパー：Resource Developer。州の補助金によって雇用され地元のアソシエーションに配属されるスタッフで、公式の役割はトランキルからの退所者を支援するために必要な資源を作り出すこと。

「水平的」計画手法：Horizontal Planning Approach。「垂直的」計画手法が軽度障害者から移行させる手法であるのに対して、障害程度に関わりなく重度の障害をもっていても、本人の希望に応じて移行させていく手法のこと。

ら構成される。MHRはまた、本研究では「省」として言及されていた。

プロジェクトチーム：施設閉鎖を実行するために配置された、各地区における二〜三名の州政府ワーカーから構成されるチーム。プロジェクトチームは人的資源省の地区事務所の一部であった。

訳語の注

知的障害：Developmental Disability。直訳は発達障害であるが、この用語はカナダでは知的障害を意味するので、知的障害と訳した。

精神遅滞：Mental Retardation。精神遅滞という用語はカナダでも日本でも現在は使用されていない。なお、Mentally handicappedは知的障害者と訳した。

本人：Individual。people という用語と共に、知的障害者本人を意味する場合には、知的障害者本人あるいは本人と訳した。本書において表現された「本人」とは、トランキルの入居者であった知的障害者本人を意味する。

アウトリーチ：Outreach。支援の必要があるが、支援の申し出をしない人たちに対して、支援機関が訪問などの積極的な働きかけをして支援することを意味する。

アソシエーション：Association。州の親の会である「知的障害者ブリティッシュコロンビア州住民」（BCMHP）の各地区支部（親の会）であり、サービス提供を行う事業所を意味する。なお、「地域生活カナダ協会」は州の親の会によって構成される全国の親の会である。

セクター：Sector。関係者や関係団体を意味する。

用語解説

BCGEU：ブリティッシュコロンビア州政府労働者組合。トランキルの労働者のための最大の労働組合

BCMHP：知的障害者ブリティッシュコロンビア州住民。施設閉鎖過程の一環として家族支援戦略を打ち出した州の権利擁護団体。七〇以上の地元のアソシエーションがBCMHP連合を結成している。

CRAC チーム：地域資源助言委員会。個別計画及び入居者のアセスメントを作成・実行するためにトランキルにおいて設置された。施設閉鎖宣言後のロビー活動の結果として七議席のうち三議席は労働組合の組合員である。

ディベロッパー（Developer）：施設閉鎖宣言の数カ月後に配置された地区ワーカー。州政府によって補助され、地元のアソシエーションに配置されている。ディベロッパーの役割は、サービス提供事業者に適切な資源を確認し開発するのを支援することであった。ディベロッパーは親やアソシエーションの教育において重要な役割を果たした。

長期ケアに値する：二四時間のケアや支援を提供する施設や環境を利用するに値するとされた人たち。これらの環境は一般的に元来「医療的及び施設的」であった。ブリティッシュコロンビア州の地域ケア認可法によれば、車椅子からの移乗ができない人は長期ケアに値すると考えられた。

GSP：全般的サービス計画。施設閉鎖過程における本人のための六つの計画過程の一つ。これは、親が個別計画の策定過程に関与し始めた段階である。

MHR：人的資源省。トランキル閉鎖の責任を担う。州都ビクトリアにおける中央集権的な官僚機構と、州全域にわたる一〇地区の地区事務所か

第1章 序

一九八三年のブリティッシュコロンビア州政府による施設閉鎖宣言は唐突に出されたものではなかった。これまでの一〇年間にわたって、「脱施設化」の取り組みはアメリカ合衆国のいくつかの州やカナダの多くの州において行われていた。同時に、一九八〇年代初期には知的障害者のいくつかの小規模入所施設は既に閉鎖されていた。

精神障害福祉の領域では、地域精神保健への関心の高まりと共に、一九七〇年代初期には北米において多くの精神病院が閉鎖された（Greenblatt 1976）。一九七一年にカナダ・サスカチュワン州においてウェイバーン病院が閉鎖されたが、これはカナダでは他に類例のないほど成功した閉鎖事例の一つであった（Lafave *et al.* 1976）。現在のところ、いくつかの州が精神障害及び精神遅滞領域における脱施設化過程に関与しており、実行可能な政策上の選択肢として施設閉鎖への関心が高まりつつある。

施設閉鎖は一つの重要な社会現象である。過去一〇〇年間にわたる対人援助サービスにおける改革の動向の間でさえ、入所施設は常に社会政策の中心を占めたままであった（Rothman 1980）。過去一五年間にわたる多くの脱施設化の取り組みは過去の実践と大きく異なるものではなかったということが共通に認識されているところである（Scull 1977; 1981）。多くの場合には、給付金や資源は入所施設から地域に再配分されることはなかった（CMHA 1987; Lafave *et al.* 1976）。入所施設が周辺の地域にサービスを提供するという形でその役割を拡張させてきたという状況も見られた。カナダにおける脱施設化の取り組みはまた、ある特定の人たちだけのための地域生活を意味してきた。すなわち、より重度の障害者は一般的には入所施設に留まったままであった。入所施設は最終的には障害者のための一つの選択肢であるがゆえに、入所施設の閉鎖という考えは多くの人たちにとっては困難な課題であった。

カナダ人の一パーセントに当たる人たちが全制的施設において生活している。全制的施設とは、一つの屋根の下で個人の生活のあらゆる側面を包括する環境と定義されてきた（Goffman 1961; Wolfensberger 1975）。最新の統計によれば入居者は二三九、〇〇〇名であるが、ここにはナーシングホームや高齢者のホームの入居者が含まれていない。これらのホームの人たちを除外すると、二七五、〇〇〇名以上が入所施設で生活していた一九八〇年から、施設入居者数は非常に減少してきた。

一九七〇年代及び一九八〇年代初期のカナダにおける脱施設化の取り組みの多くは軽・中度障害者の地域生活への移行に関わるものであった。カムループスにおけるトランキルの閉鎖は多くの入居者が重い障害を有し特別な支援が必要な人たちであったという点で重要である。これはカナダにおける最初の大規模入所施設の閉鎖であり、ここには三二六名の入居者と約六〇〇名の職員が関わっていた。確かに、これらの九二六名はカムループスにおいて多くの経済効果をもたらしており、その閉鎖が地元経済に影響を与えることになることは明らかであった。これらの理由のために、ブリティッシュコロンビア州や他の地域の多くの人たちはこの施設閉鎖の実情を詳細に研究することが非常に重要であると考えた。

本章では、本研究の目的、研究の背景、施設閉鎖の過程やその一次成果を研究するための方法を明らかにする。

研究の目的

研究の目的は入所施設の閉鎖過程を記述し分析することである。私たちの目標は下記の通りである。

- 施設閉鎖が行われる前やその過程における知的障害者本人及び家族の経験や考えを追跡すること
- 施設閉鎖過程における入所施設の職員、権利擁護者及び政府関係者の経験や考えを追跡すること
- 障害を有する本人及び家族への施設閉鎖に伴う成果を記述し分析すること
- 人々の経験や考えを説明しうる施設閉鎖過程における主要な出来事やテーマを明らかにすること

本研究は政策や実践に多くの影響を与えうる。本研究は公式の評価研究ではないが、研究期間中に

現れた一定の傾向によって、私たちは社会政策に影響を与えうるコンセプトやテーマを見出すことができるようになった。エマーソン（Emerson 1985）の脱施設化研究についての提案にならい、今後の施設閉鎖の計画や政策上の決定に必要な優先事項を設定するために活用できるデータを収集した。

研究の背景

障害者の入所施設の閉鎖という出来事はいくつかの関連する社会動向の背景から検討されなければならない。

・一九七〇年代及び一九八〇年代のカナダにおける障害福祉領域では、**人権**への意識が文字通り劇的な形で高まってきた。障害者はほとんど全ての生活領域において社会の主流から取り残された重要なマイノリティ集団としてみられるようになってきた。国際障害者年及び一九八二年に宣言されたカナダ権利憲章によって障害者が直面する差別についての意識の高まりが見られた。同時に、人権活動家はさらなる入所施設の閉鎖と地域生活を求めて権利擁護の活動を行っていた（Day 1985; Savage 1985）。

・二五年前のゴッフマン（Goffman 1961）による全制的施設についての古典的研究以来、数多くの入所施設や「残された居住棟」についての批判が鮮明に打ち出されてきた（Blatt 1970; Rivera 1973; Rothman 1981; Wolfensberger 1975）。これらの一連の研究によって**アサイラムの限界**、つまり入所施設があまりにも多くの矛盾するサービスモデルの下に運営されているという事実を含めてであるが、その限界についての意識の高まりが見られた。入所施設に対して地域生活の選択肢を要求する市民によってこのような認識が幅広くもたれている。

・ノーマライゼーションや地域生活は障害福祉サービスを導くイデオロギーとして受け入られるようになった。これらの原理原則は障害者が普通の生活経験を享受すべきであるという価値を強調してきた（Wolfensberger 1973）。ノーマライゼーションを支持する人たちは入所施設に対し極めて批判的であり、地域への統合や参加を強く支持してきた（Perske 1980; Richler 1981）。

・過去一〇年間にわたって、アメリカ合衆国やカナダにおける脱施設化に関連した調査と計画によって、広範囲にわたって報告書が出され理解が促進されてきた。一九八三年までに地域サービス・システムを新たに作りあげることによって、脱施設化を効果的に行うための方法について理解されるようになった（Provencal 1980; McWhorter and Kappel 1983）。

・一九八〇年代におけるブリティッシュコロンビア州やカナダの他地域における財政抑制という時代背景のなかで、脱施設化過程を推進させていくという勢いがさらに強まったように見えた。全制的施設の資本支出及び運営支出は甚大であり、政府や権利擁護者は地域生活による財政的効果をますます見出すようになった（Canadian Council on Social Development 1985; Copeland 1982）。

これらの動向によって、施設閉鎖や関連する政策上のイニシアティブへの関心が広範囲に広がっていた。

研究の方法

本研究の調査計画及び方法は質的社会学及びエスノグラフィーに依拠して実施された。これは、「フィールドに出かけていき」、最も包括的な方法で情報を収集するということである（Bercovici 1983; Blumer 1969; Edgerton 1975; Goffman 1961:Glasser & Strauss 1967）。施設閉鎖過程に関わる様々な人々の見解を集めることが明らかに必要であった。私たちが選んだ主な方法は深層に迫るインタビューであった。入所施設の入居者、家族、権利擁護者、政府関係者、サービス提供事業者は皆重要な見解をもっていた。こうして、全体として八〇名へのインタビューを行うことになった。

施設閉鎖宣言が出される前に家族がどのような認識をもっていたのかを私たちは理解したかったので、家族の存在は大変重要であった。この点で、入所施設の入居者だけではなく、家族の「経過」についても理解しようと努めた（Turnball *et al.* 1985）。興味深いことに、他の関係者も施設生活についての経験を共有しようとしてくれた。私たちは人々の入所施設への関わりについて重要な物語があることや、これらの関わりによって大きな変革過程に対する彼らの態度がいかに形成されているのかということについて理解するようになった。

同時に、私たちは本人が暮らしていた生活環境、すなわち、閉鎖前の入所施設、彼らの実家や入所施設を退所した後の地域のホームにおいて多くの時間を費やした。これらの参与観察を通して、本人が自らの経験や現実感覚を語る際に使用する言葉の意味を理解できた。同時に様々な報告書、書簡や記者発表についての分析も行った。施設閉鎖の一年後における質問紙による家族への調査やサービス提供事業者への調査も行った（私たちが使用した方法の詳細は補遺を参照）。

研究過程——多様な現実の理解

対人援助サービスにおける課題や背景について研究する質的調査を行うことによって、研究者は物事の過程や変化について深い視座を得られる。施設閉鎖についての研究では、このような調査方法がより重要であった。

第一に、それぞれの各個人がもつ考えを理解しようと努めた。人々の考えを分析することを通して、ある特定の課題にも様々な見解あるいは現実があることが分かった。ワイズマン（Wiseman 1971）が述べたように、この「多様な現実」という感覚が質的調査において重要である。本研究では可能な限り、人々がストーリーを語ることの利点を最大限に引き出すように直接引用を行っている。

第二に、人々の考えを理解することを通して、いかに彼らが出来事や経験を解釈し、どのように行動しているのかが分かった。最終的に可能な場合は、いかに人々が「彼ら自身の一連の行為をどのように整理しているのか」（Wiseman 1971, p. xi）ということを理解しようと努めた。これから見ていくように、施設閉鎖において重要な局面となった変革過程では対立及び合意の双方がある一定の役割を果たしていた。

多くの質的研究と同様に、この研究は証明すべき理論あるいは仮説を設定しなかった。むしろグランデッドセオリー（Glasser and Strauss 1967）の伝統にあるように、情報提供者の経験・認識・行為を分析し、パターン・テーマ・理解の仕方を提示した。こうした「帰納的」な分析過程において、二つの方法によってパターン・テーマを設定した。すなわち、あるパターン・テーマは直接調査参加者の言葉から記述し、調査参加者が名づけられなかったものについては研究者の言葉で記述した（Patton 1980）（データ分析方法の詳細は補遺を参照）。

最後に、私たちは研究者として本人の行動が変化したかどうかということを意図的に研究しないようにしたということに留意しなければならない。ある素晴らしい研究では本人が入所施設から地域に移行した後に彼らの行動が劇的に変化したことを記述してきたが（Conroy & Bradley 1985）、この種の調査ではしばしば本人たちの行動は変わるべきであるということを前提としている。研究者及び地域の一員として、私たちは地域生活がそれ自体価値のある目標だと考え、この目標達成に関わる過程や制約について理解しようと努めた。

第2章 支援の欠如と危機——家族が子を施設に入所させるとき

本研究の背景は、一九八三年のトランキルのことだけではなかった。またそれは、一九八〇年代における経済・政治・対人援助サービスにおける局面だけのことでもなかった。この種の「スナップショット」アプローチは施設閉鎖が起きたときの現実の背景を理解するには不十分であろう。私たちが採用したアプローチは全体的な生態学を考慮に入れることであり、これはコマ撮り写真に似ていた。すなわち、施設閉鎖によって影響を受けた人々の生活において既に動いている過程を明るみに出す方法である。

コマ撮り写真というアナロジーを用いることによって、一連の写真の最初にくるものは、施設に入所する前の人々の生活についてのものであった。この写真は、しばしば知的障害者本人たちの実家や地域での出来事の結果、施設への入所に至ることを明らかにするものであった。同時に、**施設閉鎖や脱施設化過程における後半期を十分に理解する上で施設に子を入所させるに至った危機についての理解が極めて重要であること**が本研究を通して明らかになった。本章では、親や兄弟姉妹の認識に焦点を当てることによって、愛する家族を施設に入所させるに至った背景や施設閉鎖に関わる家族の考えを理解する上で示唆されていることを確認しよう。

マシューズ・フランクとマシューズ・マーサは何年も前に子を施設入所させた親の典型例だったろう。彼らは今では六〇代半ばであり、何年もの間入所施設にいる息子と最小限の関わりをもつだけであった。私たちがマシューズ夫妻にインタビューをした際に、彼らが息子と以前どのように関わっていたのかを話すことが非常に困難であった。私たちが話をした全ての親と同様に、子を入所させた親としての自分たちの過去を思い出すことは心の痛む経験であることが分かった。トランキルの入居者の兄弟姉妹のほとんどは入所された彼らの兄弟姉妹と過ごした日々を思い出せなかった。

一九五〇年代の障害児をもつ家族にとっては当時の暮らしは厳しいものであった。以下の話は、ある障害児の姉によって語られたものであるが、これは多くの家族が抱えていた辛い経験を示している。

「生活は大変忙しかったです。サンディーは非常に活動過多でして、絶えず走り回り、あるいは夜中に起き出していました。とても注意をしていないと、重大なことになってしまいそうでした。サンディーは兄弟姉妹七人の末っ子でした。毎日学校から戻ると私たちは母が出かけられるように助けていました。しかし、（私たち全員が家を出た後の）この数年間はとても大変な状況でした。

両親は彼女を医者に連れて行きましたが、彼らは何をすべきなのかということについて全く分からない状況でした。それからどれほど大変なことなのかということについて理解しているようには見えませんでした。彼らの出した結論は、彼女を施設に入れることでした。しかし、私たちの誰もそのようなことになるのを望んでいませんでした。

私たちは小さな町に住んでいました。多くの人たちは彼女をからかっていました。良い人たちもいて、仲の良い家族の友人もいました。しかし彼らは十分には彼女のことを理解しているようには思えませんでした。というのは関わる機会がなかったからです。このため一般の人たちは理解していませんでした。

母はサンディーと一日二四時間一緒にいました。学校はありませんでしたし、数時間の間休息のために彼女を離しておけるところもどこにもありませんでした。それは厳しいものがありました。母は神経がとてもおかしくなるところまでいっていたと思います。ついに母もサンディーもそうなってしまいました。

私たちは医者に相談しました。トランキルに手紙を書きました。非常に深刻な事態になっていました。私たちにはもはや選択肢はありませんでした。入所施設は彼女が唯一行くことのできる場所でした。他に選択肢はありませんでした。

私たちはそれが唯一の選択肢だとは分かっていましたが、とても罪深く、そして悲しく感じました。父親はその決定を決して受け入れようとはしませんでした。彼女がトランキルで過ごした長年の間、彼は大きな重荷を背負ったようにそのことについて何も語りませんでした。彼は決してそれを受け入れませんでしたが、そのことで父と母との間で諍いが生じてしまいました。それは本当に良くない解決方法でした」。

孤立と拒否

知的障害児のいる多くの家族にとって、地域は良くても無関心である場合が多く、最悪な場合は厳しく拒絶しているように見えた。いくらか保護的になり、自らの身を守り、孤立することになった心の痛む出来事を多くの家族は語ってくれた。

「子どもたちが娘の弟を『遅れている』と呼んで、娘は何度も心が傷ついて家に帰って来るのを覚えています」。

「当時も今も彼を受け入れなかった人たちや関係者がいました。彼を施設に入れるという医者の決定に彼らは同意していました。彼について彼らは決して尋ねることはありませんでしたし、何も知りません。そのことで私は傷つきました。それで私たちは自分自身でなんとかやりくりしようとしてきました」。

受け入れられないこと、家庭での養育の重い負担、そしてサービスの欠如によって、多くの家族は内にこもり、地域とのつながりを失った。これらの家族は私たちが「地域」と呼ぶインフォーマルな社会の支援を利用できたが、不幸なことに地域はそうした支援を提供することはほとんどなかった。

支援を求めて

明らかに、家庭で生活することは大変なことであった。家族は障害児である息子や娘を受け入れるようになったが、彼らが家族の一員として一緒に生活するためには必要な支援を継続的に求めなければならなかった。特別なサービスはほとんどないかあるいは存在せず、通常の地域のサービスから障害者は排除されていた。家族は自分たちの内輪の社会資源に依拠し、内容がどうであろうとインフォーマルな支援でやりくりした。支援を絶え間なく求めたことについて多くの家族は繰り返し語った。

「私たちは逃げられないし、ベビーシッターを雇えませんでした。私たちは家にいなければならなかったのです。学校もそのようなものもありませんでした。私たちには歯科医すら見つけられませんでした。街にいる全ての歯科医のところに行きましたが、彼らはジャネットの治療を望んでいませんでした。ようやく私たちは彼女の治療をしてくれる人を見つけましたが、それは病院の医師だけでした。しかも私が彼女とずっと一緒にいるという条件であればということでした」。

支援の公的そして組織的な方法はなかった。家庭内の支援や家庭外の一時的支援もなく、一時の休息もなかった。これらの全ての家族は、子どもの養育は主に母の役割であると考えられていたという点で伝統的な家族であり、母の肩には非常に重い養育責任がのしかかっていた。限定された期間のあいだ、養育をインフォーマルに共有していた家族もあった。

「デービッドには三人の兄弟がいました。彼らはデービッドに対してとてもよくしてくれました。彼らは私のベビーシッターでした。彼らはデービッドを理解してくれていました。彼らが家を出て独立すると、事態がとても困難になり始めました」。

ところが、養育ニーズは高く、健常児の養育と比較するとより長期間、養育ニーズは高いままであり続けた。将来的に援助を得られる展望もなかった。家族のライフサイクルに応じて子は成長すると家を離れ、家庭内で得られる支援の可能性は低くなった。直系家族の外に広がる地域はたいていの場合、状況を理解できず、支援をしようとすることもなかった。家族は自分たちの生活において寂しく、不満をもちながらも子が家にいられるように努力を重ねてきたことを述べていた。

専門家はいかなる希望も支援も提供しない

精神遅滞は医療の問題と考えられていたので、家族は例外なく医療専門家に助けを求めたが、日々の対処方法について助言をしてくれる医師を見つけることはほとんどできなかった。家族が医療専門家と衝突するのは共通する経験であった。衝突はとりわけ医師が障害児の将来の成長について期待がもてないことを過度に強調して表現したときに起こった。

「彼ら（医師）は私に彼が歩くことも話すこともできないと言いました――おそらく座ることも。しかし私は他の人たちに相談し、それを続けました。一年後に私は彼を歩かせることができました。彼は歩いていました！」

多くの家族は医師が提供する唯一の選択肢が薬の処方か入所施設の照会であるときに医療専門家に対する信頼をいかに喪失していったのかを述べた。

「私は主治医からある書類にサインをし、彼を何時間も離れた施設に入所させるようにすぐさま言われました。私は彼を施設に入れることだけではなく、私がしたくないことをすることを拒否しました。私が求めていたのは助けであり、逃げることではありませんでした」。

インタビューをしたどの家族も医師から行動に対処するための助言、家庭内の支援、一時預かりサービス、家族内の一般的ニーズへの対処方法について教えてもらうことはなかった。家族は困難な、そして矛盾する状況に置かれていた。彼らは子どもの養育において親としての役割を担おうとしたが、対応することが困難であった（ニーズに対応する上で医学モデルが家族とサービスの仕組みに深くすり込まれていた）。しかし医療専門家はたいてい社会資源として役に立つことはなく、多くの場合には期待できなかった。

半数以上の家族は子のためのなんらかの教育プログラムを見つけることができなかった。子は教育システムから完全に排除されており、一日二四時間の養育は親の責任となった。子を受け入れてくれた教育プログラムのある親はその「休息」にとても感謝しており、子の成長を維持し支える上でプログラムが有効かどうかは二次的なことでしかなかった。

学校を見つけられた家族にとって、絶えず心配していたのは学校がなくなることであった。何らかの理由（進歩が見られない、問題行動、変化の見られない子どもの負担、入所施設ではより良い訓練が利用できること）によって学校プログラムが廃止されることになったときに親は抵抗することなく教育専門家の意向に従うのが一般的であった。

「彼らは私たちにベビーシッターのサービスを提供していただけであると言いました。彼女は一対一の対応が必要ですが、それを提供できないと言いました。それで彼女は出ていかざるを得ませんでした」。

「学校側は彼女の行動は受け入れがたいものであると考え、学校に行くことはやめて家で過ごすようにしなければならないということになりました。学校システムはタニヤにとっては不十分であると言いました。私はそう思いませんでしたが、そのようになってしまいました」。

家族が医療専門家のもとで感じた無力感は教育専門家のもとでさらに大きくなった。親は地域や助けてくれるはずのサービスとの関わりの中で「部外者」と感じるようになった。「部外者」であるというこの感覚は私たちが話をした全ての家族によって繰り返し語られた。

母の疲弊

家族の過去の語りにおいて最も共通することは母が疲弊し、その結果として、施設への入所以外に選択肢がなくなるということであった。

「彼の体はあまりにも大きく、もはや私は彼を介護できませんでした。他に二人の小さい子がおりましたが、多くの場合には彼らは放っておかれたままでした。私を助けてくれる人は誰もいませんでした。以前のように彼の世話をできるようにしなければならないと感じていましたが、それはできませんでした」。

「夫の仕事はとても忙しく、私を助けてくれることは全くありませんでした。ベビーシッターも雇えませんでしたし、息子から離れ私が休むことは不可能でした。息子は夜中によく眠れませんでしたし、常に起きていました。一日二四時間そうでした」。

養育の負担は無慈悲なものに思われた。これらのニーズは、協力的ではない医療専門家、拒否的な教育専門家、そして受け入れを拒む社会によって、非常に大きなものとなった。母の身体的あるいは精神的な健康はたいてい脅かされ、家族関係をさらに壊した。支援が欠如することによって、障害児の良き親になれるという母の思いは次第に崩れていった。

入所の危機

教育、指導、ケアの責任を共有するための支援が欠如していることによって、徐々にあるいは突然に、母は疲弊していくことになった。今や家族はこの状況に対処できなくなった。これらの家族は危機的な状況に置かれたということである。彼らはいかなる考えや提案をも、とりわけ彼らが拒絶した専門家による提案も受け入れざるを得なくなっていた。当惑した感情、すなわち躊躇・自暴自棄・自信喪失・相反する感情そして安堵感をもちながら彼らは施設への入所を選択した。

「それは本当に難しい選択でした。ただ恐れ、疲れ果てていました。公的機関に働く保健師は文字通り、私たちに彼をトランキルに入所させるように圧力をかけ始めました。ある意味で私たちは絶望的なまでに助けを必要としていました。私たちはそうせざるを得ませんでしたし、他に頼れる場所はありませんでした」。

「私はもはやどうすることもできませんでしたし、息子を学校に戻させてはくれませんでした。このため私は何かをしなければなりませんでした。学校にいる医者、ソーシャルワーカーそして心理療法士はとりわけ、私に彼をトランキルに送らせようと働きかけてきました。他に何ができたのでしょうか。ひどく動揺していましたし、彼をトランキルに行かせることはとても辛いものがありました。その息子は十分に心の傷を負っていました。入所施設に送られたなら彼は拒絶されたと感じるのではないかと私は不安でした。

何かが起こったならその責任を感じます。もし決定を間違ったなら、その責任はあります。しかし、他に選択肢はありませんでした」。

要約と結論

インタビューによるいくつかの調査結果によって、入所に至る事態を見ていく際の重要な視座を得ることができた。家族の歴史を理解することによって、多くの家族が長年抱えてきた両面感情や罪悪感という重荷を明らかにできた。これらの入所前の出来事について理解する際の一つの方法は危機という観点である。

全ての家族には問題、心配、争いごとがあった。しかし家族の危機はより大きく、予期し得ないものになり、問題が蓄積することによって、家族の様々な社会資源は制約されていく。「家族社会学の父」であるルーバン・ヒルはある状況が特定の家族にとって危機となるか、あるいは危機とはならないのかということを決定するのは少なくとも三つの要因が関係すると主張した。それは、一、状況自体の困難性、二、家族の社会資源、三、家族による状況の捉え方（すなわち、家族が出来事を彼らの安全・存在・目標への脅威であるかのように扱うのか扱わないのかということ）（Hill 1949）、である。さらに近年では、シフネオス（Sifneos 1977）は特定の〝契機〟が危機あるいは転換点をもたらす四つ目の要因にいかになりうるのかということを指摘する。

こうした考え方の枠組みを通して、これらの家族生活において生じてきた過程のいくつかは以下の

事態の危険性 ＋ 事態の意味 ＋ 事態に対する資源 ＝ 危機の有無

ように整理できる。

一、家族内そして家族外のものであれ、**家族の社会資源**が限界に達すると、大きな負担が家族にのしかかってくる。年長の子どもは家を出ていき、年少の子どもは家に帰ってくる。地域・専門家・サービス提供事業者は支援を提供せずその意思もない。これらのことに家族は対処しなければならなかった。子を入所させる前に、全ての家族は家庭生活の質をより良くしようと支援を探して回り、彼らを結束させた。

二、**家族の状況に対する捉え方**は、事態が悪くなっているという感覚が関係しているのが一般的であった。母はとりわけ障害児以外の家族が放っておかれ、将来に展望がもてないと感じていた。家族が生活する社会は入所施設を唯一の支援サービスとして強制してくるものであるということによって**母の疲弊**はますますひどくなった。時の経過と共に多くの親は入所という選択肢を自らの考えとしてもつようになった。家族はまた、「部外者」のようにますます感じるようになり、彼らが生活してきた地域や、支援をしてくれるはずのサービスの仕組みからは孤立していた。

三、支援が欠如することによって、家族、とりわけ母への打撃は厳しいものがあり、最終的に子を入所させるという危機に至った。私たちの調査結果からは、親が子を入所させざるを得なかったときの両面感情や自信喪失が示されている。いかなる親も自らの息子や娘をすすんで手放そうとはしない。子を入所させたと親を責めるのはこの研究で示された親の経験を見過ごすことであり、間違った理解である。

こうした調査結果を通して、私たちは親や家族の社会的背景や歴史を理解し、施設閉鎖への彼らの強い反応を理解できる。家族は必ずしも「うまくやり過ごしている」、そして彼らの悲しみが時と共に和らいでいるということではない。オルシャンスキー（Olshansky 1972）は家族の苦悩は時効があるわけではなく、状況に応じて悲しみは再び生じるものだと述べた。この知見はいかに専門家が親の困難さの度合いを過小評価してきたのかということを示している。後述するように、多くの家族にとって入所の危機という事態は後に生じる脱施設化の危機ということに直接結びついていた。

第3章

入所施設における関係者の関わり方

トランキルへ

カムループス西方の乾燥したセージの葉に覆われた丘をめぐる曲がりくねった道が突然青々と茂った木々や芝に入っていくのは驚くべきことである。カバの木が沿道にある曲がった小道の先には入所施設の敷地を示すサインがある。州政府のサインには公式に次のように書かれている。「トランキル学校。平和で、静かなトランキル」と。それは湖岸の高台にあり、入江、政府の農場や丘がその敷地の境界となっている。完全に手入れされた芝生、花畑や木々が目を引く。

その光景は巨大な二、三階からなる建物の集合によって圧倒されている。いくつかの建物は壊れかかっており、入所施設が結核患者療養所であった時代に建設された二〇世紀初頭のものもある。他の建物は中心棟が知的障害者の入所施設となった一九五五年に建てられたものであり、ごく最近のものか改築されたもののように見えた。格子が窓には取り付けられている。建物同士は地上ではセメントの通路によって、地下ではトンネルによってつながっている。いくつかの職員用の宿舎が敷地内に点在している。

以下は、息子が一〇年前に入所した母による第一印象について語られたものである。

「私たちは到着してからその場所を見たときに、それは素晴らしくも見えましたが、いくらか怖いものがありました。あまりにも大き過ぎたのです。そしてたくさんの建物がありました。中を歩くと、他の入所施設に行ったことはありませんが私には刑務所のように見えました。中はもの寂しかったです。全てが形式的で、冷たく思われましたが、そこにはとても大勢の人たちがいました。そこを家のように思うことはできませんでした」。

ロンは一〇年間、サンディーは二三年間、ウェインは四二年間入所してきた。家族はトランキルが彼らの息子や娘たちにとっての家になるだろうと信じていた。これが施設閉鎖の宣言と共に全く変わってしまった。

主な関係者

入居者、家族、権利擁護者、職員、政府や地域のサービス提供事業者など多くの利害関係者が施設閉鎖に関わってきたが、本章では主に三つの主たる関係者の考え方に焦点を当てよう。施設閉鎖に伴って獲得するものや失うものが多くある関係者とは、入居者、職員、家族であった。本章は施設閉鎖時の三つの各関係者の立場を検討したい。入所施設にどのようにどの程度関与してきたのかという**ことによって、施設閉鎖への彼らの受け止め方は異なっていた。**

入居者

私たちがインタビューをした全ての入居者は意思疎通ができ、ある人たちは比較的容易に行うことができた。この点で、彼らは必ずしも施設入居者の典型的な人たちというわけではなかった。一方、入居者の多くは意思疎通が困難であり、言語表現ができなかった。

様々な形で、トランキルは生活していた人たちにとっての「家」であった。ある入居者たちは彼らの人生の大半を入所施設で過ごし生活パターンに慣れていた。他の知的障害者本人、とりわけ施設生活が浅く他の生活の仕方を知っていた人たちからは、より多くの不満が語られた。しかしほとんどの場合、私たちと話をした入居者はトランキルについて複雑な感情をもっていた。下記の語りには彼らの「家」についての両面感情が示されている。

二つの入所施設を長年経験してきたある女性は彼女の複雑な思いを次のように整理した。

「良いときも悪いときもありました……。職員は本当に私たちに良くしてくれました。時には（トランキルの）職員のガールフレンドと一緒に（街に）出かけました。またバーバラは私の友達でした。彼女は入居者でしたが……。最近では学校（街にある大学の公開講座）に行きました……。（夜にも）時には出かけました。教会の私の友達は日曜日に私を教会に連れて行ってくれました」。

悪い時については次のように語られた。

「一日中うるさかったです。私の周りにいる多くの人たちが好きではありませんでした。他にもありましたが、言いたくはありません」。

地域に友人がおらず、することがほとんどなかった人たちはトランキルに全く満足していなかった。

「辛かったです。どこにも行けませんでした……。街に行きたいのですが一人では行けません。それはぜんぜん好きではなかったです。一緒に行けますが……。一つの車に大勢の人を乗せていました。私は座っていて退屈でした。友達に会いに行きたかったです」。

するべきことの選択肢が限られ、個人として尊重される機会がほとんどないということがトランキルについての見方であり、私たちが話をした若い多くの入居者によって語られた。

一方、退職年齢の別の男性は置かれている状況に慣れているようにみえたが、複雑な思いを抱えていた。彼は棟での暮らしについての不愉快な場面について語った。

「私にとっては良い家でした。職員も全ての子どもたちも好きでした。職員は私の友達でした。小包を取りに行く事務所で働いていました。私はいつも怒っていました……。その（入居者は）うるさく、うるさくて。喧嘩もありました。外にいたときにはその入居者も外に出てきて、私を棒でついたり、たたいたりしました……。私はとても怒りました」。

入居者とのインタビューの間にいくつかの不満が繰り返し語られた。支援が得られるまで多くの時間待たなければならないということの他に、**身体的なケアの質**は良いように見えた。多くの人たちは**活動における多様性や選択肢**の欠如ということについて言及していた。退屈で制約の多いことについて不満を言っていた入居者よりも選択肢があるように見えた少数の人たちは生活における一連の活動に満足していると述べた。騒音・プライバシーの欠如・集団行動についてのいくつかの意見の中で「**集団生活**（batch living）」という概念が語られた。ある人たちにとっては、この生活スタイルは抑圧的であった。一方、ある人たちはそれを難なく乗り切っていた。最終的には、鍵のかかった扉・隔離（timeout）部屋・罰についての意見や、したいことを妨げられているという選択肢の欠如についての意見のなかで、**管理**という問題が明確に浮き彫りになった。

入所施設の棟における生活の観察を通して、入居者によって語られた内容と同様のことが明らかになった。さらに、意思疎通のできる人たちに比較して、意思疎通のスキルの乏しい人たちは機会がほとんどなく、活動範囲も狭く、他者によって管理されやすい状況に置かれていた。人々が結束し、入所施設への関わりを強めるようにみえる二つのことがあった。第一に、入居者は数々の不満を抱えながらも、この場所を「家」であると考えていた。第二に、職員や他の入居者との人間関係あるいは友人関係についてしばしば語られた。しかし、入居者はその人間関係について肯定感情と否定感情を述べた。施設外部の友人や家族との人間関係が語られることはほとんどなかったことにも留意しなければならない。

職　員

施設化される

入所施設は物理的に隔離され、必要なものが全て完備され、主として自足的な世界としての長い歴史を有する（Wolfensberger 1975）。このとき、入所施設はそこで暮らす障害者の生活だけではなく、そこで働く人たちをも統制する傾向があるということは驚くには当たらない。「全制的施設」に取り囲まれるという現象は先行研究において述べられており（Goffman 1982; Hall 1971）、トランキルの職員の意見によっても実証された。

「私たちが常に見てきたように、トランキルには一、〇〇〇人の人々がいました。四〇〇人の人たちがそこで暮らし、六〇〇人が働いていました。私たちはそこで生活するか働くかという点でいくらかは違っています。しかし私たち全ての生活は実質的に入所施設に規定されています」。

「私たちもまた入所施設にいます。考え方は入所施設の考え方になります。私たちは入所施設の人間です」。

いくつかの入所施設で働き昇進していったある看護師は次のようにまとめた。

「私たちの多くはその状況の中でできるだけのことをしました。しかし、それはまさにシステムそのものでした。規則や規定、『これをしなさい』、『あれをしなさい』、『次にはこれをしなさい』といった規則や規定に束縛されることがなければ何ができたでしょうか。私たちは施設化されたということです。私たちの態度が施設化されていました」。

職員の意見を通して入所施設の重要ないくつかの特徴が明確になった。すなわち、日課に従うことと自発性の欠如、組織の構造に従うこと、本人を管理するため過剰投薬や「タイムアウト」、棟において入居者が職員室に立ち入ることを制限すること。

コメントからはまた、数名の職員は彼ら自身が施設化されていることに気づいていたことが明らかになった。この施設化という過程はその場所、そこにいる人たち、方針や構造に職員を縛り付けることを意味した。施設閉鎖宣言のときまでにトランキルで働くことは多くの職員にとって生涯の仕事になっていた。直接介助者にも支援職員にも入所施設の仕事だけが彼らの唯一のキャリアであった人たちもいた。

「私が一八歳の時にそこで働き始めました。それ以来働き続けています。だからここで成長したようなものです。私の人生をその施設に捧げました」。

入所施設でのキャリア

例えば看護師・健康ケアスタッフ・心理士・ソーシャルワーカーなどとりわけ直接支援にあたる職員は、彼らのキャリアを入所施設において築いてきたという点で共通していた。このことは、一九七七年にほとんどの職員が労働組合を作ったこととも関係していた。労働組合化によって、給与や組織内の役割・安定性・将来における大きな安心感が職員にもたらされた。同時に、この過程を通して彼らは特定の状況から離れられなくなり、その結果として入所施設との関わりをますます強めることになった。

入所施設や彼らのキャリアとの関係を強化させる労働組合の役割について彼らは一般的に認識していたが、彼らはまた他の否定的側面についても分かっていた。ある看護師は次のように語る。

「それは大きな変化でした。一九七二年まで政府労働者連盟がありましたが、そのときに労働組合が組織化されました。私たちは皆、素晴らしい福利厚生を得ることができました。もし希望すれば多くの研修会に参加することもできました。私はまさに労働組合に積極的に関わった人間ですが、私はそのことによってこの場所がいかに悪くなったのかが分かります。誰も規律に従わせることはできません。誰にも彼らが自分の役割を十分に果たしていないと非難できません。それを指摘することが難しくなりますが、彼らはあまり気にしていなかったように思えました。

待機職員は一般採用された人なので多くのことについて分からない状況でした。ある朝二〇名の入居者の世話をするのに棟には一人だけの常勤職員がいるだけのこともありました。他の棟では非常勤か待機職員がいるだけでした。ある職員はその領域について意見を述べる権限もないのに権威主義的に意見を言い、この施設のシステムに挑戦していました」。

他の職員は次のように述べた。

「福利厚生や給与は良かったです。しかし、労働組合がとても大きな力をもっていたので、私たちが行うことになっている仕事に集中できなくなっていました……。

これまで夜にバーベキューを盛大に行ったら、私たちは全員が出席していました。私たちは皆、職員も利用者も一緒に参加しました。しかし後になって、そのことは奨励されなくなりました。労働時間を五分でも多く働けば超過勤務手当を要求することになりました。こうしてボランティアによるキャンプもなくなり、行いうる最も望ましいこともできなくなりました」。

職員へのインタビューを通して、「職員の施設化」という事態によって彼らが入居者のニーズに対応できなくなり、ますます入所施設の構造への関与を強めていく様子が見いだされた。

モデルの変化

一九七〇年代に入所施設のケアモデルが保護的なケアから地域生活の「潜在的可能性」のある人を対象とした準備・訓練・リハビリテーションモデルへと変化し始めた。ある看護師は次のように述べた。

「一五年前は、身体的なケアの質は高いものがありましたが、それはとても保護的なものでもありました。入居者は衛生、着衣着脱や全てのことについて職員に依存していました。徐々に訓練モデルへの大きな変化がなされていきました。それは確かに、多くの抵抗をもたらしました。職員が新しいモデルを理解することは難しかったのです。徐々にその壁も壊れていきましたが、ある職員は受け入れても、他の職員は受け入れていませんでした」。

一九七一年から一九八三年までに四〇〇名以上の入居者がトランキルから退所しているが、その代わりにより重度の障害者が他施設や地域から入所した。

このようなモデルの変化は入所施設の職員にいくつかの効果を与えた。まず、彼らは入所施設に残ったままでいる重度・最重度障害者を保護するためにそこにいる必要があるという考えを強くもつようになった。職員はこのような重度障害者が地域で生活できるとは考えてはいなかった。というのは、一九七〇年代に採用されたモデルは中度障害者が地域生活するのに適していると考えられていた一方、重度障害者は隔離された保護的な環境が必要だというサービスの連続性という考えに基づいていたからであった。ある看護師の意見にはこの連続性アプローチが示されていた。

「ある点で私は二つの世界をもった方がよいと思います。すなわちそれは重度障害者に必要な保護的ケアと訓練を通して利益を得る人たちにとっての訓練です」。

第二に、職員は中度障害者が地域に移行するのを支援していたので、彼らが果たす役割がとても重要だということは明らかであった。彼らは地域移行を担当しているというだけではなく、それを行うのに最も適した立場にあると考えていた。こうした信念を通して、彼らはますます入所施設に基づくサービスに関与するようになった。

同時に、入居者への訓練において、職員が訓練技術を習得する必要があるということが新たに強調された。一九七〇年代の北米において最も広範囲に採用された「訓練技術」は行動療法であった。ある看護師はこのことによって示されるジレンマについて次のように示唆した。

「行動療法は素晴らしいことですが、ある人たちはそれをあまりにも熱心に行い過ぎています。彼らはその方法について本当には理解していませんでしたし、多くのことが一貫していませんでした。彼らはより簡単なことをしていました。行動療法についての教育において大事なことが欠落していました」。

このアプローチによって、変化を必要とするのは環境ではなくその人自身であるという考え方が強化された（Bruininks *et al.* 1982）。この点でその当時、行動療法によって軽率にも推進されたのが、ある特定の人たちは他の人たちよりも変わることができるという考えであった。

第三に、一九七〇年代において多くの人は地域で苦労し入所施設に再び戻ることになったため、職員は地域がケアをせず、受け入れの体制になく、あるいは単にある特定の人たちに「対処する」ことができなくなったときに入所施設が「バックアップ」施設として存在しなければならないという考えを強めた。

「地域生活をする人たちは入所施設で得られるサービスが得られていません。彼らはただホームに入れられ食事を出され、それだけです。地域では数少ないプログラムが例外的にはありますが、本当に価値のあるものは何もありません」。

脱施設化の取り組みの過程において「ダンピング（地域に捨てること）」がたびたび生じたことは良く知られている。ある人たちは地域におけるより良い準備や支援の必要性を認識することによって、こうした問題に対応している。しかし入所施設モデルを正当化し、永続化させるためにこの問題を利用する人たちもいる。多くの職員は脱施設化の取り組みの重要性を指摘したが、これまでの歴史や経験を通して、彼らは重度障害者の生活における入所施設の役割に強く関与していた。

親

家族の関与

インタビューを通して、家族は入所施設とある一定の関わりをもっていることが明らかになった。親が自らの息子や娘をトランキルに入所させているという事実によって、家族と入所施設の間には強い結ぶつきがあるのは明らかであった。これはインタビューを通して明らかになった。多くの親は親として回答しようとし、全ての他の親が気にかけていることと同じことについて心配していた。すなわち、知的障害者本人の健康、栄養、衣類、所有物や全般的な福祉、である。ただし、親はこのとき多くの障壁に直面していた。

「私たちは彼に衣類を送りましたが、彼はそれをもらっていませんでした。他の入居者が彼の服を着ていました。その責任者の職員は全てのものを共有することになっていると言っていました」。

「彼はいつも爪・髪・服をきれいにしていました。彼はよく世話をされていましたし、入所施設の匂いもついていませんでした。彼はよく世話をされ、栄養状態もよかったです。その点では不満はありませんでした」。

親切で献身的な職員が良い基本的な身体的ケアを提供するのを見ると、親は入所施設との関わりを強めることになった。こうした入所施設の努力を通して親が安心感をもつということはもっともなことであるように見える。結局はこの身体的ケアこそ親が入所を決めたときの理由そのものであった。親は自分たちだけでは身体的ケアの重荷を担うことができないため彼らの息子や娘を入所させた。彼らができないと考えていることを入所施設がうまく行っていることを親は確認したということである。

良い身体的あるいは保護的なケアが提供されることによって、多くの親は安心感をもつが、入所施設における他の多くの側面が親を心配にさせた。入所施設に対する親の両面感情は入所施設に子をケアしてもらうことで抱いた安心感によってバランスを保っていた。

家族は子が彼らの個別性を奪われ、巨大な入所施設ゆえの全体的構造の一部になることを心配していた。

「ある種の施設化の状況がありました。棟には非常に多くの人がいたように見えました。ただ人々は寝転んでいるだけでした。多くの子守り（ベビーシット）がなされていると感じていました」。

「彼女が最初に施設に入ったときは、部屋は二人部屋でしたが後になって六人部屋になりました。そのとき彼らは自分たちだけで遊び場で多くの時を過ごしていることに気づきました。個別ケアがなされていないといつも思っていました。もちろん職員の数も不足していました」。

入所前に、多くの家族は彼らの子との間に強い関係性を築いてきた。これは入所施設が対応してこなかったまさに人間としての必要に関わるものであった。自らが提供できなかった基本的ケアの代わりに、個人的な人間関係や愛情を捨てなければならなかったことに伴う罪悪感から親が逃れることは容易なことではなかった。

多くの親は入所施設の職員が彼らの息子や娘の将来や、発達の可能性についてほとんど期待をしていないことにも不満を抱いていた。

「彼らはただ冷たいプラスチック製の椅子に座って時を過ごしているだけだと思います。その棟では彼の他に二〇名いましたが、ある人たちはフロアーで過ごし、ある人たちはプラスチック製の椅子に座っていました。彼らは散歩に行くことはありましたが、もしその日が彼らにとって特別な日でなければ何日もの間、バスで出かけることはありませんでした。それは心が痛むことでした」。

家族は、入所施設では発達の望みや変化への期待がなく、「こうした状態が永久に続く」と理解していた。

部外者としての親

親は入所施設への関わりをもっていたという事実がある一方、子の入所期間が長くなると家族はより疎遠になるという傾向も見いだされた。

「ある意味で彼が家にいないことで私はとても安心しましたが、彼がいないのをとても寂しく思っていました。彼が私のものではなく、施設のもののようになったと感じていました」。

親は疎遠になったと感じさせるいくつかの理由を指摘した。

・物理的距離

・訪問することのトラウマ

「私がそこに行くと毎回当時のことが思い出されました。そのときは心が痛みました。私は息子をドアのところまで連れてきてくれるように頼みましたが、そうすることで現実を直視しなくてすみました。棟の中に行かない方が気分は楽でした」。

・侵入者のような感じ

「最初は職員は気にしていないようにみえました。私が中に入り質問をすると突然、彼らは距離を保つように忙しくしていました」。

入所施設は親が施設内のことに参加する機会を提供することはなく、親が子に関わることが促されることもなかった。

・コミュニケーション不足

「あるとき息子は手首の骨を折りました。私が訪問した時にそれを発見し、彼はギプスをつけていました。彼らは私にそのことを知らせてくれるだろうと思っていました。しかし、大きな入所施設ではこうしたことは他の誰かの仕事だと思われ、行われることはないのです。一方、少なくとも彼らは彼の世話はしているのです」。

「私たちが彼を連れて行ったときに、彼らは私たちから何かを言われたくないようでした。何もニュースがないことが良いニュースなのです。彼らは何も言いませんでした。コミュニケーションをとろうとする努力をしていませんでした」。

親は子の生活と疎遠になった別の理由についても痛切な思いで語った。親がコミュニケーションをとれなくなったのは職員だけではなかったのである。時とともに、子もまた親とコミュニケーションをとれなくなっていった。

「彼は薬を飲んでいましたが、後で彼は過剰に投薬されていたことに気づきました。彼は常に呆然としていました。彼が私たちに何も言えないときもありました。特に私たちが滞在していた間ずっと私たちに一言も言えなかった日のことを覚えています……。そのとき私は周りの人たちを見ましたが、彼らも同じような状態に見えました」。

「兄は過剰に投薬されていました。私たちが旅行に行ったときに彼が幻覚に囚われているのに気づきました。兄はその場にはいませんでした。私たちが兄のところに行ったときに、彼の姿をした人がいるだけで彼はそこにはいませんでした」。

発作や行動抑止のための日常的な過剰投与がなされた結果、子は意思疎通ができなくなり親と関われなくなっていたことについて数名の親は語った。これらの事例のような場面において、親は「全制的施設」による影響を感じ、部外者になっていった。

要約と結論

第1章では、社会政策の歴史において入所施設がいかに重要な位置を占めてきたのかということについて述べた。本章では施設閉鎖の主要な関係者の生活において入所施設がどのような重要な位置を占めてきたのかということに焦点を当てた。入居者、家族や施設職員の入所施設への関わりを理解することを通して、施設閉鎖宣言の背景にある社会的文脈についての理解を深めることができる。主な調査結果を改めて確認しよう。

一、多くの**入居者**は入所施設を**家**と考えていたため入所施設に深く関わっていた。彼らはまた、入所施設における人々との**関係性**を大切にしていた。同時に、入居者は騒音・集団生活・争いといった施設生活についての数多くの不満も語った。

二、インタビューから、**職員**は三つの、異なるが相互に関連する観点から入所施設に関わっていたことが分かった。すなわち、多くの職員は彼ら自身が施設化していたと感じていた。また、労働組合を通して職員はキャリアを積み、トランキルとの結びつきを強化した。さらに、ケアの新しいモデルによって、施設職員は重度知的障害者にサービスを提供するという重要な役割を担うことになった。

三、**家族**についての情報からは重要な**パラドックス**が明らかになった。家族は入所施設に多く関わる一方、明らかに部外者でもあった。家族は子の生活を入所施設に委ねた。その際に、親は入所が永久なものであると信じたが、その決定について深い両面感情を抱いた。没個性化に伴う不安感、コミュニケーションや親の役割を剥奪されること、遂には部外者になることといったことがほぼ全ての親の経験を特徴づけていた。しかしこれらの感情の前に、彼らが最も助けを必要としていたときにトランキルだけがそれに応えてくれたという感謝の思いから生じる安心感があった。親は支援を必要とする子の日々のケアの責任を入所施設に任せることができた。私たちの調査結果からは、ターンボールらの研究（Turnbull *et al.* 1985）と同様、障害のある子をもつ家族の経路はパラドックスと矛盾に満ちたものであるということが明らかになった。

職員、入居者や家族がいかに入所施設に深い思い入れをしてきたのかということがこれまで過小評価されてきた。しかしながら本章の知見を通して、私たちはこれらの主要な関係者に来るべき変革への対処に参画してもらうための仕組みや支援を創り出すことができる。当然ながら、重大な変革に関与することは大きな不安感が伴うものであろう。職員、入居者そして家族は全て主要な関係者であった。トランキルの閉鎖宣言によってこれらの関係者から強い反応が出るのは驚くことではなかった。

第4章

施設閉鎖宣言――州政府によるコミュニケーションと応答

一九八三年七月八日、ブリティッシュコロンビア州政府はカムループスにある大規模知的障害者入所施設トランキルを閉鎖することを宣言した。人的資源省からの公式発表では、この施設閉鎖はブリティッシュコロンビア州におけるこれまでの脱施設化の取り組みを背景にして決定されたと述べられた。その内容は以下の通りである。

州政府は精神遅滞者のための脱施設化の取り組みを促進させるべくこの決定を宣言したが、脱施設化を推進していくということについては、一九八一年一一月の国王演説において初めて言及されていた。一九八一年に表明された政府の約束とは、地域における支援やサービスを拡大させ、最終的には大規模施設の規模を段階的に縮小するということであった。これ以来、人的資源省は州の他省と共に、地域における精神遅滞者のためのサービスを拡大させるための計画的アプローチを採用してきた。

この間、精神遅滞者のための三つの大規模施設、ニューウェストミンスターのウッドランズ、カムループスのトランキル、ビクトリアのグレンデールの入居者数は一九八一年の三月時点の一、五一七名から一、三三二名へと減少してきた。地域資源が開発されるにつれて入所施設への新規入所者数も減少してきた。

このような大きな進展に基づいて、さらに協調した取り組みが現在、始められようとしている。施設閉鎖の決定がなされたことによって、地域資源が飛躍的に増大し、施設入居者が地域に移行する割合も増えていくことになる。カムループスにおけるトランキルは二年以内に閉鎖されるであろう。

施設閉鎖の取り組みは、州関係職員が施設入居者のための地域の受け皿の必要性をアセスメントし、地域資源を創り出すための優先順位を決定しながら計画的に且つ整然となされるであろう。

様々な地域において適切なサービスが創り出され、既に移行の準備ができている施設入居者は家族の住むところに近い小規模の居住場所に移行される。

今日まで地域社会や地元のサービス提供事業者は受け入れを積極的に行い、協力的であった。この施設閉鎖の過程には、地域社会や施設入居者の職員及び家族による継続的な理解と関わりが求められる。

最終的な目標は地域において精神遅滞者のために連続したサービスを創り出すことである。これによって、知的障害を有する市民は自らの地域社会で生活し、ニーズを充足させ自立を促進させる社会資源を通して生きていくことになるであろう。

財政的理由ゆえの施設閉鎖

ブリティッシュコロンビア州におけるこれまでの脱施設化に関わる事柄は、一九八三年夏の取り組み全体の一部に過ぎなかった。人的資源省による公式発表において言及されなかったことは、トランキルの閉鎖が社会信用党政権の包括的な**緊縮財政**の一環でなされていたということであった。私たちが聞き取りをした全てのセクターの人々から共通して言われたのが、施設閉鎖の背景には主に財政的理由があるということであった。

州政府の観点から、施設閉鎖の背景にはいくつかの理由があったが、緊縮財政は重要な課題であった。

「私たちはそれ（トランキル）を運営するのに多くの費用を費やす必要がありました。緊縮財政プログラムによって、そのことが批判されたのです。緊縮財政の時代に開発のための予算を得られたのは驚くべきことです……。緊縮財政によって、私たちは予算を使用し、公共サービスの数を減らしていくことができるようになったのです……」。

歳入を増やし歳出を減らしたいということが緊縮財政の核心にあった。人的資源省長官のグレース・マッカーシーはトランキル閉鎖の決定を擁護して、「ケア」と「財政」を強調した。閉鎖宣言から三日後の七月一一日に、マッカーシーは州議会で次のように述べた。

「(施設閉鎖は）しっかりと配慮された形で、クライエントと私たちにとって最も重要な存在である施設入居者と共になされるでしょう……。現在の財政事情はもろい経済状態を意味していますが、実際は回復が可能であるだけでなく、現在回復されつつあります。私たちが州政府の規模を縮小するならば……私たちはこれ以上歳出し、将来世代にそのつけを回すことはできません。そのようなことは今日で終わりにしましょう。私たちはこの問題に取り組んでいるのです。私たちの財政問題に取り組みつつあります」。

政治家のレトリックにあるメッセージは明確であった。すなわち、**施設閉鎖は費用対効果があり、州政府が公共サービスを減らすことができるということであり**、そのことが全ての省に求められる責任であるということであった。

私たちの調査対象者の数名が述べたことは、州政府のメッセージは明らかに社会信用党政権によって導入された「新保守主義の一環」であるということであった。このイデオロギーの中心にあるのが**緊縮財政**と**民営化**であり、州政府は新たなイデオロギーに基づく三〇の法案を提出した（Marchak 1984）。多くの団体や個人はこうした政策によって攻撃の対象となり、このことによる広範囲にわたる不満がソリダリティ連合の形成に至った。

施設閉鎖宣言の背景には他にもいくつかの理由があった。人的資源省は以下のように述べた。

- 入所施設の建物が物理的に十分な状態でなかった。コンサルタントによれば、歳出がさらに増えることになるということであった。
- 一九七三年から一九八三年までカナダ及びブリティッシュコロンビア州では顕著な脱施設化に向けた動きが見られた。トランキルでは施設閉鎖宣言までに八〇〇名から三六〇名まで施設入居者数を減らしてきた。施設閉鎖はこうした過程の自然の結果であった。

・「知的障害者ブリティッシュコロンビア州住民」（ＢＣＭＨＰ）のような権利擁護団体が全ての入所施設の閉鎖を長年、州政府に求めていた。ＢＣＭＨＰは一九八一年の人的資源省の宣言を障害者にとって重要な政策の方向を示すものと認識していた。

・オンタリオ州政府は一九八二年に五年間に六つの中規模施設閉鎖の計画を宣言した。オンタリオ州政府に対して様々な批判がなされてきたが、一九八三年までにブリティッシュコロンビア州政府はオンタリオ州の経験から多くのことを学んだ。

人的資源省における準備体制

政府は共通の考え方に基づいて状況に対処する融通のきかない体制であると一般には信じられている。エツィオーニとリーマン（Etzioni and Lehman 1980）や他の研究者は官僚体制というのは権力に浸っており、官僚体制を理解することが政府を理解することであると述べている。私たちの調査結果もある程度この見解に正当性があることを示しているが、同時に私たちは明確に意見をもつ政治家は官僚による反対にもかかわらずある目的を達成できたことが分かった。**政治家がトランキルを自らの政策や緊縮財政政策のための手段の一つとして活用した**ブリティッシュコロンビア州においてこのようなことが生じていた。

政治家が政治的に利益になると考えるならば、官僚に知らせることなく施設閉鎖宣言をすることは、政治家にとっては普通のことである。トランキルの閉鎖において特殊なことは、州政府が施設閉鎖のために特定の日程にこだわったことにある。このような厳しい日程（18カ月）が設定されたことは、官僚に最も迅速そして効率的な方法で施設閉鎖を遂行するために計画を立て実行するように多大な圧力をかけることになることを意味した。

ほんのわずかの上級官僚のみがトランキル閉鎖の決定に際して政府の閣議に関わっているだけであった。ある政府の役人は次のように述べた。

「この領域にいる私たちは省の上級官僚のみが関わっていたと感じていました……。これはトップからの一つの決定でした。現場レベルでの相談を通して決定されたわけではありませんでした。その施設閉鎖宣言が公になされてしまいました」。

州都ビクトリアや州の各地区にいる人的資源省の関係職員は全般的に施設閉鎖宣言についての意見を求められることはなかったので、トランキルを閉鎖するという決定が最終的になされたときには驚きや戸惑いが見られた。閉鎖宣言から数週間後には、このことは政府にとって困難な状況をもたらすことになった。

州議会での人的資源省長官による声明は、州政府、とりわけ官僚が入念に配慮し協力しながら施設閉鎖を進めてきた人たちと映るように意図されていたのは明らかであった。官僚はあまりにも多忙で準備することができなかったため、求められた形で応答することができなかった。他のセクターと意思疎通を図ることや協力することは二の次になった。例えば、六〜八週間経過してからようやく施設閉鎖宣言についての書簡がトランキルに子を入所させている両親のもとに届けられた。

一八カ月でトランキルを閉鎖させようとする社会信用党政府の挑戦は上級官僚からは甘くは見られていなかった。官僚機構は施設閉鎖計画に直接関わっていなかったが、彼らは脱施設化については広範囲にわたる経験を有していた。ある上級官僚は次のように述べた。

「一九七五〜一九八三年の期間、私たちは本当に地域に重点を当てていたためにそれはとても重要だと思っています。私たちは脱施設化を信じていましたし、その方向に向かっていました。私はときどき自分自身に問いかけるのですが、なぜ非常に組織的な方法で行っていたのに、突然一年間で（その入所施設を）閉じなければならないのでしょうか」。

施設閉鎖宣言の直後、州政府は広範囲にわたる計画を立て始めた。閉鎖宣言から一週間後、トランキルの責任者の言葉がカムループス紙において次のように引用された。

「今週、トランキルの指導部は副長官及び省関係者と計画を立てるために会合をもつことになった」。

大きな変化が伴うプロジェクトにおいてしばしば生じるように、閉鎖計画は想定以上に時間がかかった。ある省の上級官僚は次のように述べていた。

「現実的に見れば、一八カ月のプロジェクトではありましたが、それは六カ月でなされました。一年間の計画づくりとその後の六カ月の脱施設化の取り組みです。このように施設閉鎖を眺めてみるとかなり違った見方ができます」。

州政府が大きな政策を急速に行う際に当初準備が不足していたということは、閉鎖宣言後の数週間は省関係者が急いで施設閉鎖のために省内戦術と省外戦略を考え出さなければならないことを意味した。多くの他のセクターは最初の数カ月間、省の不確かな状況やなぜ包括的計画や実施戦略がないのかということについて理解できなかった。しかし、閉鎖宣言が一度なされると、計画がない中で官僚体制の内部組織が他のセクターとのコミュニケーションあるいは協力よりも優先されることになった。

意思決定の仕組みを作ること

最初の数カ月間の州政府関係者にとっての重要な仕事は、適切な計画と意思決定の仕組みを作り上げることであった。人的資源省の上級官僚は既存の構造に依拠することを決めた。ある上級官僚にとってその構造とは、「非常に脱中心化されている」あるいは「フラットな構造」と表現されているものであった。すなわち、地区マネージャーたちが報告するのはビクトリアの一人の上司に対してだけなので意思決定が非常に迅速になされるという構造であった。したがって、省はブリティッシュコロンビア州全体にわたる知的障害者三、五〇〇人以上の既存の地域にあるメカニズムに依拠するということを意識的に決定した。

「私たちはそれを既に行っていました。私たちはサービスを提供できるということを証明してきており、それは費用がかかると考えていました。私たちはそれをどう行うべきかを知っていましたが、トランキルのようなことを考えたときに私たちがこれまで行ってきたような規模ではないことも確かでしたが、いくらかの経験はありました」。

トランキル閉鎖以前からあった地区の構造を支える脱中心化の仕組みは非常に限られたものであったが、少なくとも上級官僚は地区を拠点とする地域資源の仕組みについての長い歴史を有していた。さらに、施設閉鎖のような巨大プロジェクトが実行されるならば各地区はアカウンタビリティと共に自律性も必要とするだろうと人的資源省内で考えられていた。地方分権化の一つの例としては各地区における精神遅滞コーディネーターがあった。これらのコーディネーターは州政府によって助成を受けた地区サービスのために重要な計画づくりや調整を行っていた。しかし、一九八三年夏のブリティッシュコロンビア州を襲った緊縮財政の時代において、精神遅滞コーディネーターは教員や家族を支援するために各地域が利用できる専門家チームである州サポート・チームと共に廃止された。これらの緊縮財政政策によって、これから施設閉鎖という大きな取り組みを行う際に州及び地区関係職員の心にはさらに大きな不安がもたらされた。

人的資源省の役人たちは既存の意思決定の仕組みについての自らの経験上の成功と失敗について検討した上で、施設閉鎖計画には地区を基盤とした脱中心化された仕組みが必要だと決定した。その他に追加されたことは、いくつかの重要な意思決定上の要点であった。これらの決定上の一つの要点は、他州やアメリカ合衆国の各州における脱施設化の取り組みについて理解するということであった。数名の人的資源省の責任者から構成される計画委員会と共に、人的資源省、健康省や教育省の代表を含めた全般的な運営委員会が作られた。しかしながら、ほとんどの日々の作業をしたグループは、各地区におけるプロジェクトチームに関連したコーディネーティング委員会であった。プロジェクトチームは人的資源省事務所がある各地区に設置され、少なくとも州全体にわたって二〇名の追加的職員によって構成された。プロジェクトチームの構成やモデルについては各地区によって決められており、ビクトリアから下記のことが明らかに示されていた。

「施設入居者のために計画をし、地域のサービス提供事業者やアソシエーションと共に仕事をすることは各地区の権限であり責任であった」。

施設閉鎖宣言の直後、人的資源省は他州の研究や調査を検証することによって、データベースを作り始めた。二人の上級職員はその最初の夏の期間にそのような報告書を作成し始め、同年一一月までに職員が閲覧し検証できるように完成させた。夏の後半にはトランキルの責任者からページ数の少ない報告書が配布され、それは重要な課題や価値観についての定義を明らかにしていた。主要な要点とは下記の通りであった。

・可能な限り最大限まで個が自立していくという方向性が良いことであり、全ての利用者にとってではないが、地域に根差した訓練は多くの利用者にとって入所施設でのケアよりも好ましいものであると考えられている。

・ノーマライゼーションという考えが脱施設化思想にとって重要である。この考えは精神遅滞者が、可能そして現実的であればいつでも、全ての適切な社会資源を活用しながら社会の主流に参加すべきであることを示すだけではなく、彼らはより大きな社会の一員であるべきだということを暗示している。

・脱施設化が成功するための重要な特徴は下記の通りである。

＊地区において居住のための資源に切れ目がないこと
＊デイプログラムのサービス
＊専門的な支援サービス
＊一時預かり及びバックアップのサービス
＊基準とガイドライン
＊レビューとモニタリングの仕組み

人的資源省の役人によるこれらの価値観を明らかにした書類は幅広く理解されたり、配布されたりすることもなかった。例えば、本研究のインタビューの際に省関係者に対して多くの価値観に関わる質問をしたが、それらの質問にはしばしば、仕組みや手続き、あるいは財政の観点から答えられることになった。さらに、私たちの調査結果からはある地区の職員は当初、ビクトリアで人的資源省の上級官僚が考えていたように施設閉鎖に積極的に関与していくことやそれに関連した思想について理解していなかった。ある地区の職員はノーマライゼーションのような施設閉鎖の目標や原理について理解していなかった。ある地区のコーディネーターは次のように述べた。

「人的資源省は現場に対して情報を提供するようなことはしていませんでした。最初の頃は、私たちは何が起きているのかが分かりませんでした。新聞を読むことによって情報に触れることはできましたが、このプロセスに関わってはいませんでした……。施設閉鎖についての哲学的根拠について十分知らされてはいませんでした。脱施設化やノーマライゼーションのような長い単語の言葉はその意味が分かりませんでした……。私たちはそこに参加していませんでした」。

州政府はその年の夏及び一九八三年初秋にいくつかの職員向け会合を開き、その後全州にわたり各地区事務所においてプロジェクトチームが結成された。共通の価値観を作り上げようという努力にもかかわらず、プロジェクト関係職員の知識や考え方には各地区によって違いがあることが私たちの調査から明らかになった。後述するように、このことが地区の活動に影響を与えた。各地区事務所は各地区の利用者に最も効果的に応答できる仕組みを作り上げなければならなかった。人的資源省の役人は「私たちは各地区をコーディネートする必要はなかった」と述べていたが、実際はビクトリアが各地区からの計画に対する給付決定について管理し続けていた。後の章において、各地区によっていかに違いがあるのかということや、権力の共有や参加型の仕組み（Clement 1975）によってどの程度脱中心化がなされていたのかを探求することになるであろう。

制約されたコミュニケーションの影響

施設閉鎖宣言後の人的資源省による当初の努力が施設閉鎖過程のための計画や戦略を作ることに焦点が当てられてきたことを私たちは既に見てきた。この間、他の重要な関係者が施設閉鎖について得られる情報は非常に限られていた。家族にとって脱施設化がどのような危機をもたらすことになるのかということについては次章で述べるが、人的資源省が情報提供を十分にしてこなかったことは明らかに施設閉鎖過程についての不安をもたらした。初期における情報提供の主な方法は人的資源省による報道発表だけであった。

人的資源省は八月及び九月にニュースメディアに対して一連の記事を送ったが、そこには施設閉鎖やノーマライゼーションという価値、さらには省がこれまでの地域移行の取り組みをいかに効果的に行ってきたのかということが記されていた。既に述べたように、数名の省の役人でさえ準備不足と厳しいスケジュールゆえに施設閉鎖の取り組みがうまくいくかということについて懐疑的であった。しかし、「コンピテンスという用語」（Edelman 1977）を使用することによって、人的資源省はメディアによって厳しく批判されることを逃れ、これらの批判をかわしていた。

人的資源省による情報提供の仕方によって、家族にとっては分からないことがますます増えることになった。施設閉鎖宣言から六〜八週間後に家族に送られた最初の公式の書簡には専門用語が多岐にわたって使用されていた。書簡の一部には次のように記されていた。

「人的資源省によってなされた提案はサービス提供のためにコーディネートされた州政府の方法を構築する際に行ってきたことに依拠しています……。精神遅滞者のために最も制約の少ない環境や可能な限り自立生活を提供することを支援することが省の目的です」。

親は不安を抱え気がかりであるという様子だとすれば、地区や入所施設の職員にとっては州政府の情報が制約されることに伴う影響はより複雑であった。最初の数週間における曖昧な情報提供の仕方によって、職員は施設閉鎖に対して矛盾する感情をもつようになった。ある地区の人的資源省関係職員は当時の感情を以下のように振り返った。

「私は施設閉鎖の背景には財政的な事情が関連しているのかもしれないと疑い深く感じていました……。また、私たちは地域に対してどのように応答すべきなのか、あるいは家族にどのように話せばよいのかということについて確かではありませんでした」。

情報提供の仕方が曖昧でその結果として矛盾する反応が生まれることによって、ある特定の職員がどのようなことが期待されているのかを明らかにし多くの様々な意見に対処するために膨大な時間を費やすことになることは明らかであった。トランキルにおいて働いていたある専門家は次のように強調した。

「私が本当に不愉快に感じていたことの一つは、（人的資源省が）あまりにも秘密主義であったということでした。これは一つには何も分かっていることがなく、彼らは自分たちのことについても分かっていないからだと思います。うわさが広がっていました。私はいくつかの良くないうわさについては間違いを正そうと奔走していました……。情報を探し出し、それを職員にフィードバックし、彼らの質問に答えていました」。

情報が限られているために、地区や入所施設における職員をいくらか混乱させることになった。人々は最初の数週間は、新たな情報に基づいて行動するのではなく、情報を明確にするために想定外の時間を費やすことになった。

様々な要望への応答

当初の施設閉鎖宣言の方法ゆえに、人的資源省は様々な利害関係者から強い否定的反応や要望を受けることになった。古典的な民主的戦略を活用しながら、州政府は根本的には「好転するまで待つ」という態度をとった。その一方で、様々な関係者は省の方向性に影響を及ぼそうとした。

施設閉鎖宣言がなされる前に職員あるいは労働組合の関わりがなかったことは明らかである。次章で見ていくように、七月半ばに州政府の政策を変えるために労働組合が採用した一つの戦略は、入所施設の敷地にある建物を占拠するということであった。州政府の関係者にとってはそのような施設職員の反応は予期できることであった。トランキルの責任者はそのような反応を認識し、職員たちの状況を次のように述べた。

「仕事を失うということに対して激しく憤り、恐れを抱いていました……。職員の多くは脱施設化の取り組みには賛成していましたが、個人のレベルでは彼らは怒っていました」。

ビクトリアにいる人的資源省の役人はその占拠事件の間、不安を感じていたが、彼らの「好転するまで待つ」という戦略は対立状況を緩和させたように見えた。「占拠によって虐待が生じることはなく、ケアの質に影響を及ぼすこともなかった」と数名の役人は述べた。

「知的障害者ブリティッシュコロンビア州住民」（ＢＣＭＨＰ）も最初の数週間は省に対して影響を与えようと努力した。その結果、彼らは施設閉鎖に関わる計画に協力できるようになった。知的障害者や家族のための主要な州の権利擁護団体として、ＢＣＭＨＰは多くの賛否両論のある課題について権利擁護を行う団体としての高い評価を得てきた。その結果、ＢＣＭＨＰに対して人的資源省内で不信感が生じ、ＢＣＭＨＰによる絶え間のない努力は権利擁護団体を遠ざけてしまうことになった。例えば、州政府による緊縮財政プログラムの初期の間、人的資源省はＢＣＭＨＰへの助成金を削減した。同時に、施設閉鎖宣言がなされた後の夏の間、人的資源省はＢＣＭＨＰによる情報提供の要望に対して応答しなかった。

「好転するまで待つ」という方法によって、人的資源省は計画や戦略を立てる時間を得ることになった。ある省関係者はもし計画を立てる前に権利擁護団体と協力していたなら、省は施設閉鎖過程をコントロールし、方向づけることができなかったであろうと述べた。しかし、省内は他の団体に関与することを控えていたが、不承不承ではありつつもアソシエーションや権利擁護者に対して尊敬の念も抱いていた。

「尊厳という点で、人々の潜在的可能性を伸ばそうとしているという点で、知的障害者に対して私たちが望んでいることとアソシエーションが望んでいることの間には違いはないと思います……。しかし私は、アソシエーションには組織のモデルがあると思います。アソシエーションには異なる方法で目標を達成するために政府ができること以上に多くのことが備わっています……。彼らはただ山をすぐに登ることができますが、私たちは政府の車を運転しているわけであり、舗装された道を渡り、山を回って行くことになります。政府の車は他のものよりも早くはないのです」。

要約と結論

州政府の観点から、施設閉鎖宣言とそれへの対応の仕方についてはいくつかの方法で解釈できる。

一、多くの回答者は大規模施設閉鎖の第一の理由は**財政的理由**によるものだと考えていたが、施設の建物の状況などの理由もあった。また、緊縮財政や民営化を進める**イデオロギーの力**としても考えることができる。

二、上級官僚の側において効果的で組織的な方法によって施設を閉鎖しようとする**積極的関与**があった。ある地区事務所の職員は障害者や施設閉鎖に対して積極的であったが、そうではない職員もいた。しかしながら、施設閉鎖の取り組みにおいて州政府が採用した方法は、公に発表される前に細かい計画を立てて行う重要な改革のための施策とは異なっていた（Bradley 1978; McWhorter & Kappel 1983)。

三、施設閉鎖宣言の前にもその後にも、**州政府内において他のセクターとの協議や協働による計画**

づくりはほとんどなされていなかった。報道発表や他の情報提供の方法は外部からみれば、「象徴的あるいはほんのみせかけのジェスチャー」（Edelman 1977, p. 33）を作り出すためになされていたように見えた。州政府の象徴的なジェスチャーには改革に関わる言葉が使用されていた。

他の象徴的なジェスチャーは省が何も言わず、様々な批判に対する反応においても単に静かに対応しながら「好転するまで待つ」という態度をとることであった。このアプローチは計画や大きな改革のための取り組みの過程をコントロールすることを望む政府にとっては魅力的であったが、他のセクターによる関与という点では意図せざる結果をもたらすことになった。

情報共有の機会が制限され、施設閉鎖過程への市民参画の機会が欠如していたことは、全ての中央集権的な官僚機構の特徴であると考えることができる（Hadley & Hatch 1981）。施設閉鎖やほとんどの政府主導の改革において対立が生じるのは、政府が参画のための仕組みを作ることができないことにあった。しかしながら、後述するように、施設閉鎖に対する地区の脱中心化されたアプローチはある意味、中央集権的な官僚機構の硬直性に直面しながらも参加型アプローチを作り出そうとする試みであった。

四、人的資源省の役人が施設閉鎖宣言を受けて何をすべきなのかを見出そうとしていたということは、最初の数週間においては他のセクターとの情報共有の機会が制約されていたということを意味する。このような大規模な改革に対処するためには団体や個々人にとっては時間が必要だと考えられるが、改革への抵抗を少なくするための最も良い方法の一つはより直接的に役に立つ情報を伝えることであった（Zaltman 1983）。

第5章

他の主要な関係集団による施設閉鎖への反応
――入居者、家族、権利擁護者と職員

本章では、他のセクターが施設閉鎖宣言にどのように反応したのかということに関わる調査結果を整理したい。施設閉鎖について理解するだけではなく、将来の施設閉鎖のための戦略や他の選択肢を明らかにする上でも各セクターによる反応は示唆に富んでいる。

入居者による施設閉鎖の受けとめ方

施設閉鎖宣言がなされた際に、入所期間二～二四年の入居者三二六名がトランキルで生活していた。

入居者はどのように施設閉鎖についての話を聞いたのか

入所施設を閉鎖するということを入居者にいかに、あるいはいつ伝えるべきなのかということについての組織的な計画はなかった。数名の職員は計画がなく、「混乱させただけだろう」という理由で入居者に話をしても意味がないと述べた。全ての利害関係集団のうち入居者は施設閉鎖において最も大きな利害関係のある当事者であった。しかし、彼らは意思決定あるいは計画に参画することは全くなく、他の人たちが彼らに代わって物事を決めたときにはそれについて伝えられることもなかった。私たちのデータでは、施設閉鎖について入居者に伝えることに関していえば、入居者ははっきりした形で伝えられることがなかったためにますます混乱することになったということが明らかになった。

私たちが話した数名の元入居者のうち、施設閉鎖についてトランキルの職員が話をしているのを聞いたという人、彼らのソーシャルワーカーから直接話を聞いたという人やラジオで話されているのを聞いたという人がいた。ある若い男性は移行予定のグループホームのソーシャルワーカーが彼に伝えるまで移行については知らされていなかったと述べた。入居者が彼らの人生において生じる大きな変化について知っているかどうか、あるいはいつ知るのかということはあまり重要ではないと主張されることによって、入居者を当事者とは考えない見方が強化されることになった。

地域生活に移行することの難しさ

大きな変化に対処することは誰にとっても困難なものである。例えば、セリエ（Selye 1970）はストレスをもたらす数多くの出来事について整理しているが、新しい場所に引越しをすることを人々が人生において経験する最もストレスのある出来事のうちの一つとしてランク付けをしている。引越しすることにはある文脈から別のそれへと急速に移行することや、生活において新たな人たちとの関係に適応することが含まれる。第3章において述べたように、多くの入居者は入所施設と深い関わりをもってきた。この結果、トランキルから異なる生活環境に移るということに対して数名の入居者が不満を表明したことは驚くことではない。

六四歳の高齢男性は入所施設で約五〇年間過ごしてきたが、施設閉鎖宣言に対してとても否定的な反応をした。「トランキルは私の家です」と彼は強調して話した。また、この男性は彼が入所施設で築き上げた人間関係、とりわけ職員との関係について長く話をしてくれた。入所施設の**友人との関係を維持できるかどうか**という不安が多くの人にとって指摘された。私たちのインタビューや参与観察からはこのことがとても重要であるということが分かり、入所施設での生活について誤った理解をしていたことが分かった。入所施設にいる人たちは「普通の」対人関係を作る感覚をもっていないと一般的には思われているようにみえる。したがって、この施設閉鎖において、そして一般的な脱施設化において、入居者の感情や友人と別れることによって経験する自然な喪失感についてはほとんど、あるいは全く配慮されることなく入居者が移行させられていた。

数名の入居者は移行するということについて矛盾する感情を伝えてくれた。例えば、ある中年女性は外に出ることができて嬉しいが、地域生活に適応するのに苦労し他者の助けを借りて生活せざるをえない入居者たちの不安についても語った。このことは他の人によっても語られ、誰が彼らの世話をしてくれるのか、誰と一緒に住むのか、どのような場所なのか、彼らが地域に行ったときに友人はどこに行くのかと考えていたと彼らは語った。これらの語りからは地域移行や地域生活の準備が肯定的経験になるためには本人のための計画が必要であることが示されている。ザルトマン（Zaltman 1983）が述べたように、具体的で有用な情報によって人々は変革のための計画を立てることができるのである。

地域生活への移行を祝福する

トランキルの数名の入居者は彼らの出身地に戻ることになると聞いてすぐに大喜びをした。一般的には、私たちのデータから示されているのはトランキルで過ごした時間が最も短い（例えば、一五年あるいは二〇年ではなく五年）人たちは移行することに最も満足をした。

「私は幸せでした……。なぜなら出身地には会いたかった人たちが多くいるからでした……。（そして）望んでいる全ての自由があります」。

トランキルに長く住んでいたある入居者も施設閉鎖宣言についてとても喜んでいた。ある女性は施設閉鎖がどのようなことを意味するのかということを知って困惑したことを認めていたが、すぐに自分自身のアパートに移行できるように要求した。それは自由とプライバシーをもてることは彼女が望んでいたことだったからであった。

「私は何をしたらいいのかが分からなかったです……。私のソーシャルワーカーは私に言いました……。私は彼に自分自身のアパートに住みたいと伝え、彼は私に希望を与えてくれました」。

ある若い女性は、引越しの二～三週間前に移行することについて伝えられたが、入所施設が閉鎖されることになるととても喜んだと語ってくれた。また、彼女は入所施設にいる間に耐えてきた罰や不快だったことについても話してくれた。また他の入居者は入所施設について否定的な記憶について語り、これからの生活の変化を楽しみにしていると語った。

私たちによる元入居者への調査から二つの課題が浮かび上がってきた。第一に、州政府による計画が長い期間かかったために、多くの入居者は何が起こるのかを知るまでに長い間待たされることになった。このように長い期間待ち、そして困惑することによって、心配や不安がもたらされた。第二に、入居者から学んだのは入所施設から地域に移行することは、あるホームから別のホームに引越しをすることに伴うトラウマに似ているということであった。**入所施設を閉鎖する際の手続きは、入居者が彼らの生活に生じる大きな変化に対処するために準備し移行期間に支援を受けられるように、個々の入居者のニーズや移行期間に敏感でなければならないということである。**

施設閉鎖のニュースへの家族の反応

一九八三年七月七日のブリティッシュコロンビア州における夜のニュースのヘッドラインでは、州政府の新たな緊縮財政政策について具体的に述べられた。この報道はトランキルで暮らしていた入居者の家族にとっては特別な意味をもった。他の何千ものブリティッシュコロンビア州住民と共に、入所施設が閉鎖されることになるということを家族は知ることとなった。多くの家族にとってそれは穏やかなニュースではなかった。

州北部出身のある両親は閉鎖宣言やその後の出来事に対する彼らの反応を下記のように語った。

「私たちはテレビでニュースを聞きました。突然政府はトランキルを閉鎖することを望んだのです。子どもたちに何が起こることになるのでしょうか？　私たちは皆、とても動揺しました。私は彼に私たちの家に戻ってきてもらいたかったですが、どのようにそれを行えばよいのでしょうか。六〇歳にもなればそんなことはできやしません。それで私たちが面倒をみないのであれば、いったい誰が彼を連れていくことになるのでしょうか。それを行う資格のある人でもいるのでしょうか。このことについて何か分かっている医師はどこにいるのでしょうか。

それはあまりにも不安でした。私たちの他の子どもたちでさえ恐れていました。

それでニュースではストライキを起こした人たちが行進しているのを聞きました。それで私はソーシャルワーカーに電話をしました。彼女はこう言いました。『あなたに伝えることはできません。何が起きているのか私たちにも分からないのです。でも、子どもたちは最善のケアを受けられています。心配なさらないで』。

そして私たちは私の息子に会いに行きました。会合（トランキル親の会）に行くと、いろんなところから大勢の人たちが来ていて、トランキルのマネージャーもいました。私はマネージャーが私たちと同様に状況を理解していなかったので彼を気の毒に思いました。彼には彼らが行っていることを理解できなかったのです。

そのためにますます不安になりました。私たちには未だに何も分かっていないのですから」。

私たちが話を聞いた他の家族と同様に、この家族は取り乱し、混乱していた。彼らが不安になった背景には、下記の二つの原因がある。

一．コミュニケーションの不足とタイミングの悪さに主に関わる直接的要因あるいは問題

二．親が入所施設に深く関与し、彼らのこれまでの経験や長期にわたる期待感に深く関わる歴史的要因

直接的要因

家族への最初の連絡がなされたのは公に宣言されてから六～八週間が経過してからであった。この連絡は計画立案者からトランキル入居者の親に宛てた手紙という形でなされた。家族による受け止め方は明確であり、彼らは情報の不足によってますます不安になったと一貫して主張した。情報不足によってメディアは推測をし、うわさが広がることになり、対立が深まり不正確な情報が行きわたることになった。改革の根底にある考え方も改革を実現させる仕組みも家族にとって意味のあるような形

で理解されることがなかった。当初からの情報不足と共に、二カ月間情報が何も伝えられることがなかったことは、多くの家族を心配させるだけであった。

第3章では、脱施設化の取り組み開始前及びその期間に多くの家族が抱いた孤立感について述べた。これらの親の多くは、地元の親の会とのつながりはなく、あるいは、入所施設に子どもを入所させた親としても互いに関わることがなく、事実を比較検討したり、皆で同情しあい話し合ったりする手段をもっていなかった。したがって、ニュースが報道された後、政策立案者が計画を立て実行する準備ができるまで親の多くはただ待ち、心配するだけであった。多くの親は孤立し無力感を感じていたと語った。

「私はとても面喰っていました。なぜ何も伝えてもらえないのでしょうか。私たちは関係者であるのに、なぜ私たちの考えを尋ねてくれる人が誰もいないのでしょうか。私たちはそれを良いかどうかを思っているのかと」。

「私たちはその結果がどのようになるのかが分かりませんでした。私たちが望んでいないような民間企業によるホームに行くことになるのでしょうか。というのは、例えば虐待など民間企業によるホームで何が起きているのかが分からなかったからです。トランキルはそのような場所よりも良いのは明らかでした」。

いくつかの家族は彼らの運命を静かに受け入れることはしなかった。冒頭で感想を語った母親のように、数名の人たちは入所施設に連絡を取り始めた。しかし、不運なことに彼女たちはよく理解している人を見つけることができなかった。入所施設の職員からマネージャーに至るまで安心できる回答や詳細な情報をもっている人は話をした人の中には誰もいないことに気づくことになった。

積極的に行動した別の家族はわずかではあるが、異なる反応を得ることができた。というのはおそらく、彼らは家族会としてより若いメンバーを中心にしてトランキルを訪問したからであった。ある入居者の妹は次のように語った。

「私たちはトランキル閉鎖のうわさを耳にすると、二週を経ず施設に行きました。私たちは訪問することを彼らに伝え、彼女のソーシャルワーカーに会いたいと伝えました。ジュディ、マリアンと私はこれらの人たちといかに話をしたのかということについて母は信じられませんでした。彼女は困惑しておりました。しかし長年の間、彼女は心理療法士や医師によって脅されていたと思います。

トランキルで話をしたソーシャルワーカーはサンディを早く出した方がよいということを認めていました。というのは、状況がとてもひどかったからです。ソーシャルワーカーはとても助けになりました。

メディアを通して親が知らされることになるというのはとんでもないことです。人的資源省はその前に知っていたに違いありません。親に知らせるべきであり、子どもたちが家に戻らされることにはならないということを伝え、何らかの安心感が与えられるべきでした。何が起こるのか、どのような選択肢があるのか、手続きはどのようになされているのかといったことが伝えられるべきです。私たちは何も知りませんでした」。

歴史的要因

これらの語りにおいて明らかなことは家族の反応の直接的原因だけではなく、第2章及び第3章において述べた「歴史的」プロセスがあるということである。

・家族は**将来に対して繰り返し心配をしていた**。入所施設は永続的に存在するように思えた。トランキルは他者による支援を非常に必要としている入居者の全ての家族が抱えている絶え間のない不安を軽減させることができた。すなわち、親が亡くなった後、わが子に何が起こるのかという不安である。親は入所施設に深く関わり、今この安心感が脅かされようとしている。

・親は**部外者**と長いこと見なされてきた。彼らは子どものための意思決定の場や地域にある地元の親の会から孤立させられていた。施設閉鎖宣言から最初の数カ月の期間、相談をされることもなく、情報が不足し、間違った情報が流され、情報源が存在しないことによって、部外者であるという現実が再確認されることになった。部外者であるということは、**親としての役割がない**、親としての役割を果たしていない、その役割を専門家であるケア提供者に手放したという感覚を家族にもたらすことになった。

脱施設化の危機

多くの家族にとって、閉鎖宣言は**危機**を意味した。ウィラーとインタリアータ（Willer and Intagliata 1979）は脱施設化の取り組みは施設入所と同様に、家族にとっては危機となりうると指摘した。第2章では私たちは家族が彼らの息子や娘を入所させる際にいかに危機を経験したのかということを例示した。私たちのデータによれば、多くの家族にとってトランキルが閉鎖されるという宣言は家族にとっての別の意味での危機をもたらすことになったことが分かった。

親は入所施設に対して矛盾する感情を抱いていたが、それにもかかわらず彼らは入所施設が子どもにとっての唯一の安心できる家であると考えていた。閉鎖宣言がなされたことによって、この安心感は急速に消えていくことになった。多くの親にとって、施設閉鎖は未だ分からない次元の問題が生じることを意味した。同様に、多くの親は彼らの施設入所の危機に対する初期の経験が親として問題に対処する力がないことを証明していると考えていた。こうした考えによって、彼らは施設閉鎖に対して否定的に捉えることになった。さらに、彼らは自らその出来事の意味について明確化する機会をもっていなかった。

当初から施設閉鎖に対して肯定的な意味づけをしていた数少ない家族も全ての他の家族と同様の経験をしていた。しかしながら、彼らはイデオロギーをはじめからもっていた。つまり、彼らは自らの仕事や親の会との関わりを通してノーマライゼーションという考え方に精通していた。短い移行日程や施設閉鎖の理由について不安を抱いていたが、これらの親はこの出来事を正しい方向にあるものと考えていた。

七月七日の閉鎖宣言とその夏の出来事によって、家族は危機の最中において関わりや支援を受けることもなく、情報を提供されず、恐れを抱いていた。下記の母の洞察力からは思慮深い分析をしていることが分かる。

「まさに最初の段階から助けを必要としていたと思います。とても注意深く対応してもらうべきだったと思います。というのは、私たちは自分たちの子どもたちを長い期間守らなければならなかったので、すぐに防御的になりがちだと思うからです。私たちは無力なままでいることはないと私は親に説得できます。それは『全ての人たちが面倒をみてもらえる』というような一般的な意味での説得だけではないのです。もし（州政府が）私たちを説得できるとすれば、それは私たちが関心をもつようになることだと思いますし、それが必要なことなのです。もし全てのことがうまくいくと私たちに説得できないのであれば、公正に私たちが理解できるようにさせることです。すぐには私たちの協力を得られません。関わりをもつことを望んでおらず、行われることを批判する親がいることも知っていますが、全てのことは克服できるものです」。

他の親はまた、「何をすればこの大きな改革に親は対処できるか」ということについていくつかの提案をしていた。例えば、家族に共感でき、状況に精通したチームが家族のもとを訪れ、彼らの質問に答えていくということが提案された。多くの家族はまた、計画立案者は「高齢の親を理解し、彼らがどのようなことを経験してきたのかを理解する」必要があると述べた。言い換えれば、**家族構成員を施設入所させた親が辿ってきた歴史についての知識や感受性が、専門家が施設閉鎖を進め、実行するのに役に立つということであった。**

権利擁護者による戦略

特別なニーズを有する人々への関心をもつボランタリー組織は脱施設化を強力に進めるための政策やイニシアティブをとるように州政府に働きかけてきた。一九七五年には、「地域生活カナダ協会」（元精神遅滞者カナダ協会）は入所施設へのゼロ・アドミッション政策（新たな入所を認めない政策）を求め、組織的に脱施設化の取り組みを進める必要性を訴えてきた。州レベルでは、知的障害者のための主要なボランタリー且つ権利擁護団体である「知的障害者ブリティッシュコロンビア州住民」（BCMHP）が数年間、入所施設の閉鎖を求めて活動してきた。

一九八三年七月に施設閉鎖宣言がなされた直後に、BCMHPは興奮し楽観しつつも注意深い対応をとった。理事は当時を振り返った。

「……私はただ興奮し、パニックになっていました……。私たちは大きな戦略という点では明らかに準備ができていませんでした。私たちはなんとかやりとげ、新しい考えを打ち出さねばなりませんでした。それはとてもわくわくするものでした」。

多くのBCMHPのメンバーや親のリーダーも同様に興奮していた。当初の幸福感は大規模施設を閉鎖してほしいという彼らの要望に州政府が最終的に答えてくれたという安堵感を示していた。

多くの人たちはこの政策の変化が入所施設にいる人たちの生活の質を改善する機会になると考えていた。ＢＣＭＨＰの職員、理事会や親がもった楽観的な見方には入所施設の閉鎖を効果的に行うことができるという希望があった。ある理事は権利を擁護する者の観点からこの問題の複雑性について次のように述べた。

「私たちはトランキルを閉鎖することを宣言した州政府を支えていきたいと強く思っていました。私たちはそれを公の形で行うことによって、カナダの他地域から可能なかぎりの支援を受けたかったのです。というのはその動機が何であれ、それは勇気のある取り組みだったからです……。私たちは労働組合からの反対がどれだけ強いものになるのかということを心配していました。しかし、少なくとも指導部はアメリカ合衆国や他国で見られた程の反対をすることはないということがすぐに分かりました。また、はじめは多くの親や家族にとって支持されることはないということも分かっていました。さらに、彼ら（州政府）が何をするつもりなのか、それがどのようになされることになるのか、十分な計画期間があるのか、家族やアソシエーションが関わることができるのか、といったことについて初めから多くの不安がありました。だから私たちは『とても素晴らしい、しかし……』と言いたかったし、その『しかし』ということを黙っていたかったのです」。

施設閉鎖は権利擁護団体や親のリーダーたちがまさに重要だと考えていたことであった。しかしながら、ＢＣＭＨＰにとっての一つの課題は権利擁護の活動が州政府によって支持されているように見える時の**立ち位置の取り方**であった。権利擁護団体として、彼らは州政府に「売り渡した」ように見られたくなかったが、州政府に対して影響力を行使する立場を維持することを望んでいた。ある職員はＢＣＭＨＰがどのような立ち位置をとることを決めたのかということについて次のように述べた。

「私たちは施設閉鎖の取り組み全体の主要なアクターの一つとして認識してもらいたかったのです。つまり、このような『認識のされ方』が重要でした。政府の後ろにしつこくついてまわるのか、政府と労働組合に闘わせておくのか、自分たちを主要なアクターと位置づけるのか。私たちは私たちが問題だと考えていることをはっきりと述べ、（施設閉鎖問題にだけ取り組む）誰かを雇用することによってそうすることに決めました。私たちは起きている全ての行動の一部になりたかったのです」。

権利擁護者が計画に参画するという期待

施設閉鎖宣言後にＢＣＭＨＰが起こした最初の行動は州政府による閉鎖計画過程に参画するためのものであった。このような立場はＢＣＭＨＰの初期の戦略の一つであり、閉鎖宣言の三週間後に人的資源省長官に宛てた書簡の中で示されていた。この書簡でＢＣＭＨＰは「善意の姿勢」として施設閉鎖計画のためのコーディネーターを雇用し、人的資源省とＢＣＭＨＰが「共同の計画プロセス」を立ち上げることができると述べていた。この権利擁護団体は必要な社会資源、専門知識、価値観、知識や人的資源（例えば地域支部）を有し、それによって施設閉鎖過程においてＢＣＭＨＰが協力者となると考えていた。しかし、ＢＣＭＨＰは多くの他のセクターが考えていることを理解するようになり、州政府が共同計画には関心がないことが徐々に分かるようになった。

「私たちは当初、州政府から多くのことを請け合おうと努力しました。これらの事柄をどのように進めていくのか、私たちは計画過程にどの程度関与できるのかといった多くの疑問がありました。その後、州政府はどのみちそれを行うつもりであり、組織的に協力をして計画を立てるつもりはないことが明らかになりました」。

州政府の政策や計画に直接影響を与えることはできないという現実をＢＣＭＨＰの理事会や計画策定グループが認識しそれに対処するまでにいくらかの時間が必要だった。結局、州政府はＢＣＭＨＰの参画を促したようにみえた。人的資源省長官グレース・マッカーシーからＢＣＭＨＰの会長フィル・ラッセルに宛てた八月一〇日の書簡では、長官は二者間の来るべきミーティングを歓迎し、ＢＣＭＨＰによって提起された課題や問題についての州政府の立場を明記した。また、彼女は「地元団体の専門的知識、関心や経験」を歓迎していた。ところが、その後のミーティングにおいて、ＢＣＭＨＰは州政府が地元のアソシエーションを活用したかっただけであり、ＢＣＭＨＰや他の団体が参画し組織的な計画づくりの過程を協働して行うことを望んでいなかったと結論付けることになった。

他の関係団体とのミーティング――一つの方向性が徐々に現れる

権利擁護団体が州政府の計画過程に直接あるいは間接的な影響を与えることができるようにいかに自らの立ち位置を決めるかということはすぐに明らかになるものではなかった。施設閉鎖過程における他の重要な関係団体とのミーティングによって、BCMHPはもう一つの方向性や立場を明確にすることができるようになった。

労働組合：BCMHPはトランキル職員の組合である州政府労働者組合（BCGEU）と良好な関係を維持する必要があることを認識していた。七月におけるトランキル職員による抗議活動が管理棟の建物を占拠したとき、BCMHPは彼らと連絡をとり、注意深くその状況を見守った。実際この期間、BCMHPの会員三名が労働組合とミーティングをもち、彼らが仲介者としての役割を果たせるかどうかを検討していた。労働組合の組合員との仕事を通して、BCMHPは州政府の意図を確実に理解した。BCMHPは労働組合の次のような状況が分かった。

「……相談もなく、州政府が圧倒している感覚でした。（職員は）彼らが長期のあいだ世話をしてきた人たちの生活どころか自分たちの生活すら何も言えないような状況でした。彼らは無力でした」。

しかし、労働組合と権利擁護団体は全ての問題において意見の一致が見られたわけではなかったことは指摘しなければならない。それは全くといっていいほどであった。労働組合について疑いをもっているＢＣＭＨＰの会員がいたが、それは労働組合が主に職員のために存在しており、入居者は二の次だと考えていたからである。一方、労働組合は州政府によるサービス・システムがつくられるように、地元団体にサービスを提供しないように促すことをＢＣＭＨＰに期待していた。しかしこれらの違いにもかかわらず、ＢＣＭＨＰは**労働組合も権利擁護団体も州政府による施設閉鎖過程においては「部外者」である**ということを実感した。このような理解を通して、ＢＣＭＨＰは実質的な形では州政府の決定過程に直接影響を与えることはできないだろうと強く信じるようになった。

地元のアソシエーション：夏の最初の頃、ＢＣＭＨＰは知的障害者の支援をする地区アソシエーションが施設閉鎖において果たしうる役割についても認識していた。閉鎖宣言から数週間で、多くの地区支部がＢＣＭＨＰに電話をかけたり手紙を送ったりして、施設閉鎖についての彼らの心配事項について尋ねた。トランキルから戻る人を対象とした居住場所を作るために情報を求める地区支部もその中にはあった。他の手紙や電話の中には、施設閉鎖過程自体について尋ねるものもあり、ＢＣＭＨＰに州政府と協力して行動するように求めるものもあった。後者の意見にはＢＣＭＨＰがあまりにも州政府と対立し過ぎているという地区支部の認識が反映されていた。いくつかの地区支部はまた、人的資源省に書簡を送り、予算の削減やその施設閉鎖への影響について明らかにしようとするものもあった。例えば、クートニー地区支部の会長は七月三〇日に、人的資源省長官グレース・マッカーシーに書簡を送った。内容は下記の通りである。

「当会は人的資源省管轄地区四においてトランキルから知的障害者三〇名をクートニーに戻すのを支援するつもりです。しかし、（精神遅滞者コーディネーター）や各地域との間で彼が作り上げた関係がなければ一九八四年一二月までにこれを達成できなくなります」。

閉鎖宣言から最初の数週間、いくつかの地区アソシエーションはトランキルの入居者家族と会い始めていた。同時に、ＢＣＭＨＰは徐々に施設閉鎖過程に影響を与えるための戦略を立て始めていた。夏の後半までに、この主要な権利擁護団体は地区支部の連合体と協力しながら、家族支援戦略を作り上げた。

ＢＣＭＨＰによる家族支援戦略

トランキルに息子と娘がいる親や他の家族の意見が聞かれ始めていた。ある理事はＢＣＭＨＰが徐々に以下のようなことを知るようになったと述べた。

「……州政府は望んでいることを行うだろうが、私たちの強みとは障害者家族の側に寄り添い、その意見を代弁することです……」。

施設閉鎖過程の初期の頃、ＢＣＭＨＰはトランキルの入居者にサービスを提供する地区支部を支援しようとしていた。家族支援戦略を作るために、ＢＣＭＨＰは地区支部から次のことを学んだ。

「……初めから家族のことを知り彼らと会ってきたアソシエーションは強力な権利擁護者になることができます。というのは、（家族は）彼らの地域の一部となるからです。彼ら（これらのアソシエーション）は家族のストーリーを知っています。彼らはこれらの家族が歴史を話す機会を与えました。彼らは本当に個人的な形で出来事に関わっていましたし、ただそこから歩いて去ることはできませんでした」。

家族を支援する方法を採用することによって、ＢＣＭＨＰは州政府に影響を与えるより間接的な方法を採るように変わってきていた。九月初旬のＢＣＭＨＰから地区支部になされる定期的な報告の中には施設閉鎖を成功させるための二つの重要な条件が記されていた。

・第一に、地域へのインテグレーション（統合）がうまくいくためにはサービスの内容が各本人のニーズに個別に合わせて作られる必要がある。
・第二に、地域へのインテグレーションがうまくいくためには親が最初からその後の各段階においても息子や娘の計画策定に意味のある形で参加する必要がある。

後述するように、これらの二つの原則は施設閉鎖全体の過程において権利擁護者の取り組みを導くものとなった。しかし、ＢＣＭＨＰが家族支援戦略を作っているときでさえ、指導部は広範囲にわたるこのような行動がこれまでほとんどなされてはこなかったことが分かっていた。アメリカ合衆国における脱施設化の取り組みは法廷判決によってなされてきており、親の運動内部では施設閉鎖の賛否両論についてのかなりの意見の対立があった（Conroy and Bradley 1985）。オンタリオ州における脱施設化の取り組みは非常に小さな入所施設のことであり、親が関与したケースが一～二事例あったとしても一九八三年の時点で組織的に親を支援する戦略は存在しなかった。障害及び福祉領域において州単位の権利擁護戦略を作り上げたとしても大きな関心を集めてはこなかった。ＢＣＭＨＰにとって幸運なことに、運動をしている多くの人たちは組織的な計画づくりや地域の開発についてかなりの経験を有していた。

直接州政府の政策に影響を与えることに代わる家族支援

家族支援戦略という考えはエンパワメントの過程を生み出すものとして創られた。エンパワメントは個人や団体が無力さの感覚に陥ることを少なくし、自らの意見を主張し力をもったように感じられる変革過程と考えられる（Kieffer 1984; Rappaport 1986）。ＢＣＭＨＰはこれまでの経験から親や知的障害者本人をエンパワーし、家族が相互に関わりあい、地域生活に積極的に関われるように働きかけることができるということが分かっていた。組織的な州全体にわたる家族支援戦略が親や家族をエンパワーし制度に影響を与えられるかどうかはまだ分からなかった。振り返ると、このような規模のエンパワー戦略は州政府の無力さから生まれる一方、それは親のもつ強さゆえに創り出された。人的資源省が入居者の家族に十分に、あるいは組織的な形で対応できないことは夏の期間でＢＣＭＨＰにとって明らかになった。このたびの施設閉鎖における州政府の主要な問題は、正確にいえばＢＣＭＨＰとその地区支部が最も影響力を行使できる領域である家族への組織的支援がなされなかったことであることは非常に明確であった。

地区アソシエーションが実際に入居者家族にアウトリーチできるかどうかということもＢＣＭＨＰにとっては未知数であった。いくつかのアソシエーションがトランキルに子を入所させていた親と連絡を取り始めていたということは夏の期間で見られていたが、精神遅滞領域での運動の経験をもつ人たちはこれらの親を引き込むことは容易なことではないと考えていた。私たちがインタビューをした人たちによっては語られることはほとんどなかったが、**一九六〇年代から一九七〇年代において精神遅滞者に関わる運動はこれらの親の多くを見捨ててきたというのが現実であった。**これまでの一〇年間で地域サービスを作り出すことに熱心であった地区アソシエーションにはこれらの親のほとんどが所属していなかった。ＢＣＭＨＰにおいて発展した家族支援戦略の根底には、親は互いに支援を提供し合うことができ、各地域にある地区支部は施設に家族を入所させている人たちをケアする力があるという信念が主にあった。

九月初旬ごろにＢＣＭＨＰは**家族支援戦略**を地区アソシエーションと共に開始したが、**行動のための多くの指針**が以下のように確立された。

・現在利用できるサービスの選択肢を親に提示すること
・私たちの支援を支える感情的基盤を築き、家族の専門家依存を減らしていくこと
・親が計画策定過程に参画するのを支援すること

・入居者のニーズを特定するために家族を支援すること
・一対一のミーティングを積極的に行うこと
・「あなたがたがどのように感じているのかが私たちには分かります。以前の私たちもそうしたからです。私たちはあなたがたの力になりたいのです……」と強調すること
・障害のある個々人が必要とする支援を計画・開発・提供・評価する際に継続的に親が参加するための長期的基盤を築くこと

この戦略のなかで重要なところは、入居者、とりわけ家族をもたない人たちの権利擁護者を多く集めることが強調されたことであった。BCMHPには情報の共有や研修のような他の側面もあったが、彼らは親と団結する立場を明らかに確立した。ある種のサービスの開発に積極的に関わる際の基盤や、地域及び州全体で人的資源省に関与する方法としてこの戦略が用いられた。主にBCMHPはその役割を施設閉鎖のあらゆるレベルにおいて親が関与するのを州政府の役人が進めていくためのものと捉えていた。この時点では根拠は不明瞭であるように見えるが、**親の力こそ重要であるという信念が新たに生まれていた。**

職員の主張

「一つのモデルで一五～二〇年間働いてきました。心から気にかけてきた人たちへの処遇方法ということ

に関して今となってそのモデルの妥当性に疑問が投げかけられています。それは、専門職への受け入れることの容易ではない挑戦です」。

職員が施設閉鎖に対して示した反応には二つの明確なレベルがある。一つは個人的レベルであり、それは一八カ月の間、現場における日々の生活にいかなる影響があるのかということである。もう一つは集合的レベルであり、労働組合を通して、あるいは施設閉鎖過程によって生まれた委員会や他の機関を通して、労働者の組織化された団体としていかに反応するのかということである。

個人的反応

ショック、不信用、不安や怒りといった最初の反応は職員間で広く共有されていた。彼らは次のように述べた。

・警告あるいは相談もなしに、州政府の計画があまりにも急激に変わったのはショックであった。
・全ての人が地域で生活するというのは理想的な条件であっても可能ではないと思う。結局、何十年間の実践で分かったのは「準備のできている」軽度障害者だけが移行できるということであった。
・それは可能だとしても、たったの一八カ月では実現できないのではないのかという不安
・自分たちの生計手段を失い、おそらくは自分たちの家でさえも失うのではないかという不安と怒

り

・障害者は財政抑制策の犠牲になっているという不安と怒り

私たちがインタビューをした誰もが当初は施設閉鎖が可能で、それがなされることになるとは思ってもいなかった。次の看護師の回答は彼女の同僚たちの思いを示している。

「彼らは本当にそれを行ってしまった！　私はパニックになり、ショックでした。一八カ月ということがさらにパニックにさせました。しかしパニックの多くは誰も答えを知っている人がいないということからくるものでした。それがどのようになされることになるのかを誰も分かりませんでした。誰がそれをすることになるのでしょうか。本当に入居者に何が起きるのでしょうか。職員には何が起こるのでしょうか。一〇年間の計画であれば入居者の観点からも、職員の観点からも良かったのではないかと思います。というのは人生を再び作り直していくには時間が必要だからでした。一八カ月ですよ！　住宅ローンや子どもたちはどうなるのでしょうか。再教育はどうなるのでしょうか。

私たちの多くは自分自身のことについて心配をしていましたが、入居者についても心配をしていました。入居者は捨てられることになるのではないかと本当に心配をしていました。彼らが予算決定の日にそれを宣言したということが重要だと思います。もちろんそれは財政抑制であったように思います。他の場所ではそれがあまりうまくいっていないということを私たちは知っていました。障害の重さに関わりなく全ての入居者が地域で生活できるとは思いませんでした。私は信じていませんでした。後でその考えが変わることになりますが」。

多くの職員からは、第3章で述べたような職員による入所施設への深い関わりが繰り返し述べられた。職員の反応や彼らがどのように制度改革に対処したのかということは、大きな制度改革における職員のニーズを理解する上で重要な示唆を与えてくれる。

現在行われているケアへの影響

多くの職員は施設閉鎖過程の全ての段階において士気を維持しなければならないという課題について語った。職員の士気と入居者に良いケアを提供できる職員の能力との関係については、職員によって指摘されることが多かった。

「初めの頃は士気が本当に低下していました。というのは職員に何が起こるのかということに関して何も計画がなかったからでした。だから本当にひどい期間でした……。皆さんは、職員皆が人間であり、彼らもお腹がすくし、士気が低下しているということを忘れていました。トランキルには他者を思いやる多くの人たちがいましたし、私たちの生活にとっても大きな変化が生じているときでした。ストレスの多いときには、障害者は十分なケアを受けてはいませんでした。というのは、職員は自分たちのことでせいいっぱいだったからです」。

職員は彼らが施設閉鎖期間に仕事を行う際に経験していた辛い事柄は軽減できるだろうと考えていた。より効果的ないくつかの行為について彼らは指摘してくれた。四名の職員は施設閉鎖に伴うトラウマを軽減しうる行為に関して提案をしてくれたが、それは以下のように整理できる。

一．入所施設の否定的イメージが個々の職員に個別にそして個人的な形で関連させられたことに注意深く対処すること

「それはとても流動的な事柄であり、今日私たちが行っていることは明日にはその妥当性を失うかもしれないということを私たちは理解しなければなりませんが、それは昨日まで行ってきたことが間違いだったことを意味しません。しかし、それについて否定的な考えがなければ入所施設を閉鎖することはできないようにみえます。

職員が本当に必要としたのは誰かがやってきてこのような批判はあなたに個人的に向けられたものではないと言ってくれることでした……。それは入所施設に対して向けられたものでした。あなたがたは良い仕事をしてきました。私たちは入所施設で働いてきたということで非難されていると感じがちであったため、多くの人たちはその問題を自分のこととは別に考えることができませんでした。それは私の問題なのではなく、システム全体の問題なのです。私たちは助言を必要とし、誰かにその問題と分けて考えるように手助けをしてもらう必要があったと思います」。

二．メディアに対してより敏感であること……。報道機関は助けにはならなかった

「彼らは入所施設に関わる全ての否定的な側面だけを強調していましたし、入居者についてのとてもひどい事について報道していました」。

一般的に職員は、社会は障害者に対して敵意をもち、入所施設について良く分かっていないと信じていた。このように信じることによって、彼らの怒りや不満は一層高まった。

三．労働組合は施設閉鎖過程に抵抗するのではなく、地域での職員の再訓練や雇用のために支援すること

「入所施設での仕事を守ってくれるという誤った希望を与えてしまうことは良くないことでした。仕事を探し出し、地域での新たなスキルを習得するための可能性や既にあるスキルを生かすことのできる場所を見出すために労働組合はあるべきでした……。そうすることによって、私たちは直接この状況に対処できるようになります」。

四．始めから計画し、計画についての情報交換をすることが望ましい

「彼らは基本計画を作るべきでした。もし二年前から労働組合と話し合いをもち、一〇年計画の報道会見

がなされれば、職員の士気をとても高めることができたでしょう」。

「相談もなかったので、圧倒されているという感覚がありました。それは私たちが長い間処遇してきた多くの入居者だけではなく、私たちの生活をも管理できないという感覚でした。それは人々にやる気を喪失させる無力さの感覚です」。

労働組合による対策——集合的レベルでの反応

ブリティッシュコロンビア州における労働組合は一九七〇年代中頃から、ある条件が満たされれば脱施設化政策に賛成していることが記録に残されている。ＢＣＧＥＵの方針説明書にはその理論的根拠や条件が書かれていた。

・労働組合が脱施設化政策を支持する理論的根拠は時が熟したという仮定に基づいている。したがって、方針説明書ではそのプロセスを促進させ、より良い結果を最大化させることのできる最善の方法が強調されている。

・コミュニティケアによってノーマライゼーションの目標を実現させることができるということに同意している。

・労働組合は障害者の生活の質を改善する社会的責任があると信じている。

・ブリティッシュコロンビア州における訓練されたケア提供者の最も大きな組織として、労働組合は質の高いコミュニティケアの連続性を最も良く保障することができる立場にある。

労働組合が容認することのできるケアモデルの基準では教育・職業・移送・医療・他のサービスによって補完された地域のグループホームを作り上げることが強調されている。このモデルでは、入所施設が様々な目的のために存続し続けることになる。つまり、地域で生活できない入居者のため、さらには一時預かり・研究・支援・緊急サービスのために存続し続けるということである。地域サービスは直接州政府のサービスとして提供されることになる。このことは社会一般への説明責任、高い水準、効率的で効果的なモニタリングを保障し、訓練され経験を積んだ州政府のケア提供者を最大限活用するための一つの方法として考えられている。これはさらにボランタリー・セクターにシフトさせる財政的な圧力を避け、営利主導のケアシステムを終了させることが意図されている。これらがBCGEUの公式の立場の中心をなしていた。

労働組合による反応

集合的なレベルにおいて、入所施設の職員は二つの労働組合に代表された。つまり、BC州政府労働者組合（BCGEU）とBC精神科看護師組合であった。

BCGEUは閉鎖宣言に即座に反応した。労働組合の指導部は政府の行動を一九八三年における政治風土の観点から理解しなければならないと強調した。

「私たちは彼らがそれを財政抑制の観点から実施したと考えていました。彼らは社会における人々へのサービスを削減するという政治的決定をしていました。しかし、その予算に関するスピーチではまた、公共セクターにおける雇用者が理由なく解雇することを可能にする法案（法案3）を提出したということが述べられました。労働組合の職員への影響は彼らが仕事を失うということだけではなく、労働協約にある退職金を得る権利をも失うということでした。それは全く驚くべきことでした。彼らは入所施設にいる私たちの組合員、あるいは親や管理者にも相談しませんでした」。

閉鎖宣言から二週間後、労働組合の代表者が州政府の上級計画立案者と会合し、以下のようなことが分かった。

・入居者は地域に移行される。
・多くの人たちがそれぞれの出身地に戻る。
・人的資源省と財務省の下部委員会が設置され、施設閉鎖の計画づくりについて検討される。
・通常の予算とは別の基金の配分のために財務省と交渉する計画があったが、それについては未だになされていない。
・地域における施設職員の「適格性」について何らかの疑問があった。
・法案が通っていないために、六〇〇名の職員の計画はなく、労働協約や財務省法案五七についてのコメントはなされなかった。

占拠：労働組合は即座に行動を起こした。そのミーティングの夜に各地区及び州の労働組合が施設職員も参加しながら入所施設を占拠し始めた。彼らは彼らの行動の高度な政治的特徴について次のように説明した。

「州政府がこれまで経験した中でも最も極端な労働関係において私たちは行動していました。州政府による極端な急進的行動には極端な急進的運動によってのみ闘わなければならなかったのです……。衝突ということを彼らはもたらしてしまったのです。私たち（ＢＣＧＥＵ）は徐々に建物を占拠しました。最初に管理棟そしてソーシャルワーク事務所、さらに次々に他の建物を……。入居者へのケアがなされていた施設を私たちが占拠すると……、すぐに看護師労働組合が参加することになりました。トランキルから私たちは労働組合の事務所を開設し、抑制策に関連する他の労働問題を支援するためにカムループス市一帯に四六の個々別々の労働運動を組織化しました。自分たちの施設を取り戻すことを交渉している間、彼らはどの委員会を存続させ、誰に報告させるのかといったことを明らかにした以外には何の計画もなかったことがとても明確になりました」。

ＢＣＧＥＵ の組合員は彼らの目的についてはっきりとしていた。

「私たちには常に二つの懸念事項がありました。つまり、職員と入居者についてのことです。私たちはこれらの問題に焦点を当てようとしていました。労働協約に取り組み、職員に関わる一連の規則についての交渉を促し、入居者にとって現実的な日程を設定する権限を再組織委員会に与えることを（私たちは望んでいました）」。

二一日が経過した後、彼らは施設を管理部に戻した際にある程度の収穫はあったが、それは彼らが望んでいたほどのものではなかった。

「私たちは一般の人たちがこの問題に関心をもてるようにしました。人々がこの問題について知り、話し合うためにその問題を議論の俎上に載せられたことが良かった点です。私たちは話し合いの機会を求め、最終的にそれを行うことができました。私たちが占拠をやめても法律、財政抑制、雇用の保障といった問題は解決されていませんでした。私たちは特例の措置を得ることができましたし、最も重要なことは地域資源助言委員会（ＣＲＡＣ）の七席のうち三席を引き受けることを頼まれたことでした。これによって私たちは入居者のための計画策定に意見を述べる手段を得ることができました。この結果、私たちはこのプロセスに継続的に関わることができました」。

ＣＲＡＣ委員会は施設内部における重要な計画づくりの機関となった。委員会における労働組合の組合員の観点からＣＲＡＣには二つの目的があった。第一に、システムが入居者のために個々に計画されるように設計され、実行されるようにすること。第二に、直接支援を提供する職員がプロセスに関わっていると感じられるようにすること。入所施設における彼らの経験によって、彼らはサービスの提供はまさに直接支援を提供する人たち、あるいは「現場」職員次第であると確信していた。

「施設ではコントロールしているのは現場で働く人たちです。管理部は自分たちがコントロールしていると考えたいのですが、現実は現場の職員が状況を作り、壊してしまうのです」。

CRACの委員は自分たちが計画に基づいて動くのではなく、計画を作りだしているということを正直に認めていた。

「私たちは即興でそれを作っていました。それを作り上げ、やりながらそれを発展させていました。その唯一の計画というのが全ての人たちが地域に、可能ならば、一九八四年一二月以前の出身地域に行くということでした」。

CRACの労働組合の組合員は委員会ができた初期の段階において重要な事柄に関して以下のような方法によって大きな影響を与えていたと感じていた。

・個々の入居者への徹底したアセスメントを主張すること。
・入居者のことをよく知るプロセスのための計画・時間・資源を含めること。このプロセスにおいて、地域のプロジェクト関係職員は個別支援計画の作成過程に参加する前に入居者と時間を過ごすことができるようになった。

・ＣＲＡＣと施設職員との間、またはＣＲＡＣと地域の関係職員との間のかけ橋、つまり計画において「橋を架ける」取り組みを含めること。

入所施設のある町の反応――「社会的且つ経済的な影響」

トランキルの閉鎖宣言がなされたのはカムループス市が深刻な経済危機に直面していた時であった。失業率が二〇パーセント近くにのぼり、他の二つの基幹産業が前年に閉鎖されていた。五六、〇〇〇人の町であるカムループスにとって、州立入所施設の閉鎖はその「社会的且つ経済的影響」という観点から捉えられた。私たちは本研究で地元住民へのインタビューを行わなかったが、多くの回答者はこの市のいくつかの反応について話してくれた。

ある労働組合のリーダーは住宅や仕事へのほとんど直接的な影響について話していた。

「トランキルはこの地域では三番目に大きな雇用者であった。すなわち、六〇〇人です。五〇〇～六〇〇人の仕事を喪失するということは、その三～五倍の相乗的な影響をもたらします。つまり直接的には、一、五〇〇～二、五〇〇人に影響を及ぼすということです。（同時に）私たちがこのプロジェクトを開始したときにはひどい経済状況ということでもありました」。

入所施設における上級職員はその影響はいかなるものか、そしてなぜより良い計画がなかったのかと思いをめぐらした。

「(施設閉鎖は) 大きな否定的影響をもたらしましたし、地域が回復するのに五年間は必要でした。それが生じるまで誰も必要な検討をしませんでした。少なくとも全ての政治家は誰も理解していませんでした」。

大規模な入所施設を有する町または市は明らかに大きな雇用者が存在することによって社会・経済的な利益を得ていた。施設閉鎖宣言の直後、カムループス市長は雇用機会特別委員会を設置した。当特別委員会は全ての喪失した雇用についての影響評価を行い、トランキル入所施設の代替利用について提言することがその権限の一つとしてあった。特別委員会の報告書によれば、施設閉鎖に伴う経済的な結果についての懸念が表明されていた。

「特別委員会になされた多くのプレゼンテーションはトランキルを閉鎖した政府による宣言に関するものであった。当特別委員会は一九八四年末までにトランキルを閉鎖するということについて社会的あるいは経済的な観点から望ましいものかと非常に懸念している」。

特別委員会が入所施設の入居者からいかに「距離がある」のかということが当委員会による報告書を分析することを通して理解できる。入居者を「患者」と表現することによって、その言葉は入所施設で生活していた男性及び女性を表現するために使用されていたが、それは他のセクターによって使用される肯定的な言葉とは非常に対照的であった。

特別委員会は政府に「期間が決められた移行プログラム」をより長期に延長することを検討することを求めた。これには以下のことが含まれていた。

・グループホームで対応できる患者を適切な場合はすぐに移行させること……。
・身体的あるいは精神的状況によっては入所施設の環境で継続的な専門的ケアが求められる患者に対しては（トランキルにおける）より新しい設備を活用すること。

閉鎖宣言から数週間後、人的資源省の地区事務所は施設閉鎖やカムループスにとっての代替可能性に関するパブリック・ミーティングを開催することを決定した。ある地区の州政府関係者は以下のように述べた。

「……その地区ミーティングは大きな間違いであることが分かりました。というのは多くの頑強な人たちがその場に集まったからでした。人々が叫び始めたときにはその場は混乱しました……。『精神遅滞者が私の通りに来るなんて』と……。その後（私たちの職員が）一軒一軒訪問して人々と話をしたときにうまくいきました……。近いところにいる家々で個人的に招待をして……。それが安心感となりました」

弱く、価値を低められた人々に対して直接向かう一般市民の怒りは私たちの地域に未だに存在している信じがたい不寛容さをある面で示している。しかし別の側面では、人々は施設閉鎖の結果として仕事や収入を失うことになることに怒りを抱いたのかもしれない。ある人が述べたように、施設閉鎖はカムループスが直面した一連の酷い経済状態における「もう一つの出来事」であった。最後に、パースク（Perske 1980）や他の人たちが述べたように、パブリック・ミーティングでは人々は障害のある個々人について理解するようにはならないということである。むしろ否定的なステレオタイプや社会の周縁に追いやられた人たちに対して歴史的に作りあげてきた見方をますます強めるようになってしまう。

要約と結論

トランキルの閉鎖宣言によって様々なセクターからの数多くの反応が次々に出された。ここではこれらに関わる主な調査結果を簡略な形で明確にし、施設閉鎖のこの局面において見いだされたテーマや課題について整理しよう。

一、入所施設にいる数名の男性と女性は自らの将来について混乱し不安を抱いていた。入居者に施設閉鎖について伝えるための組織的な計画がなされなかったので、この期間は待って思案をめぐらすことに終始することになった。数名の入居者は施設閉鎖宣言に喜びを示したが、他の人たちは入所施設が閉鎖されることに不快感を示していた。その主な理由としては、彼らの友人と離れてしまうからであった。入居者は入所施設と深い関わりをもってきたということについても移行する際に注意していくべきこととして述べられた。

二、インタビュー対象者である両親は、一つ二つの例外を除いて、入所施設にいる彼らの息子あるいは娘について矛盾した感情を抱いていたが、施設が閉鎖されることについて当初はためらい、警戒し、恐れていた。多くの家族にとって、施設閉鎖宣言は**脱施設化の危機**を意味した。家族に直接的に必要な情報が伝えられることはなかった。少数の家族はより多くの情報を得ようと努力したが、彼らが得られた情報に満足してはいなかった。この夏のただ待つしかない期間において施設閉鎖ということに対する不満が高まっていき、彼らが後に施設閉鎖過程に関わることを難しくしてしまった。同時に、施設閉鎖宣言によって、親が親としての役割や養育能力について施設入所時に抱いていた感情が呼び覚まされることになった。

三、権利擁護団体であるＢＣＭＨＰは当初は喜び、警戒しつつも楽観的な展望をもっていた。同会は人的資源省と対等な立場で合同協議の場に主要メンバーとして関わることを当初は決めていた。州政府はこの方法に対して慎重であったため、ＢＣＭＨＰは地区支部とトランキルに息子あるいは娘のいる親とを結びつける**家族支援戦略**を徐々に作り上げるようになった。このように組織としての立場を位置づけることによって、同会は施設閉鎖過程に関与する主要メンバーとしての立場を継続させ、現場からその過程や成果に大きな影響を与えられると考えていた。

四、職員や労働組合は当初、失業し、彼らや入居者の居場所を失うことになることに激しい憤りと不満を抱いていた。ＢＣＭＨＰのように、労働組合は施設閉鎖宣言がなされる前の計画に関与しておらず、職を失うことに対処する具体的方法をもっていなかった。労働組合員による**トランキルの占拠**は施設閉鎖過程に彼らが参与できるようにするための一つの方法としてなされた。このような行動の結果、数名の職員が決定過程に関与する機会が増えることになった。

五、カムループス市の反応は施設閉鎖に伴う**社会・経済的影響についての不安**という観点から主に表明された。施設閉鎖への一般市民の反応に関する私たちの限られた情報によれば、将来的に行われる施設閉鎖計画が地元地域への影響に対してどのように対処するのかということについて具体的方向性が示されなかったことが示唆された。「段階的に実行される計画」を長期間にわたって行うことによっていくらかの不安は軽減されるのかもしれない。しかしながら、このような性質を有する施設閉鎖の取り組みはこれまでの政策とは明らかに異なり、州全体にわたって資源を再配分することを意味する。入所施設の閉鎖をこれからも続けていくのであれば、政府はいくつかの町はこの変革に対処することが困難であるということを認識しなければならないであろう。他の経済的方策を提供することによって最も安心感が得られるのかもしれない。同時に、市の政治家が知的障害のある個々人やその家族に直接関わることが有益であることは明らかである。

施設閉鎖宣言に伴う反応や実態から示唆される教訓には三つあるといえる。それぞれの教訓が将来施設閉鎖を行う上で示唆に富んでいる。

第一に、施設閉鎖宣言がなされてからの数週間ははっきりとした情報提供がなされず、この結果、様々なセクターにストレス、矛盾した感情や混乱をもたらすことになったのは明らかである。この結果、ある一定の人たちが施設閉鎖過程から距離をとるようになった。

親は役に立つ情報提供や支援の仕方について数多くの助言ができる。彼らは質の高い情報を多く望んでいたし、メディアを通してではなく個別に関わってもらうことを望んでいた。第一に、親は正確な情報を望んでいたということであった。メディアでの情報の問題はそれがしばしば偏っていたり、感傷的であったり、人間的温かみのないことであり、人々を驚かせるために作られているということである。同様に、入所施設や各地区にいる職員は計画についてのより明確な情報や、施設閉鎖における様々なセクターの役割によって彼らの不安は軽減され、自らの仕事により効果的に関わることができたと感じていた。他の調査結果からも計画された改革の取り組みにおいて人々に具体的な情報を提供する必要があることが指摘されている（Zaltman 1983）。

第二に、権利擁護団体や労働組合から計画への参画を望んでいることが強く主張された。州政府が施設閉鎖宣言の前にも後にもいずれの団体にも相談しなかったということは、州政府が方向性、資源、そして実行するための戦略について一方的に決めたオンタリオ州のこれまでの施設閉鎖と同様の状況であった。同時に、この改革を計画する際の比較的「閉ざされた」アプローチは全ての官僚機構に特徴的なことである（Hadley & Hatch 1981）。しかし、本研究のデータによれば、入所施設の閉鎖を計画し実行する際にこれらのセクターが重要な役割を果たしうるということが示唆された。これからのいくつかの章でも言及するように、この参画や計画という主題は施設閉鎖過程を通して様々な文脈において何度も登場することになった。

第三に、様々なセクターが州政府との関係をもち、互いに関われるように**立ち位置を決めること**が重要であることが私たちのデータ分析から明らかになった。組織化されたセクターと組織化されていないセクターとの間には大きな違いがあった。権利擁護団体（ＢＣＭＨＰ）あるいは労働者（労働組合）のような組織化されたセクターは州政府に影響を与えることを自らの立場とすることが大いに可能であった。これらの団体はいずれも最初の数カ月間は州の中央政府に大きな影響を与えられなかったことは確かではあるが、ある程度達成したこともあり、変わりゆく状況に適合させる戦略を生み出すことができた。例えば、労働組合は職員の利害関係を考慮して入所施設が閉鎖されることに対応するための戦略を作り出し、ＢＣＭＨＰもまた親や地区アソシエーションのニーズに対応する戦略を打ち出した。

本研究では**組織化されないセクター**は、集団ではなく個人として行動し反応する家族のメンバーや入居者に代表される。彼らは個々人として行動しているために計画過程に影響を与えられる立場に立てなかったことは明らかであった。家族も入居者も彼らが関わることのできる共通する組織をもっていなかった。このような基盤がなければ、組織化されていないセクターは大きなセクターからはしばしば見過ごされ、あるいは価値のないものとして見られてしまう。当初から家族や入居者は計画過程においては部外者であった。

いかに個々の組織化されたセクターが組織化されていないセクターと協力して**彼らの戦略を調整できるか**ということを検討する価値があるかもしれない。BCMHPによる家族支援戦略は入所施設にいる入居者の親や家族メンバーのニーズに合うように作られたことは明らかである。労働組合がCRACに参画することができたことによって、彼らは入居者のための個別計画の策定を通して懸念事項を表明できるようになった。しかし、**入居者のニーズに合う戦略を作り出した組織化されたセクターはなかった**。将来の施設閉鎖において重要な戦略とは、地域組織が施設閉鎖過程において入居者の出身地である地域で広範囲にわたる支援ネットワークと入居者を結びつける個別支援戦略を作ることであろう。

第6章 連携の局面——各地区における地域開発

本章では、それぞれの地区で当初、どのようなことが行われてきたかのかをみていこう。各地区での地域開発の取り組みの多くは、施設閉鎖をめぐる様々なセクターによる相互行為によって特徴づけられている。この「連携」の局面における活動は、施設閉鎖過程の方向性や成果に大きな影響を与えてきた。

一九八三年の初秋までに、人的資源省は施設閉鎖のための計画を作っていた。今回調査対象となった人たちはこの計画は非常にあいまいなものだと言っており、ほとんどの州及び地区関係者は計画の二つか三つの要点のみを指摘できただけであった。以下の要点が州政府の計画の中にあったように思われた。

・州政府における効果的な意思決定の仕組み
・施設閉鎖プロジェクトのための健全な財政基盤

・各地区における人的資源省事務所のプロジェクトチームが地元で施設閉鎖の取り組みを実行していく責任があること
・一連の行動原則
・グループホームあるいはより特別の支援サービスかどうかにかかわらず、必要な社会資源を創り出すための入札過程
・地区の仕組みにおいて予算を集中的に管理すること

人的資源省はその計画が十分に練られたものであると信じていたが、地区の人々は州政府によるリーダーシップには明確性と一貫性が欠如していると考えていた。人的資源省の地区事務所のプロジェクト関係職員でさえ施設閉鎖計画について十分に理解していなかった。例えば、ある地区責任者は「計画と方向性が不確かである」ために何をすべきかを理解するのに時間がかかったと述べていた。一方、地区担当者は**地区による自治を可能にするために州政府の計画がこのように作られている**のだと強く感じていた。全ての地区関係職員が強調していることに共通するのは以下のようなことであった。

「計画は地区単位で作っていくものであるという意図があったのではないかと思います。全ての人がそれに基づいて行動しうる全体的な大きな青写真のようなものはなかったと思いますが、各地区が元施設入居者をどのように地域に移行させていくのが最も良いのかを決めていたと思います。州都ビクトリアから押

し付けられるというよりもより草の根の取り組みであったということです……。利用できるサービスが地区ごとに異なるということを考えるならば、それは良いことではないでしょうか」。

トランキルで働く人々は施設閉鎖過程についてほとんど理解しておらず、施設内に設置されたCRACチームに情報を求めていた。同時に、サービス提供事業所や地元のアソシエーションは、計画が週によって変わり、「進めながら決めていく」と感じていたので懐疑的であった。あるサービス提供事業所はこのような幅広く捉えられた考えを次のように語った。

「誰もが直観と経験によって動いている様子であり、計画がないことは明らかでした……。計画のないことを成し遂げようとすることは大変精神的に辛いことですし、彼らは何度も何度も計画を変え続けていました」。

前章で示した調査結果から明らかなように、州政府は施設閉鎖宣言を発表してから数週間経過した後も未だにその計画を練り続けていた。人的資源省の州政府関係者はこのような状況を施設閉鎖過程の一環と捉えていたが、他のセクターにいる人々は計画がもっと早い段階に立てられるべきだと考えていた。**この不確かな状況や「進めながら計画を立てていく」という方法は関係者に精神的負担をもたらしたが、これは同時に施設閉鎖過程に影響を及ぼすことになる地域開発のための「絶好の機会」を生み出すことになった。**

地方分権と参加

ブリティッシュコロンビア州は、福祉サービスの領域において地方分権と脱中央集権化の意思決定の仕組みが時折作られてきたという興味深い歴史をもっている。これまでの州政府も各地区に数年間にわたりより多くの権限を与える試みを実施してきたが、新民主党が一九七〇年代初期に政権を取ってから福祉サービスのいくつかの領域において地区の自治や意思決定を可能にするための本格的取り組みが始められた。

地域資源委員会が設置されたのは、各地区に地区のサービスに関するニーズ実態をアセスメントし、さらには地区にとって最も適切なサービス形態について決定する機会を提供するためであった。地域資源委員会は一九七五年に社会信用党政権によって解散されたが、地区による自治という考え方は残された（Clague *et al.* 1985）。例えば、施設閉鎖プロジェクトに配属されたある州政府高官は一九七〇年代に地域資源委員会の実施に深く関わっていた。

施設閉鎖のこの局面において、州政府の計画は各地区に関わり始めた。**地区での取り組みがなされていく中で、三つの特徴的な成果がかなり短期間に現れることになった。**

・いくつかのグループは地区関係者が面と向かって関われるような連携を作り始めた。
・これまで部外者であった入居者家族が施設閉鎖過程に関わり始めた。

・トランキルから出身地に帰る人びとに各地域が肯定的に反応した。

施設閉鎖計画自体が十分に練られたものではなくこのような成果を予測できなかったが、「主たるセクターが施設閉鎖過程を主導しこうした肯定的成果をもたらした動機とは何か」ということを問わなければならない。ある親の会のリーダーは「州政府に任せたら私たちは不安でならない」と答えていた。さらに、ＢＣＭＨＰのようないくつかのグループは計画がなく基準が欠如しているために、より容易に、そして直接的に施設閉鎖過程に影響を及ぼすことができたと考えていた。

施設閉鎖過程に関与する動機については各セクターの状況を検討することによっても説明できるであろう。地区プロジェクト関係職員、ＢＣＭＨＰや地元のアソシエーション、労働組合は、施設閉鎖のこの局面において重要視している事柄が異なっていた。これらのグループの行動やその後の施設閉鎖過程への影響を次に述べることにしよう。

地区における統治機構の創出

施設閉鎖の取り組みを調整するために配属された州政府関係者は、トランキルからの地域への移行を効果的に進めていくために各地区で統治機構を作らなければならないということは知っていた。ある州政府高官は各地域や地区がそれぞれの問題を解決するのを支援する人的資源省の役割を次のように表現した。

「私たちはこのことを強く意識してきました。歴史的に一つの省庁として、私たちは各地域がそれぞれの問題に取り組んでいくことを常に重視してきました。このため、『あなたがたに社会資源を提供し、あなたがたが自らの問題に取り組んでいくことを支えていきましょう』と私たちは言うでしょう。このようなアプローチを実行しなければ、多くの地域は課題を抱えているという事実と向き合う必要性を失い、それに取り組もうとすることさえしなくてもよいことになってしまうでしょう。しかし州政府や政治家から支持を得られたために、私たちは頑張ってこのアプローチをとることができたのです」。

一九八三年の初秋までに、さらに職員二五名がブリティッシュコロンビア州の一〇地区のプロジェクトワーカーとして採用された。彼らは各地区には以下のような責任があると伝えられていた。

・トランキルから出身地に戻る息子あるいは娘のことについて親や家族と意思疎通を図ること
・地域に戻る元施設入居者のために適切な社会資源を創出するようにサービス提供事業所と協働すること
・各地区でサービス提供事業所に専門性を提供する支援チームと契約関係を結ぶこと
・家族、施設職員やサービス提供事業者と協力しながら施設入居者のための個別計画を実行すること

これらのいくつかの役割は重なっているので、潜在的対立をもたらしながらもどのように各地区が

上記の責任に応えていけるかということが当初ははっきりとしていなかった。例えば、他の施設閉鎖の取り組みでは、ケースマネージャーが個別サービス計画を立て、入所施設から地域への移行過程を監視する最終責任をもつ中心的役割を担っていた（Conroy & Bradley 1985; McWhorter 1986）。トランキル施設閉鎖の取り組みでは、各地区プロジェクトチームがケースマネージャーとしてだけではなく、計画立案者としての役割を果たしてきた。施設閉鎖の後半過程をみていく際にこのアプローチがどのような成果をもたらしたのかを検討することにしよう。

全ての地区におけるプロジェクト関係職員は最初の数週間は、州政府チームの行動指針となっているいくつかの価値観に基づいて行動することが重要であると述べていた。地区プロジェクトチームのある構成員はこの過程を次のように述べた。

「私たち三名は三日間座って、障害者福祉サービスに関わる哲学や価値観について整理しました……。障害者福祉サービスに取り組む際になされなければならない哲学及び実践上の決定について時間をかけて議論してきました。このことは精神的に辛いことでしたが、価値のあることでもありました。なぜなら、施設閉鎖過程でうまくいかなくなった際にこうした哲学や価値について再び考え続けることになったからです。初期の議論から私たちは入所施設の人々について理解する必要があるという結論に達し、一〇月から三月にかけて隔週に一度実際にカムループスに通って入所施設の実態が分かり始めました」。

地区の多様性

チームをまとめること：各地区における人的資源省関係職員は、各地区でチームを作る責任があった。州政府の計画や州政府が地区に対してどの程度自治を認めるのかという考え方があいまいであったために、プロジェクトチームの編成のされ方は地区によって様々であった。例えば、ある地区は三名の地区責任者をプロジェクトチームに配属させて、彼らが協働することを決めた。他の地区では、一名に責任者及び調整役としての役割を担ってもらい、他の職員は直接この人に報告するというチームを編成させたところもあった。

プロジェクトチームがどのように機能したか：四つの地区でのデータからプロジェクトチームのアプローチの仕方やその効果には著しく違いがあることが分かった。その主な相違点は以下の通りである。

一、いくつかの地区はプロジェクトチームの編成、トランキルの人々への訪問、地域のサービス提供事業所とネットワークの形成という点でとても「反応が早かった」。ローワーメインランド（バンクーバー）のようないくつかの地区は数カ月たってもほとんど何も行動しなかった。私たちのデータから明らかになったのは、早い段階に行動を開始した地区は、職員が地域開発の過程により深く関わっているということであった。

二、親への関わりは実にさまざまであった。ある地区担当者は広範囲に、そして組織的に親にアウトリーチしていたが、ある担当者は次のように述べていた。

「同じように重要なことです、私たちは家族に関わってもらおうとしました。それは私たちのチームが非常に強く大事だと感じていたことでした。家族を訪問するのにかかる時間を惜しむべきではないと思います。私たちは家族の方々に『あなたがたも行動を起こすことができます』と言っています」。

ある意味で、地域がどの程度関わるかということは地区プロジェクトチームがどの程度関わっているのかということにかかっていた。プロジェクトチームの関わりが強いほど広範囲にわたって地域開発や親の参加を可能にする機会が創出されていた。例えば、オカナゴン地区ではプロジェクトチームがトランキルから出身地に帰る人びとを支援するために結成された親の会を積極的に支えていた。他の地区では、この種の支援活動は限定されたものであった。

三、個々の施設入居者についてよく知るようになったプロジェクトチームがある一方、表面的にしか知らないチームもあった。ここには興味深い結果がある。つまり、トランキルの施設入居者をよく知っているプロジェクトチームは何度も訪問しているので、地域の家族に対してその施設入居者についてよく説明し、この人がどのような人でどのような生活が可能なのかを見始めることができたということである。

家族支援戦略の開始

ＢＣＭＨＰによって開発された家族支援戦略は人的資源省地区プロジェクトチームが置かれると共に進展していった。ＢＣＭＨＰにおける七〇の地元アソシエーションからなる連合体は家族支援戦略の重要な役割を果たすことになった。

地元アソシエーションの役割の正当性

州政府は施設閉鎖過程におけるＢＣＭＨＰの地元アソシエーションの役割について肯定的であった。ＢＣＭＨＰと州政府はトランキルを効果的に閉鎖するためには地元アソシエーションが必要になるであろうと考えていた。彼らの支援がなければ、必要なサービスを提供できるかどうかが疑わしかった。施設閉鎖宣言から五週間後にＢＣＭＨＰに送られた書簡において、人的資源省担当大臣であるグレース・マッカーシーは次のように述べていた。

「再度強調したいのは、サービス提供事業所や地元アソシエーションが施設閉鎖の取り組みに関わることを我々は大いに歓迎しているということです。明らかに、彼らのもつ専門性、関心や経験は歓迎すべきことです。あなたがたの地元アソシエーションはＢＣＭＨＰによる支援を快く受け入れてくれると信じています」。

ＢＣＭＨＰは地元アソシエーションがトランキルを退所し出身地に帰る人たちのために何らかのサービスを提供するということで合意した。しかしながら、それに加えてＢＣＭＨＰ本部は、地元アソシエーションが家族支援戦略にとって重要な役割を果たすと考えていた。地元アソシエーションはトランキルに息子や娘のいる家族を地域で生活する他の家族につなげていくことができるであろう。ＢＣＭＨＰのスタッフは次のように説明してくれた。

「トランキルを退所した障害者の家族のために支援ネットワークを作っていくという話を私たちはしてきました。権利擁護活動家と協力しながら地元アソシエーションを通して、また家族支援の活動を通して州全体にそのような試みを行っていきたいと私たちは考えていました。それをうまくやりとげることができるかどうかは分からなかったのですが、地元アソシエーションがこの取り組みにおいて鍵になっていました」。

ＢＣＭＨＰの九月の理事会において、会長と理事長によって執筆された『トランキルの挑戦』というタイトルの書類が出され、そこにはＢＣＭＨＰの家族支援や施設閉鎖過程についての考えが要約されていた。それははっきりと、本腰を入れて家族のもとに出かけて支援をし、家族と共感して彼らが子どもと再統合することを支えていくことを地元アソシエーションに求めていた。このときＢＣＭＨＰは全ての地元アソシエーションに合意し関与してもらうことを求めてきていた。いくつかの地元アソシエーションの中には慎重な意見もあったが、それは多くの場合に新しい役割を担うことを求められていたからであった。

「家族のもとにアウトリーチしていくことはこれまで行われていなかったし、アソシエーションにおいて危機と考えていたこの時期に家族支援の取り組みを行うことは難しかったです。関係者の中にはびくびくしている人もいました」。

家族支援戦略を実施することは困難であったが、ＢＣＭＨＰが地元アソシエーションにおける問題かもしれないと考えていた二つの事柄についてはこの試みに大きな支障を与えることはなかった。二つの問題のうち一つである、地元アソシエーションがサービスを提供すべきか権利擁護を行うべきなのかということについては、この一〇年間精神遅滞領域においては現実的な問題であった（Wolfensberger 1977）。第5章で論じたように、労働組合のリーダーはトランキル閉鎖を、地元アソシエーションがサービスの提供から撤退し州政府運営による地域支援サービスのシステムを構築する好機と捉えていた。労働組合のリーダーは次のように主張した。

「私たちが問題と考えていることは、地元アソシエーションが相対立する立場にあるということでした。彼らはまさに独立した権利擁護団体だと思いますが、サービス提供も行うのであれば純粋な意味での権利擁護団体になることはできないでしょう。現在実際に起こっているのは、彼らが権利擁護団体としての力を徐々に失っていることです。（地元アソシエーションは）どのようなケアを提供するのかということで州政府と共謀せざるをえないでしょう……」。

ＢＣＭＨＰにおいてもこのような考え方について議論されていたが、地元アソシエーションがサービスを提供しないという考え方はこの施設閉鎖という時期に一つの選択肢として真剣に議論されることはなかった。ある理事が指摘していたことであるが、一つにはそれは一八カ月という期間においてサービス提供のシステムを根本的に変えることを検討することはほとんど不可能であったということである。別のＢＣＭＨＰのメンバーは哲学的な観点からこのことについて次のように述べていた。

「私たちの理事会ではサービス提供者であることと権利擁護団体であることとの矛盾については理解していました。しかし私の考えでは、他の人たちが提供する準備もできていない高いサービス水準を期待し要求することは偽善的でした。だから、この段階でサービス水準を維持できないならその水準を求めて権利擁護の取り組みを行うことはまったく矛盾していないと思います……。全ての人が目指すべき目標をもち、異なる次元でその目標をもつことに間違いはないと思います……」。

問題のもう一つは、施設閉鎖から最初の数週間において、トランキルから退所する人々にサービスを提供しながらその地域の人々にサービスを提供するには、利用できる予算と社会資源が足りないということをいくつかの地元アソシエーションは深く心配していた。他の地域でもそうであるが、これまでブリティッシュコロンビア州で脱施設化の取り組みを行う際には、施設退所者と地域にいる人々に対しては半々に予算と社会資源が使われてきた。この結果、様々な人たちがサービスを利用することになるが、現在抱えているサービス利用待機者を減らし、親のニーズに応える努力をしている地元アソシエーションの支持をどうにかして得る必要があった。施設閉鎖に伴うこのような政策のためにいくらかの不満はあったが、地元アソシエーションは全般的にはトランキル退所者へのサービス提供や家族支援の取り組みを積極的に行っていた。一方、地域にもともとあったサービス待機者リストの解決は一時保留されることになった。

家族支援戦略を実施する上での重要な要因

ＢＣＭＨＰの家族支援戦略によって、各地区内において地域開発を行う機会が作りだされ、地区の州政府によるプロジェクトチームの協力のもとに、施設閉鎖過程における主要なセクター間の連携がなされることになった。

家族支援戦略における三つの重要な要因は下記のとおりである。

一、ＢＣＭＨＰによる地域開発の役割
二、ディベロッパーの役割
三、プロジェクトチームの支援

これらの各要因によって、地元アソシエーションは州立施設から出身地に帰る人々やその家族により多く応答するようになった。また、これらの要因によって、家族は何年も連絡のなかった彼らの息子や娘と再統合し始めることになった。

BCMHPスタッフによる地域開発の役割：施設閉鎖宣言から八週間も経たない間に、BCMHPは家族による関与や社会資源の開発のために地元のアソシエーションと直接仕事をする上級職員を雇用することになった。この担当者は州の地域資源チームの構成員として以前雇用されていた経験があり、人的資源省の信頼も厚い人物であった。彼女はまた、親に深く関わっており、ノーマライゼーションやインテグレーションの哲学にも精通していた。いくつかのアソシエーションとディベロッパーは家族支援戦略を実施する上でこの人の果たした重要な役割について言及していた。

「いくつかの地区において、彼女は人的資源省のプロジェクトチームと直接時間を過ごし、彼らが計画や脱施設化に関わる価値観を理解できるように支援をしていました。他の地区では、ディベロッパーやアソシエーションと直接仕事をすることによって、家族にアウトリーチする方法を開発していました。しかし、おそらく彼女の最も重要な役割は、（障害のある）人々が地域で充実した生活を送ることができるという高い期待感や価値観をもたらしたことでした」。

家族支援戦略はBCMHPのこの上級職員と共に、多くのボランティアによって実施されていた。例えば、上級職員と経験のあるボランティアが地元のアソシエーションの会合に参加し、脱施設化過程におけるアソシエーションの役割や家族支援の役割について議論をすることは珍しいことではなかった。

リソース・ディベロッパーの役割：人的資源省はリソース・ディベロッパーと呼ばれる担当者を雇用するための補助金を州の各地区に提供してきた。ディベロッパーは地元のアソシエーションに配属されることになり、その公式の役割はトランキルから退所する男性や女性たちを支援するために必要な資源を作り出すことであった。私たちのデータからは、**いくつかの地区のディベロッパーはＢＣＭＨＰの家族支援戦略を実施し、それぞれの地区における地域開発の機会を作り出す上で重要な役割を果たしていた**ということであった。ディベロッパーがこれらの役割を果たせるかどうかということは主に、地元の人的資源省の地区事務所が彼らを支援してくれるかどうかということにかかっていた。あるディベロッパーはこの問題について次のように述べる。

「私は家族と可能な限り時間を過ごしていました。私の仕事の中でのいくつかの段階で、人的資源省のプロジェクト関係職員の数名から私は家族と話をすることができず、家族と連絡を取るのは彼らの役割だと知らされていました。しかし、地元のアソシエーション（私の雇用主）は、それは自分たちの考えていることとは違うと心配しておりました。彼らは私に家族と共に仕事をし、入所施設から退所する入居者のことについて知り、地域の資源がこれらの入居者に個別に合うものとなるように働いてもらいたかったのです。そういうわけでそのような仕事を私はしました」。

全ての地区において、ディベロッパーは家族を勇気づけ支援するために時間を過ごしてきた。彼らの親や家族への関与は一般的にとても強固なものであった。地区に応じて、ディベロッパーはまた、トランキルから退所する男性や女性たちを支援していた人的資源省の地区事務所や他のサービス提供事業者と連携してきた。ディベロッパーはまた、地元のアソシエーションやサービス提供事業者に追加的人員を派遣し、施設閉鎖に関わるあらゆる要望に応じるための支援をしていた。さらに、ディベロッパーは地元アソシエーションが親を支援するための一貫した計画を作るための支援をした。これらのサービス提供事業者のいくつかはこの段階におけるディベロッパーの重要性について次のように述べる。

「ディベロッパーは適切な住居を見つけることを支援するだけではなく、小さな個別の資源に関わるニーズや家族に関与することの重要性について私たちに教えてくれました」。

BCMHPはディベロッパーの活動を調整し、彼らが地域開発や家族支援の役割をより多く果たせるように支援をしていた。BCMHPの理事は次のように述べた。

「時が経つにつれて、私たちはディベロッパーに関与するための決定をしてきました。彼らが懸念事項を徹底して話せるように定期的に集まるための支援をしました。何人かのディベロッパーは本当の意味での地域生活の価値に合わせて行動し、他のディベロッパーに影響を与え、良い情報や事例を提供し始めていたので、これらの会合では同業者同士が肯定的に刺激しあっていました。その後は、彼らが今度は地元のアソシエーションに戻り、ここで学んだ考えを伝えていくことになるのです」。

ある意味、ディベロッパーはBCMHPの家族支援戦略における重要な柱となっていた。ディベロッパーによる**教育的役割**が長期的にみて最も重要な貢献であったかもしれない。特に、彼らはトランキルから退所する人々のために開発される資源を作り出せるように、地元アソシエーションがノーマライゼーションに関わる一連の明確な価値観を理解できるように戦略的に支援していた。また、彼らは**地域の組織化のための役割を果たし**、地元アソシエーションがトランキルから退所する人々やその家族を理解できるような戦略を作り出すための支援をしていた。

プロジェクトチームによる支援：既に論じた通り、いくつかの地区における州政府プロジェクトチームは親による関与を強く支持しており、家族へのアウトリーチのための数多くの取り組みを開始した。家族への最も体系的な支援をしてきたこれらの地区では、ディベロッパー、アソシエーションと人的資源省各地区チームとの間で強固な連携の仕組みが作られてきた。親のリーダーは自らの地区においてどのように連携の仕組みが作られたのかについて以下のように述べた。

「BCMHPや様々な地元のアソシエーションがトランキルに息子や娘のいる家族の名簿を把握しようとした頃のはじめの数週間は思うようにいきませんでした。そのちょうど同じ時期に、人的資源省が補助をした地区プロジェクトチームの職員が関わり始めました。彼らは地域の考えにとても共感し、入所施設から退所する人々の名簿を持っていました。彼らの多くは地元のアソシエーションと協力し、家族の名簿を提供してくれました。プロジェクトチームの職員はたいていミーティングが地元の親の会であるアソシエーションの主導で行われたものでも、共催や協賛という形でほとんど全てに参加していました」。

トランキル内部——職員と各地区との連携

前章で述べたように、施設閉鎖宣言がなされた後、入所施設内のソーシャルワーカーは多くの不安を抱えていた。ＣＲＡＣと呼ばれるチームが結成すると、ＣＲＡＣの各構成員やこのチームと直接関わる役割をもっていた職員が抱えていたこの種の不安感は減少していった。

ＣＲＡＣチームの役割は、入所施設から退所する人たちのための個別サービス計画を策定することであった。本人への計画過程の詳細は次章で示していくが、ＣＲＡＣの構成員が各地区のプロジェクト関係職員に関与する際に重要な仲介的役割を果たしたということはここで指摘しておきたい。ＣＲＡＣチームの構成員は入居者の事前アセスメントを完成させると、各地区のプロジェクト関係職員に入所施設を訪問してもらい、そこで時間を過ごして地域に移行する予定の人たちのことを理解してもらうための支援を行った。いくつかのＣＲＡＣチームの構成員は、こうした利用者理解のための訪問や、入所施設と各地区の連携の重要性を強調していた。

「私たち（ＣＲＡＣ）は全ての地区に関わるように配置されているが、入所施設の専門家は地区と関わるようには配置されていません。私たちの仕事は、地域との間の懸け橋となることでした。彼ら（プロジェクトチーム）に来てもらい、彼らに多くの情報や入所施設にとって鍵となることをお伝えしました。その鍵となることは象徴的なことでした。私たちはまた、彼らを職員や入居者に紹介をしました」。

入居者と各地区のプロジェクトチームの連携を作るために、ＣＲＡＣの構成員は各地区職員が入居者のことを知り、個別計画策定の最初のいくつかの段階に慣れる上で必要な情報や支援を提供していた。

入所施設において直接支援をする職員は各地区のプロジェクトチームとは間接的に関与するようになった。あるＣＲＡＣの構成員は次のように述べた。

「ＣＲＡＣの何人かの構成員はＧＳＰ（全般的サービス計画）の会合に参加する際に、直接支援をする職員も一緒に連れてきていました。ほとんどの直接支援をする職員はプロジェクトチームの人たちが入所施設を訪問する際に彼らと関わっていました」。

直接支援をする職員の何人かは移行過程から「口止めされた」懸念や感情を表明していた。ある看護師は次のように語った。

「この力強いグループ（ＣＲＡＣ）や障害者に既に直接関わってきていた人たちとの間で良いコミュニケーションはなされていませんでした。直接支援をする職員は多くの疑問を抱えていました……。施設のソーシャルワーカーが地域の人たちと話をする機会をもてるようにしなければなりませんでした。入所施設の職員が悪いことをしたように振舞えば、施設の職員は黙り込み、防御的になるでしょう」。

直接支援をする職員が各地区との連携過程から距離があると感じていたのは理解できることであろう。第３章で論じたように、これらの職員の多くは、入所施設に最も深く関与し、彼らの「職業としてのアイデンティティ」が施設職員としての役割を通して構築されてきた。**彼らが移行過程に参加できないということは、彼らが変革の過程に関与する機会を失うことを意味していた**。オンタリオにおける近年の研究において、ターナーとターナー（Turner and Turner 1985）は施設職員が地域の移行先を訪問し、事前訪問の際に入居者と同行する際に、職員がこの取り組みを肯定的に受け止める結果がもたらされることを明らかにしている。直接支援をする職員が参加するということはトランキルの閉鎖過程においてはほとんど見られておらず、このことはおそらく、一般的には脱施設化過程を肯定的に受け止めているＣＲＡＣのチーム構成員と、脱施設化過程に関与することは少ないと感じていた直接支援職員との間の認識の違いをもたらしていた。

家族との地域開発——エンパワメント過程の始まり

地区の州政府プロジェクトチームと施設職員の連携、さらには地元のアソシエーション、リソース・ディベロッパーとプロジェクトチームの間で構築された連携によって、トランキルに息子あるいは娘のいる家族と共に地域開発を行う機会が作り出された。多くの家族にとって、このことはエンパワメント過程の始まりを意味していた。

エンパワメント過程では、人々が抱える無力さ、受動性や葛藤は徐々に少なくなり、彼らは少しずつ展望や自信を持てるようになる。エンパワメントに関する重要な研究において、キーファー（Kieffer 1984）は次のような結果を示している。すなわち、人間は単に新たな実用的スキルを習得するだけではなく、個人的状況を社会関係に再構築することによって、エンパワーされることになる、と（Kieffer 1984: p. 27）。地域開発の局面においては、親がエンパワメントの「最初の段階」にいると考えることが有効である。**この過程によって、多くの家族は長い年月において初めて、自らが子どもたちの人生において「インサイダー（内部関係者）」と見始めることができるのである。**エンパワーされ始めた親は一貫して、彼らの人生において重要な変化をもたらした以下の三つの経験を述べた。

- ・親のミーティングに参加すること
- ・地域生活の選択肢について検討すること

・メンターと共に参加すること

これらの経験によって、家族の構成員は自らの子どもや地域生活についての見方や考えを改めて検討し変えていくことになった。各経験について簡潔に検討しよう。

親のミーティング

州全体における親のミーティングは、家族が他の家族と結びつき、親のリーダーや州政府関係者との連携を作る上で重要な役割を果たしてきた。入所施設に息子や娘のいる親のためのミーティングはしばしば人的資源省の地区職員と共に、精神遅滞者のための地元アソシエーションによって一般的に行われていた。私たちの質問紙による結果によれば、ミーティングの七五％はアソシエーションによって組織化され、二四％は人的資源省によって組織化されていることが分かった。私たちの質問紙に回答した一二六家族のうち、五二％が親へのミーティングに参加していた。参加した家族のうち五二％は五つ以上のミーティングに参加しており、四八％は五つ未満のミーティングに参加していた。親のミーティングの多くは施設閉鎖宣言から三～五カ月経過してから行われていた。

親のミーティングについての家族による報告から、三つの重要な調査結果が明らかになった。第一に、全ての親は彼らが参加した最初のミーティングは一時的に施設閉鎖について不安感を増大させたということとである。最初のミーティングによって、親は施設閉鎖が本当に行われることになり、それがどのようになされるかについてあまり確かではなかった。

「全ての親のためのミーティングが行われ、人的資源省の職員もその場にいました……。それで彼らは私たちにグループホームについて説明をしてくれましたが、それらがどのように財政的に補助されているのか、誰がそれを行うのか、それらはどのように運営されるのかについて詳細には説明をしてくれませんでした。私たちは詳細を知ることがなかったので、本当に心配なままでした」。

おそらくこの親が語った理由のために、多くの親は一つのミーティングに参加するのみであった。一方、いくつかの家族はもっていた情報があまり確かなものではなかったので、最初のミーティングは価値のあるものであったと語っていた。おそらく数カ月待った後は、何もないときよりもいくらかは良くなっていた。出身地に戻ってくる息子あるいは娘について親が抱えた最初の恐れのいくつかは、情報やコミュニケーションが不確かである中で生じていた。最初のミーティングによって親は対応できるかどうかが試されていたが、ある親は関与する必要性について述べていた。

「この過程は明らかにはっきりとせず、十分に考えられたものではなかったので、どのように事態が進んでいくのかという保証が何もありませんでした。どのように事態が進展するかは私たちにもかかっているということは明らかでした」。

他の人たちが既に学んでいたように、ある意味、親も学んでいたのである。まさにこの施設閉鎖は「進みながら学ぶ」過程であった。

親のミーティングについて親が共有する第二の重要な点は、家族が相互に出会うことの重要性であった。

「それは愚かに聞こえるかもしれませんが、負担が軽減されるようでした……。親が他の親に話すことができるということは重要なことです」。

「他の人たちと話すことはある意味で助けになりました。そこで多くの人たちに会い……、他のミーティングに参加することを求められ、もちろんそれに同意しました。その後、全てのことが本当に早く進み始めました」。

相互支援に関する数多くの研究がなされており、これらは同様の経験を共有する他の人たちといることによって感情的な支援が得られることを示している（Gottlieb 1983; Reisman 1973）。施設入所を行った経験があり、それに伴い対立した感情を抱えた親は同様の問題を経験した家族に共感することができた。入所施設から退所する人の姉は、自らの親の関与について次のように語った。

「……両親が他の親と関わるようになると、彼らはより懸念していることに向き合うようになり、自らの懸念について話すようになりました……。たぶんこのことによって、親は抱えていた心配ごとがある程度解消され、家族が関与し退所者が出身地に戻りやすくするための支援ができるようにすべきだと実感できるかもしれません。また、（入所施設までの）長い距離を移動する際には長い休日を利用し関わってきたので、何人かの親は確かに何年もの間、私の母親や父親と連絡を取ってきました」。

一方、間接的にだけ入居者のことを知っているだけだった親と初めて会ったときのことについて話したのは一人の親だけではなかった。また、ある母親は、長い間、自分の息子と同じ居住棟にいた人の親と会ったときの驚きについて話していた。

第三に、いくつかの家族は親のミーティングに参加することによって、地域生活の哲学について理解できるようになったということである。ある入居者の兄弟は「私の兄弟を私の元に、私のいる地域に戻す可能性」と語り、長年もてなかった関係性を再び作ることのできる可能性について述べていた。他の家族にとって**子ども・兄弟・姉妹と再統合できる**という考えを理解するまで長い時間がかかったが、いくつかの親のミーティングに熱心に参加することを通して、親はこの再統合という考えをもつことができるようになった。

「たくさんのミーティングがありました。ほとんど隔週ごとに、おそらく一カ月に二回は。初めての大きなことにように思えたし……、私の肩にのっかかる重荷のように思えました。このように短い時間に、全ての責任と共に、このことがどのようになされるのかと考えていました」。

親のミーティングに直接参加することによって、そこに参加した家族はその後に行われた個別サービス計画の策定過程により参加するようになった（第7章にて詳述する）。

百聞は一見にしかず

当初は地域生活について躊躇していた多くの親にとって、施設閉鎖過程において地域生活に関わる他の選択肢を見学することは重要であった。BCMHPやいくつかの人的資源省地区事務所の職員によって促され、多くの家族はバンクーバーにある地域生活協会（CLS）を訪問し、かつては入所施設で生活し現在は地域の小規模ホームに暮らしていた知的障害者の暮らしを見学した。地域のこうした場所を訪問する機会をもった家族は、自らの子どもにとって可能なことについての考えを広げることができた。これらの親の多くは他の親と見学したことについて共有し始めた。あるBCMHPのスタッフはペンティコンにおける親のミーティングについて次のように語った。

「アソシエーションと人的資源省の地区職員が六名をCLSの見学に連れて行きました。親は『地域で生活できるのか、地域で生活しても彼を家で見ることになるのか……、そんなことはうまくいかない』と話していたので、その訪問のときにある母親が堅くなっていたのを覚えています。CLSに行ったときにこの母親は考えが変わり、地域生活について興奮して話し始めました。一年経つと、彼だと分からないかもしれない、彼がどうなるかはわからないでしょう。楽しみですね」。

地域生活協会とバンクーバー家族アドボカシー・カウンシルは地域で生活する人々を見学したいと

考えている家族を支援する上で最も大きな役割を果たしていた。カウンシルの何人かのメンバーはウッドランズ親の会のメンバーでもあり、これまでウッドランズ入所施設から子どもたちを退所させた経験があった。グラント（Grant 1985）はオンタリオの親の会が地域生活における他の選択肢を見学した後に行動を起こしていくことを明らかにした。私たちの調査結果からは、いくつかの少数の家族のみが見学をしていたが、これらの家族のエンパワメントの成果はとても肯定的なものであった。

メンターの役割

相互扶助や、親のミーティングの成果として生じるエンパワメント過程の重要性に加えて、多くの親は**一人のサポートしてくれる人**の存在が施設閉鎖や地域生活を理解する上でとりわけ重要であったと述べていた。このサポートしてくれる人は親にとってはメンターのような役割を果たしていた。これまで述べたように、多くの人たちが他の親が刺激と希望を与えてくれたと語った。他の事例では、ディベロッパーあるいは人的資源省の職員がとりわけ重要だと語られており、このメンターのような役割を果たしていた。

「ディベロッパーが素晴らしかったです……。彼女は精通していて、ことを行うあらゆる方法について知っていました……。私たちは良い時間を過ごしました。ディベロッパーは常に生産的なことをしてくれたので、私たちはミーティングを楽しみましたし、終わった後は前よりも多くの考えを常にもてるようになっていました」。

メンターは社会資源の一つとしての役割を果たし、親が正直に、そして批判的に考えられるように支援をしていた。同時にある親やサービス提供事業者は家族を支援するメンターの役割についての懸念を述べていた。ある親は次のように述べた。

「私たちは長い間、自分たちの子どもを守らなければならなかったので、親は防御的になりがちでした……。このため、親には慎重に関わらなければなりません……。親の誰かが助けを求めその人を説得できれば、親は関心をもってくれるだろうと最初は考えていました。しかし、全てのことが包み隠さずになされているということが分からなければ、親は不安になるでしょう」。

州の親のリーダーは施設閉鎖過程において親を結び付けていくために多大なエネルギーを費やし取り組みを行ってきた。あるサービス提供事業者は次のような警告をしていた。

「すぐに変化が起こるということを期待するのではなく、親がこれまで自らの子どもたちとどのように関わってきたのかということについて感じ、彼らがそれを乗り越えられるように支援をしていかなければなりません。もしそれができれば、親は計画過程に参加してくれることができるでしょう。多くのことがなされなければなりません……。狂信的で、私たちが築き上げた信頼をほとんど壊してしまうような人たちも中にはいましたから」。

エンパワメントに関わる他の研究では、メンターとして支援することやエンパワメントの過程には時間がかかるということが示されている（Kieffer 1984）。メンターはロールモデル、同盟、友人のような役割を果たし、精神的な支援だけではなく、適切な行動を決めるための具体的な支援を提供しうる存在でもある。

要約と結論

人的資源省には施設閉鎖を実行し、効果的な地区の仕組みを作るための権限があった。実際、ある特定の誰かが権限を有するまで効果的な地区の仕組みは作られないことが明らかだった（Bradley 1978; McWhorter 1986）。

本調査の回答者は、州政府が明確な計画をもっていなかったと回答していたが、このことは州政府の「公式の権限」は期待されたようには発動されなかったことを意味する。このことは対照的な二つの結果をもたらすことになったように思える。一つは、計画がないことに多くの関係者が不満を抱くようになり、その後の進め方について混乱を招いたということである。もう一つは、様々なセクターが州政府の「権限」を緩やかなものと考え、さらに州政府の決定に影響を与えられると解釈した結果、多くの地区で地域開発の取り組みが幅広くなされたことである。

施設閉鎖に伴う連携の局面について明らかになったことは以下の通りである。

一、初期の地域開発の段階では、親は組織化されたセクターではなく、非常に受動的に対応していた。アメリカ合衆国のいくつかの州でなされたように（Bradley 1978; Conroy & Bradley 1985）、トランキルの親が施設閉鎖に抵抗するための組織を作らなかったということは重要である。

二、多くの地区で州政府の仕組みとＢＣＭＨＰの家族支援戦略が結びついた結果、**施設閉鎖過程において家族が参画する建設的な支援システム**が形成されることになった。この段階で関与するようになった親は、いくつかの親のミーティングに参加し、**相互扶助**や支援を受けることができるようになった。また、親はサポートしてくれる人あるいは**メンター**の存在が地域生活について理解を深め、自らの子どもの可能性に自信をもつ上で重要だと語った。このことは将来の施設閉鎖の取り組みを検討する上でも重要な研究成果である。なぜなら、この取り組みに関与しなかった親の多くは一つの親のミーティングに参加するか、一つも参加しない親だったからである。キーファーの研究（Kieffer 1985）と同様に、私たちの調査結果からは、メンターのようなある個人による支援によって、これまで無力であった人々がエンパワメントされる過程に「入り込む段階」を開始させることが明らかになった。

三、本章で述べてきた**地域開発の過程**は、関係する団体同士が互いに活動の「歩調を合わせる」ということによってある意味特徴づけることができる。例えば、地元アソシエーションは多くの親のミーティングを呼びかけ、人的資源省の職員は一般的にそこに参加し、施設閉鎖について彼らが知っていることを伝えていた。また別の事例としては、リソース・ディベロッパーは親と多くの関係を築いてきたが、地区のプロジェクトチームの要望にも敏感に対応しなければならなかった。なぜなら、このチームはディベロッパーが地域の受け皿を作ることにのみ関わるべきだと考えていたからであった。おそらくいかなる連携も地域開発の過程も、協働と緊張の要素があるのであろう。興味深いことに、**施設閉鎖のこの局面において、組織化されていなかったセクターである家族が施設閉鎖の過程により包括的に関わり始めた**ということである。しかし、施設入居者はこの局面においても施設閉鎖過程から排除されたままであった。

施設閉鎖過程のこの局面において、連携が強く求められていたということが私たちの調査結果から明らかになった。親が矛盾した感情を抱き、入所施設に関わってきたという歴史が意味することは、親が施設閉鎖過程に関与するためには明らかに多くの支援が必要であるということであった。地域開発や親との連携は、家族を施設退所する人たちと再統合させる上で最初の重要なステップであった。

多くのサービス提供事業者とアソシエーションはまた、入居者家族と関わった経験がなかったため、BCMHPや経験のある親のリーダーとのつながりを必要としていた。この後、いくつかのサービス提供事業者はかなり広範囲に家族にアウトリーチすることが可能になった。いくらか興味深いことであるが、多くの高齢化した親は、精神遅滞者の運動からほぼ完全に遠ざかっていたが、地域のアソシエーションと再び関係をもち始めた。最後に、いくつかの人的資源省プロジェクトチームはまた、施設職員のような人たちとも連携をするようになり、このような人たちと関わることのためらいもなくなっていった。

施設閉鎖のこの段階において、**州政府による地方分権や脱中央集権化の戦略によって、施設閉鎖過程が他のセクターにも広がり始めることになった。**他の研究成果や分析において示されているように、地区における地域に根差した活動や組織化は効果的な社会変革をもたらす上で重要なことの一つである（Hadley & Hatch 1981; ; Lord 1985; Wharf 1979）。

第7章

知的障害者本人に焦点を当てる

これまでの章では、施設閉鎖宣言後間もなく、どのように構造や計画の仕組みが政府や利害関係団体によって設置されてきたのかを見てきた。これらの取り組みの多くが各地域において実施され、各地区の主要な人々を互いに、そして入居者に結び付けるプロセスを開始させてきたことが分かった。施設閉鎖のために作られた新しいシステムの実施がこれからの二章の主要なテーマである。このシステムとは以下のように考えることができる。

一．本人のための計画のシステム
二．本人が地域社会で必要としているホーム、職場、その他の支援を含む社会資源の開発のためのシステム

本章は、一つ目の本人のための計画に焦点を当てる。

人的資源省の上級職員によって本人のための計画は「施設閉鎖過程の中心」に位置すると考えられていた。この点に関して、多くの家族は完全に賛成しているが、本人のための計画の策定過程についてあまり熱心ではないセクターもあった。

本章では、トランキルに入居する個々の男性や女性のために計画するように工夫された各段階について述べよう。これらの各段階がどのように行われるかについては、いろいろな方法があることには留意しよう。また、本人のための計画策定過程の有効性や妥当性についての幅広い考え方について見ていくことにしよう。

なぜ本人に焦点を当てるのか

本人に焦点を当てることがこの閉鎖過程において大きな注目を集めたのには二つの理由がある。この主題についての考え方の基盤となった背景について簡潔に述べよう。

・一九八三年まで障害者のためのプログラムやサービスはサービスを受ける本人のストレングスやニーズを理解することによって作ることができるという意識が高まっていた。「全般的サービス計画」や「個別プログラム計画」はサービス提供事業者によってより幅広く使用されるようになっていた。本人のための計画は特定の目標や発達の過程としてますます捉えられるようになっていた（Kovac 1983）。一九八一年から一九八二年において、ＢＣＭＨＰはサービス提供事業者と共に個別計画の価値について大切にするプロジェクトを行ってきた。

・**本人のための計画の目的**、誰がその計画に関わるべきか、どのようにそれがなされるべきなのかということについて数多くの解釈がなされてきた。ペンシルバニア州の知的障害者のための施設であるペンハーストの施設閉鎖過程において、ケースマネージャーは入所施設を退所する人々のための個別計画を作る義務を負っていた（Conroy and Bradley）。興味深いことに、これらの計画は親や後見人の許可が必要であった。個別計画のよりインフォーマルな方法が本人のための社会資源や支援ネットワークを築くための基礎としても利用されてきた（Lord 1985）。

トランキルの入居者のための個別計画の各段階

入所施設にある地域資源助言委員会（community Resource Advisory Committee CRAC チーム）が人的資源省からトランキルを退所する男性や女性のための個別計画の方法を作る権限を受けていた。人的資源省の職員や他の理解のある人たちからの助言を得て、CRAC チームは以下の六つの段階を設けた。

一．入居者地域生活能力プロファイル
二．入居者アセスメントプロファイル

表１　本人のための計画の策定過程における各段階

段階	活動及び目的	場所	参加者
1. 入居者地域生活能力プロファイル	各地区に移行する人たちの支援の必要な項目の数や程度についての概要を地区マネージャーに伝える。入居者の「特徴」についての簡潔な要約によって構成される。施設閉鎖宣言の直後に作成された。	入所施設	CRAC、直接支援する職員
2. 入居者アセスメントプロファイル	入所施設における本人の「諸機能」についての「基本情報」を伝える。主にチェックリストの形で詳細なアセスメント項目から構成される。	入所施設	CRAC、各棟の職員（直接支援する職員と責任のある立場の看護師）
3. 本人理解のための訪問	プロジェクトチームの職員に本人と直接関わることを通して彼らのことを知ってもらうようにする。彼らは１時間から１日かけて各棟にいる本人と一緒にいる時間を過ごし、さらにその人の活動を観察し、各棟の職員と非公式に話をしていた。	入所施設	プロジェクトチームの職員、障害者、各棟の職員（ときには地域のディベロッパーあるいは親）
4. ケースカンファレンス	入所施設から専門的な情報を各地区のプロジェクトチームに移していくこと。プロジェクトチームの職員が司会進行を務めながら数名の入所施設の職員にも参加してもらうミーティングの形式をとる。	入所施設	入所施設、ソーシャルワーカー、心理士、医師、各棟の職員（ときにはディベロッパー、親）
5. 全般的サービス計画	入居者が地域で生活できるように必要な社会資源について下記の方法によって記載する。 a）プロジェクトチームの職員が司会進行を務めながら本人に関わる地域の全ての人に参加してもらうミーティングを実施する。あるいは b）プロジェクトチームの職員が必要な社会資源を記述し、家族にそれを見せる。あるいは家族には関わってもらわずサービス提供事業所が社会資源についての計画書を作成するためのものとして各事業所に提出する場合もある。	地域の人的資源省の地区事務所、家族の家、サービス提供事業所の事務所	以下のうちのいずれか。 a）プロジェクトチームの職員、家族、ときにはサービス提供事業所 b）プロジェクトチームの職員
6. 個別プログラム計画	直接支援をする職員、本人自身と家族に地域生活での活動の計画づくりに関与してもらう。本人の新しい住居で３カ月ごとにミーティングが行われ、その期間でのサービスの進捗状況について検討され、目標やその優先順位が決められ、特定の目標が定められ、責任が確認されていた。	地域の本人のホーム	プロジェクトチームの職員、家族（ときには障害者、直接支援する職員、ホームの職員）

三．本人理解のための訪問
四．ケースカンファレンス
五．全般的サービス計画
六．個別プログラム計画

最初の四つの段階は入所施設で行われ、後の二つは地域で行われた。入所施設から地域への情報の提供は、人的資源省のプロジェクトチームが入所施設内の三つあるいは四つの段階に参加することによってなされてきた。これらの各段階の詳細は目的及び参加者を含めて表1に整理されている。

本人を知るための様々な方法

私たちの調査結果からトランキルの入居者を知るようになるための前記のアプローチにおいて様々な違いがあることが分かった。

一、入所施設内で行われるケースカンファレンスは時には全般的サービス計画の話し合いとなり、家族と個別に計画するための機会がそこには含まれないことがあった。
二、ディベロッパーとサービス提供事業者はある地区では本人理解のための訪問やケースカンファレンスに参加していたが、他の地区ではこうした会議に参加していなかった。

三、ある人的資源省の職員は入所施設の入居者をその生活しているところまで長時間かけた訪問を何度か行い、本人がどのような人で他者とどのようにコミュニケーションをとっているのかをよく理解しようとしていた。あるプロジェクトチームの職員は入所施設にいる本人とはあまり多くの時間を過ごすことはなかった。

四、少ない事例ではあるが、プロジェクトチームの職員とディベロッパーが本人理解のための訪問の際に家族に参加してもらい、親に彼らの息子あるいは娘との関係を再構築できるような心情をもってもらうようにしていた。家族は入所施設を訪問するのに自分たちでその費用を支払わなければならない唯一のセクターであった。

五、ある全般的サービス計画では標準化された様式に二時間だけで記入するものもあり、それらは必要とされるサービスのリストという形になった。他の全般的サービス計画では、主にクートニーでは、四日間かけて本人の子どもの頃から現在の生活まで幅広く知ろうとするものがあった。ここには家族の経験、宗教、ライフスタイル、人間関係が含まれ、基本的なサービス以上の内容のリストになっていた。

これらのアプローチの違いは二つの相互に関係する要因によって生じていた。第一に、**ある地区にとって、プロジェクトチームの職員のイニシアティブや関与の度合いが本人のための計画策定の過程において重要であった。**同様に、どの程度ディベロッパーが関与でき、質の高い参加について理解できているかどうかが重要な要素であるように思えた。

地域に移行した男性と女性の個別計画についての見方

トランキルから移行する予定であった男性や女性は、正式には計画の策定過程に参加していなかったということに留意することが重要である。まれな状況においてのみ彼らは個別計画策定のためのミーティングに参加していた。多くの場合には、入居者はサービス計画を作り上げるための完全な参加者というよりも「サービス計画の受益者」と見なされていた。話すことのできる本人だけ時に彼らの考えを尋ねられることはあった。ある女性の入居者はこの過程を以下のように思い出してくれた。

「ソーシャルワーカーは（私がどうしたいのかを）尋ねてくれました……。それで私は自分のアパートで生活できるかどうかを尋ねました……。彼らは私に希望を与えてくれたのです。私は多くの人が周りにいてほしくないと思っていました……。ソーシャルワーカーと私のガールフレンド（トランキルの職員）は私を助けてくれました……。私はどのような支援を受けられるのかと心配していました。彼は私が良い支援を受けられると約束してくれました。他の友達は私がアパートで生活することはできないと思っていました。とんでもない（と私は言いました）。私はできるのだと……。新しい人たちにトランキルにいる私のところに来て助けてもらいたい（と私は思っていました）」。

入所施設では本人が何を望んでいるのかを知ろうとする働きかけがなされるのはごくまれであっ

た。プロジェクトチームの職員、ディベロッパー、家族は各棟にいる本人と時間を過ごしていた。訪問を繰り返すことを通して、また非公式の集中した話し合いを通して、入所施設で生活する本人と共に全般的サービス計画を作り上げていた。ある本人はこの過程を次のように振り返った。

「皆が集まり、どうなるのだろうかと話していました。私もそうでした。各棟でそのような集まりがありました。ソーシャルワーカーがやってきて私の姉は私のために言い争いをしていました……。フランクに私と一緒に生活してもらいたいと私は思っていました。彼は私の良い友達でした。しかし（彼はそれができませんでした）。フランクは私とは生活できないと彼らは言っていました……。彼は他の町で生活することになると……。フランクは前に暴力的であったと言っていました」。

圧倒的多数の事例では、本人はいつ移行することになるのか、どこに移行することになるのかを単に言われただけであった。「看護師は私が移行することになると私に言っていました」ということがよく本人から語られた。

ある男性と女性の入居者たちは特別の生活環境を要望し、彼らの要望が聞き入られることがあった。

「彼らは私がどこに行くのかを伝えました。『私は自分の部屋に誰にも来てもらう必要はない』と私は言いました。その後、私は自分自身の部屋をもつことができました」。

入所施設に入居する男性と女性たちが自らの生活に影響を与えることになる計画策定に参加していないことによって、言葉を話せない人たちの要望をいかに理解するのかというジレンマが浮かび上がる。障害者の利益を可能な限り代弁しようと関わる数少ない職員の行動は、計画策定の過程において採用する方法が明らかに他の職員とは異なるものがあった。しかし、私たちのインタビューのデータや観察結果から、入居者が計画策定に関与するということは多くのセクターによって考えられることすらなかった。このことは入居者の言語能力の限界に起因するものなのか、「精神遅滞」とラベルを貼られている人々の一般的に価値を低く見られている状況に起因するものなのかを決めることは難しい。

家族の見方及び経験

家族は個別計画の策定過程を施設閉鎖過程に参加する最も重要な方法と考えていた。私たちの調査結果からは家族の四三％が何らかの形で個別計画の策定に参加していることが分かった。

第6章で述べられていたように、多くの場合に全般的サービス計画の策定過程に参加していなかった家族は、地元のコミュニティで行われる親の話し合いにも参加していない家族であった。全般的サービス計画の話し合いに参加していた家族のうち、表2は参加程度の内訳を示している。

家族が個別計画の策定過程をとても重要だと考えているのには多くの理由があった。親にとって、その一つには参加すること自体のまさに過程が重要であった。

「私が何を感じているのかを話す権利があることを彼らははっきりさせてくれました。そして私は彼らがそれを好むかそうでないかにかかわらず、意見を述べました。それが良かったと思います」。

「私たちはサンディーのニーズについて知られていることに加えてさらに多くのことを言うことができたと感じました。彼らがサンディーのことについて知っていたのと同じくらい私たちも知っていたと感じていました。そのことが重要なことでした。私たちが心配しているのはサンディーのことであり、予算のことでも閉鎖期限のことでもありません。そのことについて考え続けなければならなかったし、そのときは気持ちが良かったと思いました」。

表2　全般的サービス計画の話し合いへの家族の参加割合

全般的サービス計画のミーティングの数	参加した家族の割合
1回	36%
2～3回	42%
4回以上	22%

全般的サービス計画の策定過程自体が、意見を聴いてもらい計画を共に作っているパートナーのように感じられるため親にとって重要であった。障害者の排除された歴史を考えると、このような経験は多くの親によって歓迎された。

「私たちのミーティングでは、キースがどのような人なのか、彼のニーズは何かということについて長い時間をかけて話し合いをしました。私はその時間を楽しみました。彼らはキースが以前はどのような人だったのかを私に尋ね、私は彼らが本当に関心をもってくれていると感じました。彼のことを理解しようとする素晴らしいスタートになったように思います。職員とはすぐに関係をつくることができました……。ただし、いくつかの話し合いは腹立たしいものがありました。キースが熱い水と冷たい水の区別ができるかどうかを長い時間話し合ったのです。私は彼らに家では何も問題はないと伝えましたが、その話し合いはそのまま続けられました。最後にどなたかが『もちろんトランキルと私たちのところの水の温度は全く同じです』と言いました。確かに彼らは初めにそれを言えたはずでした」。

親へのインタビューやアンケートの結果から**施設閉鎖の初期において親への支援を一貫して行うことが全般的サービス計画の策定過程に参加してもらう上で重要であった**ということが分かった。既に述べたように、いくつかの親のミーティングに参加し、前章で述べたような個別支援を受けていた親は全般的サービス計画のミーティングに参加するようになっていた。意味のある親による参加を支持していた地区の州政府関係者はこの策定過程の本質を次のように述べる。

「あなたは単にミーティングを呼びかけることはできません。親に来てもらい、彼らに情報を提供することで計画のパートナーとして参加してもらうことになるでしょう……。最初に長い時間をかけて親が彼らの歴史、痛み、恐れ、被害妄想を乗り越えらえるように助けることが必要です。もしそれを行えば、確かにそれが報われ、最終的に細かい全般的サービス計画や個別プログラム計画を作る際に全体の過程を通して家族はそこに関与してくれることになるでしょう。その全体ではなく、一部を家族は担うことになるのです」。

参加することによる影響についての親の認識

全般的サービス計画の策定過程に関与した親は一般的には自分たちの参加によって職員、自分自身、自らの息子あるいは娘に影響を与えたと信じていた。この影響は参加自体によって、さらにはその策定過程に貢献する際に果たした親の役割が高まることによって生じていた。

職員：全般的サービス計画のミーティングに参加した親は彼らが参加することによって、自分たちの家族である入居者に職員がより慣れるようになり、その結果、家族歴、細かい選好、全般的な家族のライフスタイルという観点から職員が本人についてより深く理解するようになった。

「なぜかは分かりませんが、職員は親が関わっているということを知れば、彼らはより良く仕事を行えるようになると感じていました」。

親自身：全般的サービス計画のミーティングに参加した親はその過程が多くの点で彼ら自身にも影響を与えたということを話していた。

・自信が高まり、施設閉鎖において自らの息子あるいは娘の人間としての価値が高まると感じられることになること。

・より知識をもてるようになり、希望をもち、期待も高まるようになった。

・息子あるいは娘に関わっているという感情をもてるようになるが、責任が過剰であると思わなくともよい。

計画に参加することによって、多くの親はエンパワーされる感覚をもつようになった。第6章で述べたように、親同士のミーティングや助言者の存在は親自らのエンパワメントの上で助けとなっていた。キーファー（Kieffer 1985）の枠組みを参照すると、私たちの調査結果から言えることは、全般的サービス計画の策定過程は内容が深まっていくことによって、親が新しい考え方や行動の仕方への関与を「促進させせた」ということである。

息子あるいは娘：全般的サービス計画のミーティングに参加することによって、子どもたちを入所させる前の経験がどのようなものだったかを地域のサービス提供事業所に知ってもらえるようになると親は感じていた。息子あるいは娘の人間としての全体像が分かるようになるために彼らは貢献できると親は感じていた。多くの親は参加することによって子息にとってより良い生活条件が保障されるようになると強調した。

「精神安定剤を与えずに息子を試したいと私は提案しました。事業所関係者はすぐさまその意見に同意しました。その違いは信じられませんでした」。

「私は息子が喫煙しない環境にいることができると何度も主張しました。事業所関係者はあなたがそうすることができないと言いましたが、私はそれができると言いました。そして、結果的に彼に喫煙しない環境にいてもらうことができました」。

「職員たちは日中活動をやめさせようとしました。最初に私たちが言わなかったなら、娘は日中活動に参加できなかったでしょう。『ほら、私たちは方法を見つけることができます』と。それで私たちは見つけることができました」。

全般的サービス計画（Ministry of Community and Social Services 1985）の主要な枠組みとして例示されている普通の技術的過程とは対照的に、個別計画の価値についての家族の認識には注目すべきものがあった。そのことの一つの説明は、個別計画の策定過程を通して自らの息子や娘の生活の中に再び「内部関係者」として入っていくようになると親が感じていたということである。このことは、ある家族にとっては、親が再び親としての本当の役割をもち始めることを意味していた。自らの息子あるいは娘を長年見ることがなかった多くの母親と父親は家族のメンバーとしての自分たちの権利を主張し、自らの愛する子どもたちのためにはっきりと話し始めた。親が話せるようになるその過程がエンパワメントの過程であった。第10章でみるように、個別計画の策定に関与した親は後に地域において彼らの息子や娘にとっての役割を果たすようになった。

個別計画の策定過程の限界

家族は個別計画の策定過程について主に三つの限界があると考えていた。

・私たちの調査結果からは家族が参加していない計画のミーティングは比較的徹底されたものではなかったということである。数家族はもしミーティングを逃してしまえば、「大事なことが見落とされたように思えた」と述べていた。省の地区ワーカーはサービス提供事業所がしばしば感じていた緊張感という点でこの問題を正直に述べていた。

「ある意味で、家族のメンバーが参加していなければ時間をかける必要がないために仕事を容易に進めることができました。しかし同時に、本人を代弁して権利擁護する人が本当に誰ひとりとしておらず……、他の人に話してもらうことでその本人のことについて進めていると感じていました。親がいるときと同じようには細かく考えたり、時を費やしたりすることはしない傾向がありました。プロジェクトの最善の利益と本人の最善の利益とのバランスをとろうとしなければなりません」。

・プロジェクトチームの職員には、家族が関与できるようにするための働きかけが消極的な人もいた。自分たちの子息のために、まさに最も良い状況で積極的に発言をした家族はしばしば、こうした職員による家族への働きかけと衝突することになった。

「家族は全面的に関与できますが、それは彼らの意見に同意しないという状況になるまでです……。そのときに関わることは家族にとっては役に立たないことになってしまいます」。

明らかに職員の中にはその関与の仕方があまり深くない人もいて、関与の仕方は個人によって様々であると親は認識していた。

「不運にも職員はちょうど話が深まりかけたときに途中で代わってしまいました。私たちが信用し尊敬していた職員は私たちが何も信頼を置いていない人に代わってしまいました。私たちは失望し、本当の意味で話を聞いてもらうことはありませんでした。同時に、その人は家族から意見を聞くことがとても重要だと言っていましたが、その人は実際には話を聞いてくれませんでした」。

・私たちが話を聞いた数家族は個別計画が息子や娘のその後の生活環境の主要な特徴を形作ることはほとんどないと気づいていた。例えば、いかに入居者のグルーピングを行うのか、「グループホーム・アプローチ」の特徴などについてである。

「しかし本当に、全ての計画が移行先や共同入居者を決める際に役に立つというわけではありませんでした。入居者の組み合わせをする際に彼らはその計画を使用していませんでした。彼らが行ったのはある地域に住んでいた誰とでも一緒にするということだけでした」。

家族の優先課題と意図せざる成果

個別計画の策定過程への親の参加によって、施設閉鎖期間に意図せざる成果がもたらされたことは注目に値する。その過程は他のセクターによって主に本人に焦点を当て、地域で本人を支えるために必要な社会資源にはどのようなものがあるのかということについてより多くのことを学習する方法として考えられていた。家族が個別計画において大切に考えていたことには彼らの息子や娘のための目標が含まれていたが、計画の策定過程における親のニーズには下記のようにさらに多くのことが含まれていた。

- 入所施設から移行することについて、とりわけ安全面や適切な環境なのかということについてより安心できること
- 再び自分たちの子どもの人生の一部になり、心情の面で息子あるいは娘と再統合すること
- 自分たちの子どもの人生の質に何らかの形で直接的に影響を与えること

家族に生じている変化については施設閉鎖に関わる他の人々に多くの場合には気づかれることはなかったが、多くの家族は、その程度は様々であるが、それぞれが大切に考えていることを実現させて

いった。改めて次章以降において全般的サービス計画の策定過程に関与することがその後の施設閉鎖過程において家族が関与する上でいかに重要なのかということについてみていくことになるであろう。

ディベロッパーの個別計画についての見方

前章で述べたように、ディベロッパーは施設閉鎖において特別の役割を担った。多くの地区においてディベロッパーは、その役割が社会資源の開発を促し支えることにあったが、家族のメンバーと親密な関係を形成した。ディベロッパーは社会資源を使うことになる本人のニーズや希望によってその資源開発を行っていく必要があると考えていた。この結果、社会資源の開発において良い仕事をするために、ディベロッパーは彼らが支援することになる本人について十分によく知る必要があった。ディベロッパーはこれらの相互に関連する役割の間で矛盾を感じていたことは確かである。それはある地区での人的資源省の職員はディベロッパーが単に社会資源の開発のみに集中し、家族や本人といかなる関係をもたないように圧力をかけることがあったからである。

私たちの調査結果から、ディベロッパーが個別計画において大切にしていることは下記のことであることが分かった。

・家族に可能な限り個別計画の策定過程に影響力をもってもらうようにすること

・計画づくりのミーティングを通して社会資源を開発する上で必要な情報を収集すること

これらの事柄が同時に実現されるとき、ディベロッパーは計画策定のためのミーティングが成功したと考えていた。興味深いことに、ディベロッパーが最も気にかけていたことは、個別計画の策定過程において家族が本当の意味で発言するために必要とする支援が得られるかどうかということであった。ディベロッパーが行う方法から彼らが入所施設にいる本人のニーズやストレングスを理解するためにいかに深く関与しようとしているのかということが分かった。

「私たちは入所施設に行って、人々に出会い、職員に出会い、ケースカンファレンスに参加し、本人について可能な限り知ろうとしていました」。

「私たちはトランキルに行って、本人について多くの異なる意見があるかもしれないということが分かりました。あるケースでは、幸運なことに本人について本当に肯定的に考えてくれる職員と関わることができました」。

親による関与の重要性を認識していること

一貫してディベロッパーの個別計画についての見方は、家族がその過程に関与することが極めて重要であるということであった。ディベロッパーは、家族あるいは本人のための独立した権利擁護者が計画策定のためのミーティングに参加するときに計画がより成功したものとなると考えていた。ある地区のディベロッパーは、親が関与することに専門家が消極的対応をするときにどのようなことが起こるのかということを以下のように述べた。

「彼らは家族にとりとめもなく話したり、重要だと考えていることを話したりする時間を与えていませんでした。それは家族が価値のある存在であると感じる機会を失うことを意味します。そのことがこの策定過程にとってとても重要なところでありますが、その機会を失うことになりました。最も重要なことが失われたことでもあると私は思います」。

地区によって様々であり、また地区の内部でさえ家族が関与することやその意義について様々であった。全てのディベロッパーは家族が参加するために働きかけをすると述べていたが、人的資源省や他の専門家からは様々な対応がなされたことが述べられた。

「あるプロジェクトチームの職員やサービス提供事業者は親が全般的サービス計画に参加するための専門的知識をもっていないと本当に考えていました。それで、最初は親に関わってもらうような努力が十分になされませんでした」。

対照的にある地区では家族が計画の策定過程に関与できるように幅広い支援を行うようにしてい

た。

「私たちは親には計画のためのミーティングに全て参加してもらいました。もし本人に親がいない場合には、私たちの方で権利擁護者を確保しました。アソシエーションの方で権利擁護者を提供してくれることもありました。常に独立した形で本人の利益を代弁する仕組みができていました」。

ディベロッパーは**家族のいない本人を支援することの必要性を一貫して強調していた唯一のセクターであった。**ある地区は数名のボランティアの権利擁護者を確保していたが、施設閉鎖の仕組みの一環として個別計画のミーティングや他の場面において障害者と共にあり彼らを代弁する権利擁護者の存在を認め、そのような人たちを確保し訓練するための組織的計画はなかった。あるディベロッパーはこれがBCMHPの家族支援戦略の弱点であると述べていた。

大変興味深いことに、地区間及び地区内の対応の違いは施設閉鎖の過程が進行するにつれて減少していったとディベロッパーは感じていたことである。この現象の背景には二つの理由があるように見えた。第一に、BCMHPがコーディネートする定期的ミーティングにおいてディベロッパーは互いのことを知るようになり、互いに個別計画の策定過程に親を関与させる方法についてそれぞれの戦略を共有できるようになったということである。同様に、ディベロッパーは省の現場職員への教育においてこれらの戦略や技術を使うことができた。

第二に、親の関与や家族の支援が「良いこと」であると州内で徐々に考えられるようになり、この分野で当初は消極的であった地区も施設閉鎖過程の後半になって積極的に行動するようになる傾向があった。この重要な結果から改革のためのいかなる種類の計画であれ主要なアクター間の明確なコミュニケーションやネットワーキングが重要であるということが改めて示されることになった。ディベロッパーは「準備をして」ミーティングにやってくることによって、家族が全般的サービス計画により積極的に参加するようになることを以下のように述べた。

「あるお父さんとお母さんは多くの情報をもっており、容易に計画を作ることができました。彼らは私たちがホームで何をすべきなのかということについてのあらゆる種類の考えをもっていました」。

ディベロッパーにとって、準備できるかどうかは家族が支援をしてくれる人をどの程度もっているのか、また彼らの権利や選択肢についてどの程度教えられているのかということにかかっていた。同時に計画のためのミーティングを通してどのように物事が進められているのかという基本事項について、家族がどの程度認識しているのかということにも関係しているように見えた。私たちの調査結果から、**ディベロッパーは両親が全般的サービス計画のために準備できるようにするための仲介者となっている**ことが分かった。この結果から、各地区を基盤とするコミュニティ・ディベロッパーあるいはオーガナイザーが脱施設化過程の一環としていかに重要な役割を果たしているのかということを強調したい。

全てのディベロッパーは個別計画を通しての両親の成長と自信について認めていた。

「私たちが関わり知るようになったある両親はこの全体の策定過程が開始した当初と比較しますとまるで別人のようです。私たち全てがそうだと思います。彼らは本当に勇気のある人たちです。この策定過程を通して成長しました」。

ディベロッパーは親と同様に、個別計画が家族にとってとても建設的方法であると感じていた唯一のセクターであった。ディベロッパーが家族を支援する際の親密な役割や社会資源の開発において個別計画の果たす役割についての彼らの明確な考えからこのことは説明できるであろう。しかしながら、ディベロッパーは社会資源の開発のために収集した情報を活用することが極めて困難であったと失望感を表明していた。この点については、次章においてより深く検討していこう。

個別計画についてのサービス提供事業者の認識

サービス提供事業者はなぜ彼らが支援することになる本人のための明確且つ具体的な全般的サービス計画を必要としていたのかということについて三つの理由を述べた。

一、トランキルからの移行者のための提案や予算計画をつくること。
二、適切な社会資源を計画し、プログラム計画をつくること。
三、彼らが支援をする本人の生活環境を整えること。これは計画やプログラムの実行、本人のニーズや興味についてのフォローアップ、地域での活動を用意すること、ネットワークや人間関係を広げられるように支援することが関係していた。

全体としてサービス提供事業者は全般的サービス計画に対して大変不満であった。数少ない例外を除いて、サービス提供事業者は全般的サービス計画を通して解決できるであろうと考えていた課題を実際の計画作りにおいて解決したとは思えず、不満を抱いていた。多くの場合、こうしたサービス提供事業者は全般的サービス計画を作成する場に関与していなかった。

「私たちは全般的サービス計画の場で紹介してもらいましたが、それは私たちからすればとても否定的な言い方でした。私たちは本人に接触することを拒否され、他人によって準備された全般的サービス計画を通してのみ本人のことについての話を聞きました。このため適切なサービスを計画することがとても難しい状況でした」。

「策定過程に関わることなく、私たちは既得権のある人たちによって作られたとても歪んだイメージを持たされていました」。

対照的に、全般的サービス計画に関わった数少ないサービス提供事業者は彼らが役に立ったと肯定的に感じていた。これらのサービス提供事業者は「紙面の共有」とは異なり、相互の個人的な交流を通して本人について知ることができた。

「私たちの全般的サービス計画は各本人について幅広く対象としたものであり、各人が彼らのホームだけではなく、地域・日中活動・余暇においていかに支援されることになるのかを示していました。私たちは全般的サービス計画を作ることに多くの時間を費やし、本人にとっての生活の質について語りました」。

サービス提供事業者は彼らが全般的サービス計画作りの過程に参加していると「内部関係者」のように感じることができた。多くのサービス提供事業者は「部外者」のように感じ、建設的方法で情報を活用することができなかった。最も共通する批判は全般的サービス計画が入居者についての否定的側面に焦点を当てており、その人の全体性を捉えたものではなかったということである。

「全般的サービス計画はクライエントができない全てのことを示す傾向があり、それは職員に本人ができないことのリストを送りつけるようなものでした」。

多くのサービス提供事業者は全般的サービス計画での情報は新しいホームでの生活とは関係のないものであると述べていた。

「その情報はホームでは本当に役に立ちませんでした。私たちが必要としている具体的なものが欠落していました。めったに参照することをしませんでした」。

「その情報はホームでの状況に合わないものでした。多くの場合に否定的情報でした。私たちは本人たちに新しいことにチャレンジし、人生の新たなスタートをきってもらいたいと考えていました。私たちは職員にはそれらの否定的な情報を伝えずに、ファイルにしまっておきました」。

「全般的サービス計画と私たちが理解するようになったその本人がどのような人なのかということについて全く関連がありませんでした」。

繰り返すが、サービス提供事業者の話から言えることは、**本人のことが全般的サービス計画の中では十分に反映されていないということであった**。確かに実際、全般的サービス計画の中で提示されている本人のイメージはその計画を作る人次第である。このことは個人的に本人のことを気にかけ、責任をもって自分のことのように本人の代弁をしてくれる人々に計画の策定過程に参加してもらうことがいかに重要であるかを示している。同様に、本人とその代弁者が個別計画のミーティングを通して障害者を支援する人々と相互に交流することが重要であるようにみえる。サービス提供事業者が一般的には全般的サービス計画のミーティングに参加しないということは主要なセクター同士での交流がなされていないということを意味していた。この分析結果はサービス提供事業者が個別計画の策定過程の初期段階から障害者に出会うことが重要であることを示唆している。

多くのサービス提供事業者は全般的サービス計画には肯定的側面があると考えている。例えば、いくつかのサービス提供事業者は予算や助成の計画のために全般的サービス計画を活用することができた。

「私たちは予算計画や人員配置のために全般的サービス計画を活用していました」。

また、サービス提供事業者は彼らが全面的に参加することになる地域の個別プログラム計画の過程についてより良い印象をもっていたことに留意することが重要である。これらの個別プログラム計画が役に立つものであると彼らは感じていた。しかしながら、この計画についてもサービス提供事業者は計画が想定していた以上に本人の状況が急速に変わっていくのでこれらの計画の有効性には限界があると考えていた。第10章においてこの調査結果を詳細に検討するが、このことは本人のための計画にとっての重要な示唆を提示することになるであろう。全般的サービス計画と個別プログラム計画の策定過程は人々の生活における重要な変化を「捉える」ことができなければならない。さらに、個別計画の過程は実際には、継続的に常に更新される過程でなければならない。

要約と結論

一、この時期にトランキルの入居者のことについて知るための方法はかなり限られていた。個々の入居者が個別計画の話し合いの場に参加することは極めてまれであったということは、そのような参加が考慮されることすらなかったということを意味している。ここに将来の施設閉鎖計画において学ぶべきことがある。我々は言葉を話さず、この過程を理解しそれに貢献できるように見えない個々の入居者であっても参画できるような方法を慎重に検討する必要がある。我々の研究結果からは**本人を理解するためのインフォーマルなプロセス**が重要であるということである。このとき利用者の潜在的に有するものが現れ、否定的な属性やニーズに焦点を当てることが少なくなるといえる。

二、本調査結果からは**「家族支援戦略」の結果、多くの両親や家族が個別計画の策定過程に参加するようになった**ことが分かった。この家族支援戦略は、地域のアソシエーションやディベロッパーがＢＣＭＨＰとの協働のもとに行っていた。また、数名のプロジェクトチームの担当者が家族のもとを訪ね、支援計画の話し合いの前に彼らの参加を促したことを知っておくことも重要である。このことはアウトリーチや地域に根差した組織化が将来の施設閉鎖計画において重要であることを示している。家族会に参加していなかった両親は個別計画の話し合いにも参加することはなかった。

三、両親は個別計画の策定に参加することによって彼ら自身が力をもち、息子あるいは娘にとっても良いことであると感じていた。多くの家族は**その後、息子あるいは娘の地域生活の取り組みに**

関わるようになった。両親と緊密な関係をもっているディベロッパーによれば、この過程は家族が彼らの息子あるいは娘との再統合をより深いものにしていくために必要であるということであった。施設入居者や策定過程から「希薄な」他のセクターは個別計画についてあまり肯定的な考えをもっていなかった。

四、入所施設から退所する入居者について理解するようになる過程に効果があるかどうかは、まさに職員の関わり方次第といっていいだろう。言い方を換えれば、あるプロジェクトチーム関係者やディベロッパーには個別計画の策定過程に深く関わり、家族に関わってもらい、本当の意味で徹底的に個々の入居者について理解するように最大限の努力をする人もいる。一方、プロジェクトチーム関係者にはこのように徹底した関与をしようとしなかった人もいる。

各職員に委ねるという方法とは対照的に、例えばアメリカ合衆国のように個別サービス計画を法的に義務化しているところもある（Conroy & Bradley 1985）。今回の施設閉鎖の過程では、個別計画を州全体で実施させるようなガイドラインは作られなかった。

将来における施設閉鎖の取り組みへの示唆という点で、この二つの方法には長所と短所があるようにみえる。個別サービス計画の策定を義務化することは、本人に焦点を当てることを保障するだろうが、その過程の効果を法制化することは不可能である。個別計画の策定過程に関わることを義務化することができるが、その過程を効果的に進めるためには職員の側に多くの訓練が求められるであろう。この技術の要する過程を義務化することによって、今回の施設閉鎖過程で得たものとは逆行する可能性もある。**全般的サービス計画が効果的なものであると考えられたのは、そこに人が関わり相互に関与したからであって、**紙面で書かれていたからではない。計画とそれを実行する過程において様々な機関の役割を明確化した全般的サービス計画ガイドラインを作ることについては望ましいように考えられる。

五、セクターによって視点の違いがあるということは、**各グループが異なるニーズや優先事項を個別計画の策定過程にもってくる**ことを意味していた。策定過程の効果を明確にするためには、様々なセクターのニーズや優先課題はある段階で調整される必要がある。明らかに、サービス提供事業者は提供された情報が役立つものではないと感じたとしても、彼らの優先課題は応じられることはなかった。現実は、異なるニーズや優先課題があるということである。様々なセクター間においていかに共通理解を創り出せるかということは、策定過程における継続的課題である。もし全てのセクターにおける優先課題の中に入居者本人に焦点を当てることが含まれるならば、本人の最善の利益を代表する人たちとしての共通理解が得られるであろう。革新的な取り組みではまた、策定過程の中心的事項として当事者主導性や当事者管理を重視する傾向がある（Lord & Osborne-Way 1986）。これらは、障害領域における更なる対話と議論が求められる大きな課題である。

第8章 資源の開発——多様性、一貫性と交渉

地域の資源を確認し開発することは、入所施設から地域生活への移行において重要な課題である。地域に戻る人たちに対応しうる質の高いサービスの仕組みを創出する上で様々な資源が必要であると言われてきた（Leismer 1981; McWhorter and Kappel 1983）。これらの資源にはケースマネジメント、継続的な職員研修、十分なホーム、サービス提供事業者を支える危機対応チーム、十分な財政や適切な日中活動が含まれる。同時に、ブラッドリー（Bradley 1978）のように計画立案者は資源を確認することで十分だとは考えてはならないと主張する人たちもいる。それは計画立案者がそのように考えると、「現状を永続させることになり、これまでに開発されてこなかった支援の可能性を見過ごしてしまう」からである（p. 66）。

本章では、トランキルの閉鎖過程において地域の資源がどのように開発されてきたのかを地域の反応や交渉のもつ役割を含めて詳細に見ていきたい。

政府の期待と地域の反応

人的資源省は、ブリティッシュコロンビア州全域にわたる地域が入所施設から戻ってくる人々のために資源を開発してくれるだろうと期待していた。地域が対応してくれるということについて私たちがインタビューをした州政府関係者の心の中では、何の疑いもなかったようにみえた。彼らは非営利アソシエーション、民間企業、何らかの利害関係者が必要な資源を開発してくれるものだと考えていた。ある上級役員はこの過程がどのように進められるのかということについて、以下のように整理した。

「それは入札の過程でした。私たちは地域に対して入居者のグループがいるということを伝え入居者のニーズを述べた上で、ニーズへの対応の仕方や予測される費用についての計画案を提示するように依頼しました。計画案が適切であれば、交渉する予定でした。最後に、承認するかどうかの過程を経てサービス提供事業者と契約をかわすことになっていました」。

人的資源省は三つの領域においての資源を求めていた。

・入所施設から戻る人びとのためのホームをつくること

・元入居者のための日中活動
・サービス提供事業者、家族や職員を支えるために活用できる支援チーム

当初は地域やアソシエーションは新しい資源を開発するという考えに対して消極的対応をしていた。しかしながら、地域開発が進み諸機関同士の連携が図られるとともに（第6章参照）、サービス提供事業者は適切な資源を開発できると自信をもち積極的に関わるようになった。一九八四年春という施設閉鎖過程の遅い時期になっても、資源を開発する上での懸念が労働組合であるＢＣＧＥＵや州のアドボカシー団体であるＢＣＭＨＰによって表明された。労働組合はこの一〇年間の脱施設化の取り組みによって生じたことを知っていたので、特に懸念していた。第3章で述べたように、彼らは「より高い機能のある」本人は地域生活において成功するということは十分に理解していた。しかし、彼らは複雑なニーズを有する人々が地域生活において支援されうるかどうかということについて大きな不安を抱いていた。労働組合の組合員はまた、地域が適切な資源を開発できるかどうかということについて心配していた。労働組合の責任者はこのような懸念について次のように振り返った。

「地域には資源が本当に欠如していたので、基本的なことから資源を開発しなければならない状況でした。全般的に、過去三年の間でこの入所施設を閉鎖するために必要な資金を貯めてこなかったので、州政府には新しく資源を開発するための資金がない状況でした」。

労働組合とＢＣＭＨＰは双方とも州政府の提案した入札過程に関して不安をもっていた。こうした不安は、州政府が営利目的のサービス提供事業者にも積極的に参入してもらうよう働きかけを行っていたためであった。ＢＣＭＨＰの会長は一九八四年二月一三日の記者会見の場で次のように強調した。

「民間企業による施設が最低限の保護手段なく計画されていると考えると恐ろしい。人的資源省の職員によって民間企業による施設の状況を検証してもらうよう、一般の人たちは苦情を言っていかなければなりません。このことは長期間にわたって虐待あるいは放置が報告されないままになることを意味します」。

資源の開発に伴う当初の不安の多くは、資源を提供するために活用できる基金がどの程度のものかについて不安定であったことや、州政府の基準が不明確であると多くのサービス提供事業者が認識していたことに起因する。これからみていくように、地元のサービス提供事業者と人的資源省の事務所との間の交渉によって、これらの問題のうちのいくつかは解決されたが、他の問題は全体的な閉鎖過程において解決されないまま残った。

地域の反応

入所施設から地域に戻る人びとのためのサービスや資源を開発したいという州政府の要求に対して、いかに地域が反応するのかということを把握するための二つの方法がある。第一に、州政府がいかに準備をしてサービス提供事業者に特定の資源を提供してもらうことを保障できるのかということ。第二に、地域がグループホームなどの新しい資源に対してどの程度受容しうるのかということである。これらを簡潔に検討していくことにしよう。

各地区においてサービス提供事業者を見つけること：人的資源省の地区事務所がトランキルからの退所者を支援するための事業所の入札を開始した直後に、資源の開発の需要に対しての反応が十分であることは明らかであった。ほとんどの地元のアソシエーションは民間営利セクターと同様に入札に参加した。そこには他施設への異動より地域で働くことを決めたトランキルの元職員の何名かも含まれていた。

こうした資源の開発という側面に関するブリティッシュコロンビア州の経験はミシガン州での経験と類似している。つまり、そこでも小さなサービス提供事業者が入所施設から戻る人びとのための資源を提供するものとして認められていた（Provencal 1980）。しかしながら、私たちの調査結果からはウィローブルックでの脱施設化に関するニューヨーク市での経験とはかなり異なっていたことが分かった。一九七〇年代中頃、ニューヨーク市の政府の計画立案者は重度障害者にサービスを提供する非営利あるいは営利の組織を見つけることに大変苦労していた。大部分の非営利事業所は障害程度を主な理由としてサービス提供を拒否した（Rothman and Rothman 1984）。

ニューヨークの状況とは異なり、ブリティッシュコロンビア州政府が容易にサービス提供事業者を見つけることができたのはなぜなのか。その理由の一つは一九七五年と一九八四年の間の認識の変化が確かに関係している。この期間において、重度障害者へのサービス提供の方法について非常に多くのことを私たちは学んできた。しかしながらその他にも、サービス提供事業者はたいていＢＣＭＨＰや地区州政府関係者から強く支援され勇気づけられていると感じていたことを述べていた。入札前の地域開発過程もまた支持的なサービスネットワークを築く上で極めて重要であった。資源を新しく開発するときまでに、いくつかのセクターは協力して既に脱施設化の課題に取り組んでいた。最後に、各地区に比較的少数の退所者が戻っていた。このような点で各地区ではそれぞれの地区に戻ることになる二〇、三〇、四〇名の退所者でさえ対応できると考えられていた。

地域における新しいホームの受け入れ状況：先行研究では障害者のホームに対して地域が抵抗してきたことについての論争が多く取り上げられてきた（Grant 1985; Perske 1981; Rothman and Rothman 1984）。全体で五九のホームがトランキルを退所する男性や女性たちのために作られた。私たちの調査結果からはサービス提供事業者は当初はいくつかの近隣から警戒されていると考えていたが（第10章を参照）、人的資源省は六つの地域のみホームの開設に反対していたと報告していた。これらのうち三つはカムループスにあったが、この地域はこれまでの脱施設化過程でホームが多く集中しているところであり、このたびの閉鎖過程において明らかに注目を集めているところでもあった。

人的資源省の役人はトランキルからの退所者のためのホームの開設に対してほとんど抵抗されなかったことに驚きを示していた。ある州政府関係者は「それほど昔のことではないが、子どものためのグループホームを開設するときはいつでも近隣が反対したものだ」と振り返る。

繰り返し述べるように、トランキルの元入居者のための地域のホームが容易に購入することができる背景の一部には、こうした障害者に対する態度の変化があるのかもしれない。例えば、スティーブン・ドーソンのケースのようにブリティッシュコロンビア州の障害者の問題はメディアにおいて時に注目を集めてきた。多くの地域における条例によって、五～六名までのホームの開設が認められてきたということは、サービス提供事業者は公式の計画あるいはコミュニティ・ミーティングを行う必要がなかったことを意味している。開設されたホームの多くが小規模なものであるという事実はこのことを証明していた。

カムループスでのグループホームに対する抵抗は公開されたパブリック・ミーティングの場、市議会への陳情やメディアでの報道において表明された。さらに、不景気の時代における施設閉鎖に伴う経済事情によって、他の地域では見られない対立的状況がもたらされていた。入所施設と深い利害関係のある多くの労働組合のメンバー（第3章を参照）はこうした対立的状況を過熱させるために積極的に関与した。BCGEUによってなされた広告キャンペーンは脱施設化のことを「人々を地域に捨てるもの」と表現した。

資源開発における基本原理と課題

資源開発は適切な地域資源を人々のニーズと結びつける複雑な過程である。資源を確認し開発する人々は常に、人を資源に「合わせる」ことを試みたり、その逆を行ったりしている。資源の開発過程においていくつかの決定がなされなければならない。私たちの調査結果は、閉鎖過程でなされ実行されたそれぞれの決定は実際の資源内容を形成し、さらに最終的には障害者の生活に重要な影響を与えていたということを示唆している。トランキル閉鎖において四つの課題が浮かびあがる。

・資源開発の定義と前提
・サービス提供のモデル
・資源開発のための基準
・個別サービス計画の影響

それぞれの課題について資源開発や施設閉鎖の結果という観点から検討していこう。

資源開発の定義と前提

本研究におけるほとんど全ての回答者は資源を確認し開発することをサービス開発の過程として述べていた。おそらく人的資源省は当初ホームや日中活動を「重要な物理的資源」と捉えていたために、サービス提供事業者はこれらの資源を開発するのに多くの時間を費やした。あるアソシエーションのサービス提供事業者のコメントは典型的なものであった。

「私たちのホームをどのように選ぶのかということについてとても注意深くしていました。何カ月間も探すために時間を過ごしました。私たちはどれだけ多くのホームを見てきたのかということをきっとあなたは信じられないでしょう」。

比較的に短期間に物理的な資源を開発するために多大なエネルギーが費やされた。あるディベロッパーは「様々なニーズをもつ数名の人々が入居できる適切な場所を見つけることが難しかった」と述べていた。しかしながら、シェルターや基本的ケアの開発に焦点を当てたことによって、地域への移行において本人を支えたかもしれない他の資源については開発されなかった。私たちの調査結果からは多くの人々は地域において他の資源をいかに開発するのかということについては単に「考えもしていなかった」と述べた。例えば、非常に少ないサービス提供事業者のみ実際に地域において既にある資源と連絡をとったり、新たに関係を作ったりしていた。公園や余暇施設、教育委員会、一般就労の場や共同利用ハウスの全ては当初は未開拓の潜在的資源であった。

インタビューをした非常に少数の人たちだけが、入所施設から退所する男性や女性たちにとっての資源として関与できたかもしれない他の共同入居者、近隣住民、友人といったインフォーマルな支援について言及していた。第5章で述べたように、友人と離れることはトランキルの人たちにとっては不安なことであった。移行過程を注意深くモニターしていたBCMHPの職員は、いくつかの友人関係は維持されたがそれは主に本人の障害程度はどの程度なのかということに依拠しているのではないかと考えていた。同様に、トランキルの労働組合の組合員は次のように述べていた。

「……施設閉鎖過程の当初、彼らは高い機能のある人たちを選ぶ傾向がありました。終わりの頃には重度の障害者は単にまとめられていました……」

支援ネットワークを作る過程は入所施設から退所する人たちにとって重要なものだったかもしれない。様々な調査結果からネットワークの小さい人たちは情報へのアクセスも低く、行使する力も弱く、人間関係や支援も少なく、より身体的且つ精神的な健康上の問題を抱えているかもしれないということが分かっている（Gottlieb 1983; Saulnier 1983）。

私たちの調査結果からは支援ネットワークを完全な形で発展させるつもりであるならば、よりインフォーマルな仕組みの開発を「構造化」しなければならないということが明確に示されている。例えば、あるＢＣＭＨＰ関係者は「私たちは親や他の家族のメンバーが支援ネットワークを仲介することを期待していた」と述べていた。親が施設閉鎖過程の間に対処しなければならなかったことや彼らの受ける研修や支援が欠如していたことを考えるとこのような期待は非現実的であったであろう。

サービス提供のモデル

対人サービス提供システムの多くは様々な文脈において応用できる。ある段階では、そのモデルは地域において提供される施設のタイプを意味する。この施設閉鎖の期間、支配的であったモデルとは**地域のグループホーム**であった。一つ二つの例外を除いて、地域に戻った全ての入居者はグループホームに行った。表３は州政府関係者や私たちの地域のグループホームについてのサービス提供事

表 3　グループホームの概要

新しく作られた事業所	14
新しく開設されたグループホーム	59
グループホームの規模	グループホームの数
2	2
3	10
4	36
5	9
6	2
非営利事業所のグループホームの平均規模	3.9
営利事業所のグループホームの平均規模	4.44
非営利事業所のグループホームにいる人々	83%
営利事業所のグループホームにいる人々	17%
過去に居住サービスの経験のある職員	41%
トランキルに雇われていた元職員	3.2%

業者対象者のアンケートから収集した主要な情報を整理している。

開設したグループホームはカナダにおけるこれまでの脱施設化プロジェクトのものよりも明らかに小規模であった。ＢＣＭＨＰと州政府関係者はグループホームが「規模においては家族のようなもの」だととりわけ誇りに思っていた。本章の後半ではいかに交渉や研修がこうした小規模グループホームの開設に影響を与えたのかということを検討していくことになるであろう。ほとんど全ての回答者はこうしたグループホームのモデルを支持していた。ＢＣＭＨＰの職員は地域生活には他の選択肢があるということについての議論があることに言及していたが、「グループホームは地域生活の基本単位として認められる」と述べていた。次章以降ではより詳細に入所施設から退所し地域生活に参加できている人々の観点からグループホームモデルの結果やそのような場で作られた支援やソーシャルネットワークについて検討していこう。

資源開発のための基準

対人援助サービスを開発するための基準は一般的には人々が生活する場所に関わる特徴をあげることになるであろう。すなわち、例えば日中活動があるかどうか、生活の質がどのように保障されているのかといった人々がどのように生活するのかということに関することである。アメリカ合衆国における主要な脱施設化のための取り組みにおいて、資源開発のための基準は公的機関あるいは法廷によって設定されてきた（McWhorter and Kappel 1983）。

トランキルの閉鎖に伴って地域における資源を開発するための基準は明確に述べられていないということが全てのセクターが認めていたことであった。あるサービス提供事業者は「決して基準というものはなかった。唯一の基準は資金に関わることだけであった」と述べた。しかし、州政府の予算の配分の仕方については正しく認識されていた。あるＢＣＭＨＰ関係者は以下のように強調した。

「州政府の予算はグループホームや日中活動に配分されていました……。日中活動は知的障害者にとってのあるサービスの形態を作り上げているという認識が最初にありました。本人たちはたとえ当初はその規模が小さなものであったとしても日中の間は移動させられたり、どこかに行ったりしなければなりませんでした」。

人的資源省は職員の水準、グループホームの安全性、栄養、他の基本的な物理的側面を明示した書面の認可基準に関する唯一のものがあると述べていた。この「コミュニティケア施設の認可に関する法律」が一九八四年夏に健康省の役人によって活用され、車椅子から「移乗ができない」人々は地域生活する資格がないということが決定されることになる。こうした基準の結果として、一九八四年九月にトランキルの入居者五五名は他の入所施設であるグレンデールへ移行された。第9章においてグレンデール問題について、この問題が地域における基準や地域生活・脱施設化の方針ということに関連するためにより詳細に検討したい。

人的資源省の州政府の役人は「基準は個々人のニーズに関するものである」と強調していた。彼らは「重度障害者のためにだけ実行できる基準はない」と信じていたのでこのようなことが述べられた。ある人的資源省の役人は「基準はとても厳しく、息苦しく、あなたがたの取り組みを後退させてしまう」と述べた。

人的資源省の役人は「当初は一〇名以上の居住サービスにはならない。それが基準である」と考えていた。様々なアソシエーションやサービス提供事業者が入札に参加するまで、多くのグループホームは三～六名のものとして設計されていた。地区の人的資源省の職員はアソシエーションが彼らの考え方に与えた影響について以下のように強調した。

「私たちは単にミニ施設を再び作っているに過ぎないという方針から始めていたことは確かでした。そしてアソシエーションの方々と座って話をしたときに、彼らの哲学的観点とは私たちが最小限の制約された環境という原理を捨てるべきではないということでした。そのときから、私たちは最小限の制約された環境という原理から問題を見ていき、自然なモデルを作り上げました」。

しかしながら、私たちの調査結果からは、当初は全てのアソシエーションが小規模グループホームに積極的に取り組んでいたわけではないということが分かった。地元のアソシエーションの責任者が小規模グループホームを計画するように説得する上で、ディベロッパーによるネットワークは大きな影響力があった。ディベロッパーは、ディベロッパー同士の、またはBCMHPとの公式的なネットワークゆえにグループホームの設置基準に対して最も大きな、間接的な影響を与えることになった。ディベロッパーは小規模の個別化された環境を作るという現行の流れによく精通するようになり、いくつかの地区ではこうした選択肢についてアソシエーションやプロジェクトチームに対して研修が行われた。あるサービス提供事業者はディベロッパーの重要性について言及し、資源開発を「変革と学習」の過程として位置づけていくべきではないかと述べた。

いくつかのサービス提供事業者は資源開発過程について述べるとき、彼らが行った価値に基づく決定についてしばしば言及した。ノーマライゼーションの原理は明らかに地域にある資源開発に影響を与えていた。あるサービス提供事業者は次のように説明していた。

「計画をする際に……、私たちは家やアパートのような様々な場所をリストに挙げていました……。この際に私たちはこれらの場所が交通機関や、本人たちが必要とする全ての一般の事業所にアクセスのしやすいところになるように決定していました。このとき私たちはすばらしい区域にあるすばらしい家にするように決めていたわけではありませんでした。私たちの法律では五名の互いに血のつながりのない人たちが一緒に生活することを認めています。私たちが行ったのはそのようなことです」。

地域資源が質の良いものであり続けるようにする一つの方法は質を保障する継続的な仕組みを作ることである（Wray 1983）。施設閉鎖プロジェクトの終盤にかけて、人的資源省は質の基準に関するいくつかのマニュアルを作り始めていた。しかしながら、BCMHPは人的資源省への二月の書簡において、これらは最小限の基準であり地域における非営利あるいは営利事業所によって提供されるプログラムを検討しモニターするための安全対策が講じられなければならないと述べた。

「サービス提供事業者と州政府との間の契約において、年次評価についての項目が記されています。しかし、人々を招集しこのことを実施する人がいない場合には、こうした紙面のことだけではあまり役に立たないといえるでしょう」。

個別サービス計画の影響

第7章では個別サービス計画の策定過程に関して様々なセクターの認識について検討した。ここでは資源開発に関わる個別サービス計画の影響について簡潔に検討したい。

私たちの調査結果からは個別サービス計画は地域における資源開発にはあまり直接的影響を与えて

いなかったということが示されている。例えば、全てのサービス提供事業者は個々人のニーズに対応するときに個別計画はあまり役に立たないと述べていた。同様に、サービス提供におけるグループホーム」モデルを受け入れるということは、サービス提供事業者が本人たちのグループのためにホームを見つけることに集中する傾向があることを意味した。

個別計画のいくつかはサービス提供事業者が探すべき資源の種類を検討する際に影響を与えた。あるサービス提供事業者はこの過程について以下のように述べた。

「私たちは私たちの入居者を見ていましたし、彼らの全体的ニーズを見ていました。そのホームは彼らのニーズに合わなければならなかったし、その環境は彼らのニーズに合わなければならなかった」。

ディベロッパーや多くのサービス提供事業者の目標が個別化されたサービスを計画することである一方、これを行うことは施設閉鎖過程が進むにつれて困難になった。あるディベロッパーは地域における多くの他のセクターの不満について次のように語った。

「それで最初はすごいと思いました。彼らの長所や短所、好みや嫌いなことを補い認める本人のニーズに則して作られたホームや日中活動を作るのだと考えていました……。しかし、プロジェクトチームの職員(人的資源省からの)に関する限り、彼らは各地区でどのくらいの財源があるのかと予め知っており、全てが本人のニーズに則して作られた資源を見つけることが全く不可能であると分かっていたので、取り組みが進むにつれてそれは難しくなりました」。

資源開発における家族の参加

全般的サービス計画の策定過程の期間に息子や娘とつながりのあった数少ない親は資源開発に関わるようになった。興味深いことに、私たちがインタビューをした資源開発に関わった全ての親はアソシエーションに関与していた経験があった。親からのコメントからは彼らが資源開発に関与することが重要であるが、施設閉鎖の進行が速かったがために個別化された資源開発は困難であることが分かった。

同時に、資源開発に関与した親はそうすることによって**施設閉鎖過程における内部関係者**のように感じることができた。ある親はサービス提供事業者から何を期待し、何を要求できるのかが分かっていると感じていた。こうした親はまた参加することによって、息子や娘の新しいホームを準備することに貢献できることが重要であると強く思えるようになった。最後に、他者に知られるようになることの重要性を認識し、彼らを以前は無視してきたアソシエーションに何らかの影響を与え始めていると考えていた。

「私はこのグループホーム委員会のメンバーでしたが、私たちはあまり準備ができていない状況でした。彼らはフランクが施設を退所すると私に言ってきました。私はそれを信じられませんでした。そのときまで私はとても心配していたからでした。ホームは計画されつつありましたが、この過程に息子や娘が参加することはありませんでした」。

これらの親は息子や娘に関わりたいという思いとインクルージョンや参加という価値とを「統合」させていた。

とても数は少ないが、ある親は資源開発の過程に消費者としてかなりの程度関与していた。息子や娘のためにサービスを提供する新しいアソシエーションを結成したヴァーノン出身の小さな親のグループの事例を紹介しよう。

「人的資源省によって開かれた初期の頃のミーティングでは、BCMHPの職員や地区プロジェクトチームの職員が地域生活協会（以下、CLSと略記）をその地区の選択肢として紹介してくれました。その後、何組かの親はバンクーバーにあるCLSを訪問しました。これはCLSの地域生活モデルを学習することや地域にあるホームを訪問することが含まれていました。

これらの親は地域生活モデルに強く関心をもつようになり、ヴァーノンに帰り、他の親に自分たちの地区でもこうしたアプローチを実行すべきであると説得していました。これらの親は自らの地域において他の潜在的なサービス提供事業者を知らなかったので、親が運営する組織がふさわしいと信じるようになりました。彼らはBCMHPや人的資源省の地区職員から様々な支援を受けました。

すぐに、このグループは新しいアソシエーションとして結成され、彼らは職員を雇い、入所施設から息子や娘を出身地に戻すプロセスを始めました。この期間、彼らはCLS、人的資源省の地区ワーカー、BCMHPから何らかの支援を受けていました。当初の理事会のメンバーは全て入所施設に息子や娘がいる親によって構成されていました。彼らは八名の息子や娘が入居できる二つのホームを開設しました」。

資源開発における利用者の役割

私たちの調査結果から地域において開発された資源の利用者である入所施設の入居者はこうした資源の認定や開発にほとんど参加していなかった。資源を開発した数名の人たちはこのことについていくつかの方法で説明した。

- ・トランキルの入居者は資源が開発されていた地域からは遠い存在であり、彼らが前もって新たな地域を訪問することを期待することは到底できなかった。
- ・トランキルの男性と女性の多くは言葉を話せず、自らの好みを表現し移行過程に反映させることは困難であった。
- ・単に利用者に関わってもらう時間がなかった。すなわち、施設閉鎖期限が実際に迫っている状況であった。

ほとんどのインタビュー対象者の発言から、地域やサービス提供事業者が利用者に資源開発の局面に関わってもらわなかったのは彼らがそうしたことについて考えることをしなかったからではないかと私たちは考えている。なぜ入居者が全般的サービス計画の策定過程にほとんど関与しなかったのかということについて第7章の議論で述べたように、これは「精神遅滞」とラベルを貼られている人々は彼らの生活に影響を与える主要な決定に参加できないと歴史的に強く信じられてきたからかもしれない。私たちの調査結果から人々はノーマライゼーション原理を理解し実行していることが多く示されてきたが、利用者が計画やその実行に関与するという考えは理解もされておらず、大切にもされていなかった（Hutchison *et al.* 1986）。

資源開発の期間における交渉の重要性

施設閉鎖のような大きな計画の変化期では、ある種の衝突はほとんど避けられない。アメリカ合衆国における脱施設化過程において法廷がこうした対立の仲裁役としての役割を果たし、いかなる資源が開発され誰がその質をモニターする責任を担うべきかを決定してきた（Conroy and Bradley 1985; Rothman and Rothman 1984）。私たちの調査結果からはトランキルの閉鎖においては、州政府とサービス提供事業者の交渉が資源開発の期間において衝突を解決するための主要な役割を果たしてきたことが分かった。

ストラウス（Strauss 1978, p.2）は交渉を、物事を解決する際に各セクターが互いに対処しなければならないときに事柄を達成するための可能な手段の一つと定義した。資源開発に関わる交渉の場合は、人的資源省の地区職員とサービス提供事業者は双方とも互いを必要としていたということを理解するのにこの定義は役立つ。サービス提供事業者は人的資源省からの資金提供や契約上の承認を明らかに必要としていた。一方、人的資源省はサービス提供事業者に入所施設から退所する人々のためにサービスを提供してもらう必要があった。双方のニーズのために、双方が交渉過程においていくらかは対等だと一見すると見えるかもしれない。しかし、私たちの分析では、人的資源省はサービス提供事業者よりもはるかに強い権力と管理権を有していた。ある労働組合の責任者は次のように語った。

「地元のアソシエーションと他のサービス提供事業者は……、彼らは不幸なことに各省の有する交渉術には及ばない状況でした」。

交渉は広範囲にわたり、資源開発の五つの主要な側面に関わるものである傾向があった。すなわち、グループホームの規模、グループホーム内のグルーピング、長期介護の必要とする人は誰なのか、職員の能力開発、資金提供、である。交渉過程を示すためにこれらのいくつかの領域を例として取り上げよう。

一つの例外を除いて、サービス提供事業者は人的資源省との交渉は長々と時間のかかる、困難で必要のないものであったと感じていた。ディベロッパーも交渉過程に深く関与していたがこの過程に対しては不満を感じていた。

興味深いことに、人的資源省の州としての考え方はサービス提供事業者と人的資源省の地区チームとの交渉は「十分なプロセス」であったということであった。同様に、地区の人的資源省関係者も交渉においてなんらかの対立はあったと述べていたが、地元のサービス提供事業者と彼らの経験について議論をする際にコミュニケーションや問題解決の肯定的側面を強調していた。これらの異なる見解を理解するために、関係者のその過程への直接的経験について検討する必要があった。

人的資源省が地元のサービス提供事業者に計画書を提出するように依頼したときに交渉は始まった。あるサービス提供事業者はその際の困難な事情について次のように語った。

「……彼らは計画書を提出するように頼みました。しかし彼らはどのようなことに取り組むべきなのかということについてでさえガイドラインは全く提供してくれませんでした。私は（他組織から頂いた）省も承認した予算についてのガイドラインを参考にしました。私にはガイドラインがありましたが、何も持っていない人たちのことをひどく心配していました。こうした人たちは何をすべきかが分からず精神的にまいったまま放置されていました」。

交渉はまた、多くのグループホームを抵当に入れていた土地、公園、住宅に関わる各省との間でなされなければならなかった。

「私は土地、公園と住宅関連の省を何度もまわりました……。彼らは暖炉について不平を言い続けていました。プリンス・ジョージには暖炉のない家などほとんどありません。それから障害者が暖炉を持てないと書いてある規則があるとは知りませんでした」。

いくつかのアソシエーションは勇敢に省と対等に関わろうとしていた。

「私たちの理事会は省に積極的に関わることを決めて、私たちが省との対等なパートナーと呼んでいるものになろうとしていました。そして、このことはうまくいきました。省は私たちと対等なパートナーであるとは決して言いませんでしたが、『分かりました。私たちはそれを行いますが、これについてはあなたががしてください』と言っていました」。

しかしながら、人的資源省はサービス提供事業者により強い権限を与えることを恐れているのではないかという不信感が徐々に高まった。サービス提供事業者は次のように強調した。

「人的資源省はある時点で自らが管理するのを諦め、親のグループに依拠し、そしてそのように促すようにしなければなりません。彼らは両方の方法をとれません。つまり、もし人々に自発的に物事を進めてもらうつもりなら、彼らに自己決定権を与えなければなりません。それはおそらく私たちの問題のうち七五%の責任を担うことを意味したでしょう」。

新しい資源への資金提供の過程によって、サービス提供事業者は交渉が対等になされていないと意識するようになった。

「私たちは徐々に地元の人的資源省の人たちは本当に自律する権限をもたず、このことは地区マネージャーですらそうであると意識するようになりました……。地区マネージャーが私たちに伝えたことはしばしばビクトリア（州都）によって修正され、あるいは変えさせられました」。

サービス提供事業者が集まり、地域資源のための資金額を比較した際に、人的資源省が全ての地区のために同じ資金額を提案していたことが分かった。その資金は確かに十分なものであったが、この過程は以下のように考えていたアソシエーションを困惑させた。

「『人的資源省』はこの計画の中では私たちが協働するパートナーだと認識させてきました。しかし実際は、彼らはどのくらい与えるのかを知っていて、このために私たちは多くの頭の体操をしました。彼らができることは全体の過程を経ずに『この額でそれをしたいのであれば、ここにお金があります』と言っていることくらいです……。彼らには全体のカードがあり、協力的に振る舞いたい様子でした……。ビクトリアの省のみが権力をもっていたのは明らかでした」。

入札過程には全ての人に資源開発のために一つの統一された形を採用するように圧力をかけていく側面があった。BCMHPは交渉がもともと政治的であることを認識しており、意識的に資金提供に関する過程に影響を与えようとしていた。交渉が進むにつれて、BCMHPは地元のアソシエーションに互いに協力して計画するように促していた。BCMHPの職員は「これによって何よりも資金提供において統一性が生まれる」と考えていた。BCMHPはこうした「積み重ねの」過程によって、提案した高い日割り額の資金提供が認可されるかもしれないと考えていた。

サービス提供事業者はまた計画書の作成や書き直しの過程について非常に心配していた。サービス提供事業者によれば、これは長期にわたる、長々と続く、不満の高まる過程であった。この過程では、計画書が「人的資源省が予め決めていた最低限のところに達するまでサービス提供事業者に戻され続けた」。別のサービス提供事業者は「人的資源省がサービス提供事業者との交渉の面で全面的な力をもち、資源開発においてほとんど妥協もされることはない」と述べた。グループホームの規模がしばしば根本的な交渉のポイントとなった。あるサービス提供事業者はこの過程について次のように述べた。

「私たちは三名の入居者のための計画書を提出しました。私たちが座って交渉をした際に、省の人は四名のためであったらと言いました……。私たちは多くの時間を費やし……、職員の配置を行いその数を再調整し、それを提出して交渉の場に行ったのですよ。このとき彼らは『えーと、四人でなく三人なのですか！』と言いました。そのとき私たちの会計係（省を意味する）はこう言いました。『それでは数を減らしてみましょう。それであなたがたは私たちにどのくらいのことをしてくれると言ってくれませんか。それからこの計画を実行できるかどうかを伝えましょう』と。……なぜ私たちは五月、六月、七月、八月と計画書を練らなければならなかったのか未だに分かりません」。

いくつかのサービス提供事業者にとって交渉のうち最も不満だったことの一つは、誰を支援することになるのかを知らなかったことに関係していた。

「私たちの場合は四名の名前だけを与えられて、それが二〜三回変えられたと思います……。正確に誰を支援するのかを分からなければ計画を立てることは難しいです。同様に、一九八四年夏にトランキルから五五名がバンクーバー島にある他の入所施設に移行すると宣言された際に、このことは交渉の内容を再び変えてしまいました。というのはこれらの五五名のためにあったたいくつかの計画を変えなければならなかったからです」。

交渉過程の結果

サービスを開発する交渉過程のいくつかの結果について以下に述べよう。

・州政府は資源開発過程において中央集権化された権力を使い管理した。その一つの結果はいくつかのサービス提供事業者の間で州政府の地区事務所に対する不信感が高まったことであった。一つの重要な例外としては、**グループホームの規模については、六カ月の間にとても小規模なもの**

になった。これは交渉ではなく、計画書を提出し小規模の地域居住環境を強調した地元の団体による教育やエンパワメントによるものであった。

・私たちの調査結果からは、**経験の少ない交渉担当者はこの過程に対してより強い不満を抱きがちであるということであった。**サービスを提供していた多くのアソシエーションはこの種の集中した、時間も限られている交渉の経験が少なかった。この結果、多くのサービス提供事業者は自分たちの資源を改善しうる重要な関心事項についてこれまで対応されてはこなかったと考えていた。

・長期にわたる交渉のために（少なくとも一つの地区ではそうであった）、以前のトランキルの職員による組織のようないくつかの独立したサービス提供事業者はこの過程から脱退してしまった。**長期間の交渉は**関連する事務を全て終わらせることのできる職員を有する**より大規模なアソシエーションやサービス提供事業者には有利になる**ようにみえた。

・資源開発のための規則が開発過程の間に変更されたことによって、競争的でいくらか緊張した過程を生み出すことになった。時間の制約も重なり、これらのことは個々の障害者のために働く支援団体のニーズや入所施設から地域に戻る人たちの雇用の重要性など重要事項についての交渉を困難にした。私たちの調査結果からは**検討するテーマや課題の面で交渉は狭い内容に限定され**

ていたことが分かった。交渉につく全てのセクターはあまりにも物理的な資源開発だけに関心をもっていたため、トランキルから退所する男性や女性たちのニーズを考慮していなかった。

専門家による支援チームの開発

各地区の人的資源省事務所は専門家による支援チームを作ることになっていた。このような専門家による支援についての規定は非常に幅広く、どのようにチームを結成すべきなのかということについて各地区で様々な違いが見られた。本質的なことは、各専門家によるチームはトランキルからの退所者に関わるサービス提供事業者をバックアップすることを期待されていたということであった。これは「現場での」介入という形態をとったり、現場研修や職員の能力開発のアプローチをとったりする場合があった。各地区における主な違いは下記のように示すことができる。

・より都会の地区では重度障害者と関わる経験をもつ完全に訓練された心理療法士が雇われた。
・いくつかの地区では、重度障害者と関わる地域の経験のある訓練された心理療法士、看護師や特別支援教育の専門家を雇うことができなかった。
・いくつかの地区は他地区よりも現場での研修を重視していた。そのようなところでは、最初の年は行動管理に関わるアプローチに焦点が当てられる傾向があった。興味深いことに、施設閉鎖の二年目の年では職員研修や能力開発はより基本的な行動訓練のスキルというよりも本人が学習する力をもてるような方法を教えることが強調されるようになったようにみえた。何人かの親は教育と支援のある地域のホームと、主に保護的対応をする入所施設との違いについてコメントしていた。第10章及び第11章では、地域生活についての調査結果を示したい。

要約と結論

資源の認定と開発に関わる私たちの調査では、施設閉鎖過程の初期の局面がいかに資源開発に影響を与えてきたのかということを述べてきた。私たちのデータでは資源開発で想定されたことやモデルが施設閉鎖期間におけるその後の取り組みにいかに影響を与えたのかを示している。主な調査結果とそこから言えることについてここで明らかにしておこう。

一、施設入居者であった男性や女性がそれぞれの住んでいた地域に戻ることが歓迎されるように、州政府が要望したことに対してブリティッシュコロンビア州の各地域は肯定的に対応してきた。地区の州政府事務所は資源開発を行う意向のある適切な数のサービス提供事業所を探し出すことに苦労はしなかった。地域のグループホームは主要な資源となったが、地域の最小限の抵抗で開設できた。唯一の例外はカムループスであり、そこでは地元の資源を活用しようとする際にある種の対立が生じた。

将来における施設閉鎖及び脱施設化プロジェクトにおいてブリティッシュコロンビア州の閉鎖

過程からは多くのことを学ぶことができる。第一に、サービス提供事業所が施設閉鎖過程に初期の段階から参加し個々の家族に関わることによって、明らかに彼らは必要とされる資源開発に柔軟に対応することができるようになった。第二に、**小規模の資源を認定し開発すること**によって、サービス提供事業者は彼らの存在に対して不必要なほどの注意をされることなく地域や近隣関係の中に統合されやすくなった。このたびの施設閉鎖によって作られたグループホームはカナダのこれまで脱施設化の取り組みで作られたものより小規模であったが、それはディベロッパーの役割、ＢＣＭＨＰの家族支援戦略や地元の州政府担当者の感性によるものであったに違いない。

二、州政府は居住のための資源を開発するために十分な資金提供を行った。州政府担当者によれば、その総額は入所施設に投入される費用と同額のものであった。**地域への十分な資金配分は将来における脱施設化において重要な課題となると強調したい**（CMHA 1987）。

三、このたびの施設閉鎖期間において資源開発の方法はかなり**画一的**であった。グループホームや福祉的な日中活動が主な直接対人サービスの資源になりがちであった。サービス提供事業者は資金提供の優先事項と州政府の交渉姿勢のために選択肢が制限されたものになったと考えていた。私たちの調査結果からは全てのセクターによる資源開発の捉え方がその後の取り組みを画一的なものにしたということが示された。施設閉鎖に関連する厳しい日程もまた新しいことを行うことを制約する一因であった。

私たちがインタビューをした数名の人たちは施設閉鎖期間におけるより個別化されたアプローチに関心を示していたが、サービス提供事業者とのみ契約がなされており直接本人が利用できない資金提供の仕組みのために諦めざるを得ないと感じていた。個別化された地域資源に焦点を当てる新しいシステムは将来における脱施設化の取り組みにおいて考慮しなければならないものである。例えば、カルガリー自立生活アソシエーションは「個人サービス・ブローカリッジ」システムを活用しており、これによってブローカーは本人がどこで生活したいのか、地域に参加するためにどのような資源を必要としているのかを決定することを支援している。本人は最終的に給付金や必要な支援を行う職員の雇用の責任を担っている。言語コミュニケーションが困難な本人のためには、ブローカーがより積極的な役割を果たし、権利擁護者あるいは家族が本人を支援できるようにしている（Lord and Osborne-Way 1986）。こうした根本的に異なるシステムによって資源開発の権限や管理をサービス提供事業者の手から本人、家族や権利擁護者の手へと移すことができる。

四、**各地区の多様性は主に専門家による支援チームや家族の参加という点において見られた。**支援チームの構成は専門家にアクセスできるかどうかに依拠しているようにみえた。同時に、チームのアプローチという点でも差異が見られた。親が資源開発に重要な形で参加していたのは二つの地区のみであった。家族による参加は主に、資源開発を行うアソシエーションの委員会への親や他の家族による個人的参加であった。それは同時に、息子や娘への資源やサービスを計画し提供するために小さな親のグループが組織を結成するという形態をとった。

資源開発に広範囲に参加した家族のメンバーは施設閉鎖のこの段階によってとてもエンパワーされた。初期の親のミーティングは家族にとっては「入口」としての役割を果たし、全般的サービス計画の策定過程は彼らの参加を「前進」させる方法であったが、資源開発に参加した家族は本当の意味で地域生活や利用者参加に関わる価値や信念を「吸収」したようにみえた（Kieffer 1984）。私たちはまたトランキルの親が地域生活をする息子や娘に関わる問題に対処するための新たな力や意志をもったことが分かった。彼らは今では息子や娘の人生や暮らしと明確につながるアイデンティティを獲得した。多くの点で彼らは「内部関係者」となったが、息子や娘のニーズが充足されるように積極的に行動しなければならないということが分かっているようにみえた。

五、交渉は資源開発過程において重要な役割を果たした。サービス提供事業者と人的資源省プロジェクトチームはグループホームの規模や必要な資源のための資金提供について幅広く交渉の場に参加した。私たちの調査は交渉が政府の意思決定の典型的パターンには影響を与えなかったという先行研究（Strauss 1978; Hadley and Hatch 1981）を支持する結果が示された。一方、**グループホームの規模**は資源開発の局面においてごく**小規模なものとなった**。このことは交渉スキルや州政府役人の開放性を示している。

同時に、ビクトリアの州政府による決められた資金提供のパターンによって、交渉可能なことが制約された。将来において施設閉鎖に関わる人々はブリティッシュコロンビア州で作られた広範囲にわたる地区ごとのインフラストラクチャーを開発することでうまく取り組みを進めることができるであろう。同時に資金提供が個別化される方法を検討することによって、本人、家族そしてサービス提供事業者と各地区の州政府関係者間の交渉を通してより本人のニーズに対応した資源が創出されうる。

この施設閉鎖期間における資源開発についての注意深い分析から明らかになったことは、この過程に含まれていなかったことがあるということである。物理的資源に依拠し、地域に戻る本人のソーシャルネットワークをほとんど完全に無視していたことは、資源開発についての考え方がバランスを欠いたものであったことを示している。第11章における調査結果からは資源開発についてのいくらか狭い考え方がどのような結果をもたらすことになったのかが示されている。将来において施設閉鎖の取り組みを行う上で、資源開発の認定と開発の過程を広範囲にわたるインフォーマル且つ地域の支援を含むものへと広げていくことが重要である。

第9章　グレンデール問題——政策と価値の衝突

施設閉鎖宣言からほぼ一年後、州政府はトランキルの多くの人たちをバンクーバー島にある州立入所施設グレンデールに移行させると宣言した。この決定は施設閉鎖過程にとって重大な結果をもたらし、権利擁護者・家族と州政府との間に広範囲にわたる衝突を引き起こした。

複雑なニーズをもつ重度障害者が脱施設化過程の期間に入所施設に取り残されるということは、とても共通する事態である。しかし、入所施設が閉鎖されているときに他の隔離された生活環境へと人々を再入所させることは、州の政策と障害者の権利を擁護する人たちの価値との衝突を劇的な形で示すこととなった。施設閉鎖のこの局面において、再び人々はより大きな変化に対処し、自らの行為を他者の行為と「調整」しようとする状況をみていくことになる。

本章では、グレンデールの事例をみていくことでこの問題についての様々な見解を検討したい。同時に、こうした衝突を解決してくことが将来における脱施設化の取り組みにいかに重大な影響を与えることになるのかを強調したい。

背景――長期ケアの問題

これまでの二つの章では、一九八三～一九八四年の秋と冬の間に、家族、入所施設の職員、地域のサービス提供事業者、権利擁護者が施設閉鎖の一環として彼らの計画を実行しようと非常に忙しい日々を送っていたことをみてきた。こうした状況の裏で人的資源省は健康省と数カ月にわたって「長期ケアに値する」と考えられた入居者の位置づけについて交渉してきた。この問題はトランキルの入居者の多くが長期ケアに値すると考えられてきたため、彼らに直接関係する事柄であった。いくつかの他州と同様、ブリティッシュコロンビア州における長期ケアは二四時間ケア・支援を提供する入所施設や生活環境を意味した。

人的資源省と健康省のこうしたミーティングにおいて、職員はトランキルの五五名の入居者を人的資源省から健康省へと管轄を移行させることを含めて多くの課題や選択肢について検討していた。検討すべき選択肢について決定する過程において、人的資源省と健康省はトランキルの六〇名以上の人たちのアセスメントを行った。一九八四年の一月上旬、「長期ケアに値する」とカテゴリー化された六一名の入居者について人的資源省から健康省へと管轄が移行されることが決定した。いずれの省も当時、この決定について公式に発表しなかったため、これら六一名の入居者のための計画は施設閉鎖過程として彼らを受け入れる予定をしていた地域では継続していた。

こうした裏での取り決めはＢＣＭＨＰ関係者を不安にさせた。彼らは「長期ケアに値する」と人々にラベルを貼ることによって、健康省は本人を長期ケア入所施設に移行させ、あるいは、本人を他の人的資源省管轄の入所施設へと移行させる口実として使われるかもしれないと懸念していた。機会を得てＢＣＭＨＰは地元のアソシエーションにこの問題に注意を払うように促した。二月一七日になって初めてＢＣＭＨＰの会長は直接、人的資源省にこの問題についていかなる立場をとっているのかを明らかにするように求めた。人的資源省に宛てた書簡の中で会長は次のように述べた。

「人的資源省によって『長期ケアに値する』とラベルを貼られた人たちの家族は彼らの息子あるいは娘たちを人的資源省から健康省の管轄に移行させる決定について関与をしていないし、知らされることもありませんでした。人的資源省はトランキルにいる彼らの家族のためにどのような特別な意図をもっているのかをはっきりと表明できますか?」

この問題についての州政府の決定過程は非常に遅いように思われた。例えば、五月下旬になって、健康省は「健康省と人的資源省の協働で最近実施したアセスメント」によって、「長期ケアに値する結果、他のブリティッシュコロンビア州の人たちと同様にそのためのサービスや便宜が提供されるべきである」入居者を認定したと発表した。

トランキルに息子や娘がおり、個別サービス計画の策定過程に関与してきた多くの家族は省が多くのトランキルの入居者を再分類することを検討していたことに気付かなかった。一九八四年五月二七日に、人的資源省の発表したニュースによってこの事態が明らかになり、長期ケアの問題が明確に医学モデルの中に位置づけられることになった。

「トランキルの入居者三二一名のうち、六三名は圧倒的に医療ニーズのある人たちだと認定されました。これらの入居者は安全や福利が保障されるためにかなりの医療サービスを必要としています。サービスは健康システムを通して提供できるのが最も良いことです。これらの医療ニーズのため人的資源省と健康省の職員は協働で入居者六三名のアセスメントを実施し、本人のニーズを最もよく充足させるためにどのようなプログラムやサービスが提供できるのかを議論しているところです。様々な選択肢について検討されています。検討している選択肢のどれもこれらの人たちが現在受けているケアの標準あるいはサービスの質を低下させるものではないと強調することが重要です」。

計画の変更

一九八四年春の終わり頃、地域ケア認可部局の検査官がロイド・ハンセンに会った。ハンセンはプリンス・ジョージにある子ども用のグループホームで生活し、彼がもはやそのホームで生活する資格を有しない成人になろうとしていた。彼は成人用グループホームへの移行について検討されていたが、地域ケア認可部局検査官はハンセンが長期ケアに値するので成人用の地域のグループホームでは生活できないと決定した。

こうした決定は数時間後に省に伝わり、二日後に二人の人的資源省の上級公務員はプリンス・

ジョージの地域ケア認可部局にこうした規定は時には変えられてきており、柔軟に検討され続けるように依頼した。当部局は長期ケアに値する人たちのために地域のグループホームを認可はしないと決定した。地域ケア認可施設法が長期ケアに値するとされた人たちが地域生活するためにはある一定の基準を満たす必要があると示していると彼らは考えていた。**この注目すべき主要な基準とは、本人が自らの車椅子から椅子あるいはベッドに「移乗する」能力があるかどうかということであった。**

この出来事は人的資源省や健康省が最終的な決定をする上で非常に重要な役割を果たしたように思われた。確かに、ある時には双方の省は長期ケアの問題に対して「解決策」を見いだそうとしていた。同時期に健康省が長期ケアの必要な人たちのために中規模の医療施設を建設する可能性について議論するために内閣へのプレゼンテーションが行われた。この選択肢については内閣からきっぱりと拒否された。その直後、六三名のうちの何名かを長期ケア施設に移行させ、残る四一名を他の入所施設に移行させ人的資源省の管轄のままに置くことが決定された。

施設閉鎖宣言からほぼ一年後に当たり、ロイド・ハンセン事件の二週間後の七月九日に、人的資源省長官グレース・マッカーシーは報道記者会見の場でこれら四一名の入居者について言及した。

「医療的に虚弱で医療専門家による一日二四時間ケアの必要な少数の入居者がいます。こうした人たちの特別なニーズは健康省と共に人的資源省によって注意深く調査されてきており、入居者の両親や家族と話し合いがもたれています。継続的な医療上の配慮を強く必要とするために、これらの入居者は質の高いケアを提供するビクトリアのグレンデールに移行することになるでしょう」。

地域移行が予定されていた多くの人たちを再入所化する州政府のこの決定によって、州政府と地域生活を擁護する人たちとの間の政策と価値の大きな対立が表面化した。この問題はその後の施設閉鎖にとって全国的に重要な意味をもつので、（グレンデールの決定によって影響を受けた）州政府、権利擁護者、家族の考えや主張を簡潔に明示していこう。

州政府の見方

私たちが話をした州政府の役人は長期ケアに値する本人を他施設に移行させることを支持する様々な主張をした。ある高官は以下のように強調した。

「法律ができないと言っていますし、本人たちのアセスメントをして彼らについて学ぶにつれて、彼らのニーズをどこで充足させられるのかを（私たちは知るようになりました）……。地域ケア施設への入居が許可されるためにはある基準を満たさなければなりません。それらの基準は医療的なものからセルフケア・スキルを含めた他の問題にまで及びますし、単に移乗の能力ばかりではありません。それはまた、火災、衛生や栄養に関わる基準も定めています」。

地域ケア認可法は以前、福祉施設法として知られていた。ある役人は「以前の法律が虚弱者を保護するために改正されたのは、地域で暮らしているが、適切なケアを受けていない高齢者や障害者についての地域住民の不平によるものであった」と述べた。ある高官は「私たちは政策に基づき仕事をする」と述べた。

ある州政府関係者はノーマライゼーションという観点から長期ケア政策を捉えていた。

「……精神遅滞者は地域で他の人たちと同じように扱われるべきです。それは私たちが誓約したことであり、ブリティッシュコロンビア州及び全国の全ての権利擁護団体が支持していることでした。それは障害者が全ての省のサービスにアクセスできることを意味していました」。

長期ケアに値するとされた他の人たちは適切な施設に入所されているので、長期ケアに値するとされた人たちの地域生活を擁護する人たちは「彼らを他の市民と同様に扱いたくはないのだ」と示唆することによって、ノーマライゼーションの主張は長期ケアの問題に拡大解釈されていた。

人的資源省の見方からは彼らがいくらか健康省との間の管轄上の問題に囚われていると強く感じられた。数名の高官は「彼らを地域に移行させたかったたです。それが当初からの私たちの方法でした」そして「それは私たちの信念であり、私たちの経験からそれが最も良い資源であることが分かっています。しかし、現実的問題が生じました」と認めた。

人的資源省の州政府関係者は他施設に移行される人たちは医療的に虚弱であるという長官の考えを強く支持した。

「多くの身体的且つ医療的ニーズがあります。二四時間の看護ケアが求められるでしょう。彼らを地域に移行させることができますが、小さな入所施設をつくることになるでしょう……。私たちは現行の法律のもとで仕事をしていますが、それらは本当の意味でのホームではないでしょう。今では長期ケアに値する人たちは長期ケアに置かれるべきであり、地域に移行させないでほしいという長期ケアの人たちからの声明が出されています。グレンデールに行く多くの人たちには健康上の危険が非常に明確にあります。私たちは本当にこの危険性について心配しているのだと思います……」。

移行される人たちの医療ニーズについて強く強調しているが、省はまたそのような移行は必ずしも永久的なものではないと強調した。この点で省は人々がどこで生活するのか、制約の少ない環境に移行するかは彼らの能力次第であると捉える**継続性のあるサービスモデル**を信じていることを表明していた。州政府関係者からのコメントにはこの視点が繰り返し述べられていた。

「……彼らのニーズが変化するときまでグレンデールにいることになるでしょう。そのときにおそらく地域に移行できるでしょう。トランキルでは本人たちが高い能力のレベルに達して退所していきました。私たちは当時それを見たので、再び見ることになるでしょう。グレンデールは道の終わりではありません。ニーズが変わるそのときまでグレンデールにいることになるでしょう」。

双方の省が本人を他施設に移行することを決定すると、彼らは彼らの見方に異議を申し立てるメディアや権利擁護者に対して協力して対峙《たいじ》した。施設閉鎖過程の初期において見てきたように、州政府は彼らが権利擁護者によってメディアで批判され、後にはオンブズマン事務所によって批判されているときに「待ってやり過ごす」という戦略を再び採用した。「待ってやり過ごす」という人的資源省の一つの戦略は、数名の州政府関係者から「極端に政治的に」なったと捉えられた権利擁護者と議論する扉を単に閉ざすことであった。

この期間のあいだは州政府の団結性が維持される一方、**数名の地区人的資源省関係者は異なる見方をもち**、本人を他施設に移行させることに対してより不安を感じていることが私たちの調査で分かった。地区の職員の見解はどの程度彼らが本人たちの計画に関与していたのかにいくらか依拠していた。ある地区職員は次のように強調して述べた。

「施設閉鎖過程の初期に関わった人たちは全ての人たちを地域に移行させるという本当に強い熱意をもって関与していたので、グレンデールに移行させるという決定には賛成していませんでした。二五年前に私たちはトランキルで生活するほとんどの人たちが地域では生活できないと考えていました。私たちは間違っていました」。

地域移行の計画において本人や家族と親密に関わりながら働いていた地区人的資源省の職員は「足元をすくわれた」と感じた。皮肉なことに、トランキルの職員による移行予定の本人についての独自調査によって、五五名のうちの三名のみが継続的な医療ケアが必要であることが明らかになった。現場の州政府職員のこの見方が他施設への移行を阻止しようとする権利擁護者やオンブズマンによって広範囲に活用されることとなった。

家族の認識

私たちがインタビューをした数組の家族のみがグレンデール問題によって直接影響を受けていた。この問題への家族の関与を理解するために、移行問題に関与した家族に直接働きかけていた多くの親の会のリーダーとも話をした。施設閉鎖過程における他の出来事と同様に、グレンデール問題に関わった家族は彼らの独自の視点からその状況について解釈し、状況に対処・適応しようとし、彼らの行動を状況に合わせようとしていた。私たちの調査結果から明らかになったのは下記の通りである。すなわち、**本人のための計画の策定過程に関与しているほど他施設への移行が本人にとって最善の利益にならないと信じているということであった。**言い換えれば、本人のことについて分からず、あるいはトランキルの入居者を強さとニーズのある個人として考えていない人たちはさらなる再入所を勧め、支持するだろうということであった。

施設閉鎖期間に息子や娘と再びつながりをもつようになった親は他施設への移行は息子や娘の最善の利益にはならないと強調した。ある母親のストーリーが、数組の家族が息子や娘の地域生活への移行にどれほど関与し、いかにグレンデール問題がその過程を大変混乱させてしまったのかを示している。

「ジャミーは開設予定のホームに移行するリストにあがっていましたし、そのリストが確かなものとして私たちは進めてきました。冬の間、私たちは隔週に一度、ミーティングを開き、それは継続されていました。私を怒らせたことの一つがラジオでグレンデールへの移行について聞いた友達からそれ（グレンデールへの移行）について聞いたことでした。彼らは五五名をバンクーバー島にあるグレンデールと呼ばれる場所に移行させると言っていました。初めてジャミーの名前が異なる種類のリストにあげられていました。彼らは彼を他の場所に移すつもりでした。これは計画が開始してから七～八カ月後のことでした。彼のための移行計画に招待されるということは、彼の地域へ帰る予定を前提にしておりました。

私がこの夏どのように過ごしたのかを語るのは辛いことです。毎日泣いていました。ジャミーのそばで過ごす人生を思い描いていました。私が生きている限り、彼のところに訪問して会いに行き、彼が元気にやっているのかを見に行くつもりでした。私にとってはそれがかなり普通のことのように聞こえていました。しかし、彼をバンクーバー島に移行させるなら、私の知る限りでは彼をシベリアに移行させるようなものです。それは非常に心の痛むことでした。私が彼に会いに行くごとに二五〇カナダドルの費用がかかるでしょう。でも私たちの地域では、車で走って行き、一時間あるいは一日過ごしても戻ってこられます。

アソシエーションの書面ではジャミーのための計画をしているので、彼を他のどこかに移す必要はなく、ここで大丈夫だと書かれていました。州政府はそれを拒絶しました。私たちは手紙を書き始めました。私の家族が書き、皆が書きました。ついに八月に彼を九月九日にグレンデールに移行させると彼らから言われました。私たちはオンブズマンに手紙を書き、ＢＣＭＨＰとミーティングをもちました。少なくとも五五組のうち一五組の他の家族も来ていました。

ジャミーは『医療的に虚弱である』とラベルを貼られていました。彼は虚弱ではありますが、かなり頑丈な体つきでした。彼は基本的には歩くことができませんし、移乗もできません。確かに入所施設を閉鎖するときはいつでも移乗できない人たちが残されています。彼らもまたホームに戻れるように他の何らかの対策が講じられなければなりません」。

息子や娘と再びつながりをもつようになり、彼らが出身地に戻るための計画に関わっていた親はこのストーリーを語る母親と同様の感情と結末を共有していた。ある親が語ったように、これらの親たちの「変化に対処」する能力は、「あまりにも大きすぎる」ものであった。施設閉鎖初期の過程でみてきたように、ある家族にとっては過去を克服し息子や娘と再び関われるようになるには非常に大きな努力を必要とした。それができた家族にとっては、地域生活との新たな関係性を築くことも意味した。私たちにとってグレンデール問題は、親の息子や娘とのつながりが地域生活や自分たちの家の近くに戻って来るという考えと密接に結びついていることが改めて強く示されている。**グレンデールへの移行は、これらの家族が経験したエンパワメントの過程にとって大きな課題となった。**

施設閉鎖過程の期間に親を強く支援してきた親の会のリーダーは自らのアソシエーションは全ての人が地域に戻れるように準備していると述べた。多くのトランキルの親たちは規則や政策のことについて理解をしていなかったが、親の会のリーダーたちは立場が明確であり、批判的であった。

「私にとっては彼ら（人的資源省）がこの規則について、少なくとも数カ月前に、そしておそらく九カ月前には知っていたのはひどい現実でした。彼らは数年前からそれについて知っていたに違いありませんが、問題になるであろうと彼らは明らかに気づいていたと思います。長官は明らかにこうした人たちのための他施設への移行計画を継続したかったのです。それは、省関係者がそうなるようにしていたのを認めていたからです。しかし計画が進むにつれて……、計画に関与していないのは一家族のみでした。他の全ての家族は計画に深く関わっていました。私たちはホームや、それがどこにあるのかについて話し合いましたし、計画書の作成準備が順調に進んでいました。これらの家族や私たちにとっては七月にその規則が執行されたのは大きなショックでしたし、全く打ちのめされてしまいました。マッカーシー（長官）氏は親には前もって知らせると言い続けていましたが、私たちの地区ではそうではありませんでした」。

息子や娘が移行される全ての家族がこの決定に対して批判的であったわけではなかった。多くの親は息子や娘のための計画に関与しておらず、州政府が他の入所施設を移行先として見つけたときには喜んでいた。このような考え方を説明する際に、これらの家族の何組かは当初、入所施設においてどのように感じていたのかを想起することが重要である。あるアソシエーションの親のリーダーは次のように説明した。

「移行の決定は唐突になされました。それは困難な決定でした。二組の親はソーシャルワーカーから電話を受けとり、即座に自分たちの子どもたちがグレンデールに行くことに同意しました。親の権利擁護者としてどのような意見をもっているのかにかかわらず親を支えることが重要だと私は信じているため、彼らを支援してきました。私たちは彼らがグレンデールを訪問し、実態を見てもらうようにしていました。彼らはとても満足していましたが、地域生活について考え始めています。省は将来的には家に近い長期ケア施設への移行を検討すると約束していました。完全に私たちのサービスを拒絶してきた一人の父親がいましたが、彼の息子もまたグレンデールに行きました」。

他施設への移行を支持した多くの家族にとっては、苦悩することはほとんどなく、困難に対処する必要性もほとんどなかった。施設に入所させることは、彼らが何年も行ってきたことであり、再入所の決定は彼らの息子や娘に対して期待していることがそのまま継続されることを意味した。一つの親同士のミーティングだけに参加し、個別計画に参加してこなかったある高齢の親はこうした家族の典型的な特徴を有していたであろう。

「私は彼にはグループホームに行ってもらいたくありません。それは彼が継続的なケアを必要としていると私は感じ、グループホームではそのようなケアが受けられないと思うからです」。

一方、州政府とは全く異なる観点でグレンデールの状況を解釈していた大多数の親や家族にとっては、彼らの「対処する」ということの意味は、彼らが同志と思う人たちと認識を合わせることであった。州全体を通しての権利擁護者と親のリーダーのネットワークによって、非常に早く人々が集まり、このような他の見方を支持することが可能になった。これらの家族が積極的に関与する様子からいかに彼らがエンパワメントの過程の只中にいたかということが示されていた。

権利擁護者の見方——移行計画を阻止するための様々な戦略

既に述べたように、権利擁護者や地元のアソシエーションは州全体を通して施設閉鎖宣言から間もなく長期ケアの問題が生じる可能性について注意してきた。人的資源省と健康省が六一名の入居者を「長期ケアに値する」と認定したことを発表した翌年の三月まで、州のアソシエーションの全体そしてBCMHP内部で、人びとは非常に心配していた。一九八四年三月に開催された会長間の会議において、長期ケアの問題が人的資源省高官との間で二時間以上にわたって話し合いがなされた。「省は新たな認定がどのような結果をもたらすことになるのかということについてあまりにも曖昧な態度である」と会長たちは感じていた。

BCMHPは長期ケアとグレンデール問題をめぐって人的資源省との間に政策上の深刻な対立が生じると感じていた。春の期間にはBCMHPは各省が長期ケア問題に関してどのような行動をとるのかについて詳細が分からなかったので、自らの「立ち位置」を分かりかねていた。BCMHPは省関係者とは定期的関わりを維持しており、問題はとても明確に示されていると考えていた。彼らはまた、政治家からより詳細な説明を求め、事態が急速に展開する場合に備えて背景となる情報を提供することによってメディアからの支持を得ようとし始めた。そしてもちろん、人的資源省が長期ケアに値する人たちのほとんどがグレンデールに移行すると宣言した七月九日には事態が急展開することとなった。ＢＣＭＨＰは即座に州のアソシエーションや移行が予定されている息子や娘たちの家族からの支持を得ようとした。

多くの州の権利擁護者やアソシエーションは再入所と認定された人たちは地域で生活できると考えていた。ＢＣＭＨＰの観点では、移行の決定が本人たちのことを知らない人たちによって決められたのは明らかだった。ある理事が指摘したように、最終決定が州内閣によってなされたという事実は「決定が人々の現実からいかに遠く離れているのか」を示している。移行の決定が宣言された三日後に、ＢＣＭＨＰの会長は人的資源省の長官宛ての書簡の中でこの問題を次のように述べた。

「報道記者会見やラジオを通してあなたはこれらの本人があまりにも医療的に虚弱であり地域生活はできないと言っています。彼らの親や家族は納得していません。この一年の間にこうした人たちのために地域移行を計画してきたあなたがたの職員も同意していません。三〇年以上様々な程度の障害をもつ人たちを支援してきた知的障害者のためのアソシエーションもまた同様です……。彼らは地域で生活できると私たちは考えています。本当に、あなたの省は障害者にも平等に多くの機会が提供されるように財政的支援をしています……。彼らが自分たちのホームや地域に戻るのを家族や近隣住民が暖かく迎え入れようとしているときに、彼らを別の非人間的な入所施設に移行させないでください。より重度の障害のある仲間の市民が地域の尊厳ある生活を送れるようにしてください。トランキルを閉鎖するあなた方の決定は尊敬に値し、勇気ある決定でした。残念なことに、グレンデールを移行先として決めることは、これまでの人間性のある原理を壊すものだと言わざるを得ません」。

トランキルの家族と親密に行動をしていたＢＣＭＨＰの理事は州政府が「医療的ニーズ」を強調していることに深く心配していた。

「グレンデールに行くことになった人たちよりも医療的に虚弱な人たちの多くがトランキルから退所していきましたし、私はまた入所施設では検死官の調査や他の情報から、彼らは十分な医療的なケアも受けられないということも知っています。実際に人々は地域で生活するよりも危険な状態に置かれているでしょう。これらの本人が本当に医療的に虚弱であるなら、トランキルで亡くなっていたでしょう」。

数名の権利擁護者は、非常に重度の身体障害者で言葉を話せる人は地域で生活することができたので、州政府の政策は不公平だとも述べていた。

「重複障害者に地域で生活する権利を与えない政策は地域ケア許可法に囚われています……。もし知的障害者でなければ、私たちはあなた方をもっと大切にし、政策の抜け道を探しましょうと言っているようなものです……。もしそのことについて話す知的能力があれば、その抜け道を探すことができるでしょうと」。

ＢＣＭＨＰは八月に集まりをもち一五家族と会って、彼らが問題を解決するのを手伝った。結果として、数組の家族は息子や娘の再アセスメントを要望した。省からは再アセスメントを行うことの同意がなされたが、何人かは地域にある長期ケア施設への移行が再び決まった。

ＢＣＭＨＰといくつかのアソシエーションは再入所化させる州政府の決定は「信頼への裏切り」であり、息子や娘のために変わろうとしているときに再び「親を部外者に位置づける」ことになるという見解を示した。ＢＣＭＨＰがこの問題をいかに深刻に受け止めたのかということはこの期間になされた四つのアドボカシー戦略に示されていた。すなわち、ストーリーの共有、オンブズマンの活用、訴訟に訴える、封鎖の実行、である。これらの戦略は本人を他施設に移行させることを阻止するための「真の試み」を徐々に拡大させていった。ここではそれぞれの戦略について検討していこう。

州政府及びメディアとのストーリー及び書簡の共有

グレンデールへの移行が発表された後の夏の期間、いくつかの地元のアソシエーションは人的資源省に書簡を送った。さらに、ＢＣＭＨＰは本人について彼らの能力を簡潔に整理したものをためていき、これらを省関係者に個別に送った。その後は、政治家やメディア関係者にも幅広く送られた。アドボカシー戦略としてストーリーを共有するということの狙いは、政策立案者と彼らの決定の対象となる人たちとの間に存在した距離を縮めることにあった。それはまた、世間一般との間に信頼関係を築き、支持をとりつける方法でもあった。以下は、トランキルの人々についてのいくつかのストーリーの簡潔な要約である。

「○さんは静かで、とても器量のよい人であり、アウトドアが好きです。彼は自分自身で操作する電動車椅子であたりを散策することをこよなく愛しています。母親とドライブに行くことも好きです。彼が食べ物、とりわけサラダや生野菜を食べている時には、何を食べたいのかをよく選んで食べています。レストランで食事をすることが好きです。彼はこのリストにある別の女性の良い友達です。

彼は良い健康状態にあります。しかしいくらか体重が重いです。カテーテルを使用する際には、投薬の必要はありません。かつては一人で立ったり、這ったりすることができましたが、今はできません。以前は少しの語彙を話せました。今はジェスチャーや顔の表情で意思疎通を行います。彼の指の動きはすばらしく、カードゲームを楽しんでいます。自ら食事ができ、助けさえあれば服を着られるようになります。

母親は彼がもしビクトリアに移ってしまったら、彼女の息子さんとの親密な関係を維持するための心理的且つ財政的負担に耐えかねます。彼女や親の会はトランキル入居者のために開設しているグループホームの一つに○さんを含めて計画してきました」。

「○さんはとても表現が豊かで、意志の強い女性です。彼女はとても上手に自分自身を表現できますし、手紙を口述できます。彼女のお兄様とよく連絡をとっていまして、毎月彼に電話をします。彼女はとてもしっかりした人で、生活しているところをきちんときれいに片づけています。彼女の部屋は好みに合わせて装飾されています。手芸が好きで、小さな犬や人形を作っています。彼女は自分のカメラで写真を撮ってもらうことが好きです。職員や他の入居者とよく交流もし、彼らと冗談を言って楽しんでいます。外に出かけることも好きで、トランキルで最も良く日焼けをしているともっぱらの評判でした。彼女の希望リストの最初のものはチャーリー・プライドのコンサートに行くことです。○さんは定期的な投薬は必要ありませんが、腎臓や膀胱の感染にかかることがあります。彼女は片方の手を使用できますし、トランキルでは電動車椅子の訓練プログラムを受けています。

アソシエーションは既に彼女のニーズにあったホームを購入しました。現在はそれを改修して、バリアフリーのアクセスしやすいものにしています。彼女のお兄様とその奥様は彼女のホームの近くに住み、彼女が彼らの近くに住むようになることをとても望んでいます」。

アソシエーションから地区の州政府事務所に宛てた書簡には、グレンデールに関わる対立が地区の計画やサービス提供のあり方に影響を与えたかもしれないことが示されていた。ネルソンの地区マネージャーに宛てたクートニー障害者アソシエーションからの書簡には次のようなことが示されていた。

「あなた方と『仕事上のパートナー関係』にある私たち及び私たちのプロジェクトチームは長い時間をかけてクートニーに帰って来られる本人たちを歓迎するために準備をしてきましたので、このような決定はショックであり、私たちを侮辱したものです。このような全く受け入れがたい決定を覆すために活発に運動を始めました。この目標を必ず実現しようと私たちは一つになっています。あなたがたが受領している仮の協定では、約束されていたように、計画書はプロジェクトチームによって当初求められた二二名『全ての』人々のニーズに沿う計画になっていました。これらの計画書は、お気づきのように、私たちが家族の方々との関わりを通して徹底的に準備してきた全般的サービス計画の内容を直接表したものです……。私たちはこの決定はあなたがたがどうにかできるものではないことはよく分かります。人的資源省の上からのそのような決定によって、私たちの仕事上のパートナーシップがどのようになるのかが試されているのだと私たちはまた認識すべきです」。

第8章で議論したように、地域のアソシエーションと地区州政府事務所との間で資源開発に関わる広範囲にわたる交渉がなされた。少なくとも二つの地区では、グレンデール問題が生じている期間及びその後において交渉は悪化した。一つの地域のアソシエーション関係者はその衝撃及び怒りについて次のように表現した。

「グレンデールのことが起きたときに、私たちの交渉は本当に重いものがありました。グレンデールの人たちが含まれなければ、私たちは計画書を撤回すると主張しました……。省側はそれを脅迫と捉えて、以前はアソシエーションと省との間には良い関係がありましたが、それが崩れ、悪化し始めました……。私たちはグレンデールに行くべきではないと理解していました。しかし、てこ入れのためにその他の人たちを使うこと、それが正しい方法かどうかは分かりません」。

オンブズマンの活用

春の終わり頃と夏の間には、ＢＣＭＨＰの内部はアドボカシーによる方法は十分ではないと感じていた。

「それで私たちは二つの方法で行おうとしていました……。省には他の方法があると伝えることができました。本人を出身地に帰す準備ができている特定の場所とアソシエーションを指定できました。しかし、たとえ一般の人々が私たちの立場を全般的に支持しているということがメディアの反応を通して明らかであったとしても、本質的にはこれらの戦略は州政府に対して影響を与えることはありませんでした」。

この頃、いくつかの家族とＢＣＭＨＰはオンブズマン事務所に実態を調査するようにアプローチしていた。ほとんどの州と同様に、ブリティッシュコロンビア州のオンブズマン事務所の仕事は州政府の行政上の行いや手続きを改善することによって市民に仕えることであった。公共サービスや政治過程からは独立することによって、オンブズマンの権限は不公正に対する効果的な改善策を提供できるように確保されていた。オンブズマンの「力」についてはいくらか議論があるが、彼らの権限によって州議会に対して直接報告することができた。しかしながら、オンブズマンは「適切な大義の下に世論を導く」ことがしばしば起こっている（Friedmann 1985, p. 8）。

グレンデール問題の調査期間、オンブズマンはグレンデールへの移行予定である障害者や多くの親と会った。ある親は次のように述べた。

「オンブズマンは『医療上脆弱である』とラベルを貼られた人々と会うことによって感銘を受けざるを得

ませんでした。彼が会った二人は、実際は元気な人たちでした」。

オンブズマンは、他施設へ本人を移行させることに介入しそれを止めたいと考えていた家族やその友人からの五〇以上の要望に対処せざるを得なかった。八月の下旬には、オンブズマン事務所は人的資源省と健康省に報告書を提出した。オンブズマンは二つの基本的な結果に至っていた。第一に、入所施設のケアを誰が継続して受けるのかということについての州政府の決定は、主に一人でベッドから椅子に移乗できる能力を有しているかどうかに依拠していたということである。それを行う際に、両省は不適切且つ恣意的な基準を採用していたとオンブズマンは考えていた。第二に、その法律自体の観点から、オンブズマンは規則の中にある機器の助けを得て、あるいはその助けを得ずに一人で動き回れることを意味する「歩行できる」という定義に異議申し立てをした。例えば、車椅子で動き回れることができれば、その人は「機器の助けを得て動き回れることになる」とオンブズマンは強調した。したがって、地域ケア施設法の解釈は部分的には法律上の間違いに基づくものであるとオンブズマンは主張した。

このような結果に至る過程において、オンブズマン報告書は多くの管轄区及び状況において移乗できない障害者が地域の居住環境でしっかりと生活できていることが見出されたと述べた。こうした状況を引用する際に、「個人のニーズをアセスメントする際の複雑な決定をベッドから椅子への自力による移乗能力に還元してしまうことは恣意的であり、非合理的である」とオンブズマンは結論付けた。

オンブズマンの四つの提案は数名の権利擁護者や家族が強調してきた価値を表明するものであった。その主な提案は下記の通りであった。

「もし両省が（一部支援を使った自立生活からグループホームや入所施設ケアまでの）利用できる選択肢のあらゆる可能性を留意した上で、、本人の最善の利益という点でどのような支援方法があるかどうかを決定するために各事例を再検討しないのであれば、五五名の入居者はグレンデールに移行すべきではない」。

権利擁護者は当初、オンブズマンの報告書に喜んでいたが、八月末までに両省はオンブズマンの提案に応じないことが明らかになった。人的資源省副長官からの八月三〇日付の書簡には、次のように書かれていた。

「本人のケースは精神遅滞の領域において精通した専門家によって徹底して再アセスメントがなされている状況です。私たちは入居者の発達段階に応じての安全や福利の最善の利益になるという専門家の意見に応じてグレンデールへの移行を進めていくつもりです。グレンデールにおける本人たちの発達状況については慎重にモニターするつもりです」。

このときまでに親は、彼らの息子や娘が九月九日あるいは九月二〇日にグレンデールに移行されることになるという通知を受けていた。ＢＣＭＨＰのアドボカシー活動やオンブズマン報告書への州政府の対応を考えると、今となっては法廷が移行を止める唯一残された手段であると権利擁護者は考えるようになった。

法廷に行く

法廷訴訟を避けるための最後の努力として、BCMHPの経験豊富な職員とボランティアは人的資源省長官マッカーシー氏と最後のミーティングをもった。本省はトランキル入居者の再アセスメントをすることに以前同意したが、この最後のミーティングにおいて長官は四一名がグレンデールに移行し、他の数名は州の長期ケア施設に移行すると述べた。

予定された移行の前に残された二週間以内にBCMHPはこのケースをブリティッシュコロンビア州最高裁判所にもっていった。

「BCMHPが差し止め命令を求めた理由の一つはそれが物理的に移行を阻止する最後の望みの一つであったからでした。それは同時に、圧力をかけるための戦略であり、世論の注目を集めるものでした。それゆえに法廷訴訟は勝ち負けにかかわらず多くの可能性がありました」。

ブリティッシュコロンビア州最高裁判所において、BCMHPは他施設への移行を阻止し、当初計画されていたように地域生活に移行させるよう差し止め命令を要求した。

最高裁判所の判事は差し止め命令を発動することを拒否した。人的資源省に地域生活に移行させるように命令を下すことはできないと彼は述べた。さらに現状を維持することによって、ＢＣＭＨＰは移行対象となった本人たちをトランキルに入所させたままにすることを望むことになると彼は述べた。グレンデールはトランキルよりも良い場所だと彼は述べていたが、現在の状況の観点からは何も違いはないのではないかと彼は考えていた。判事は「利便性のバランス」はとれており、判事が他の命令を下すようにするための確かな十分な根拠をＢＣＭＨＰは有していないと述べた。

ＢＣＭＨＰの理事会は最高裁判所からの決定通知が届いた九月八日にミーティングを開催した。今となっては州政府の決定を覆すことができないと思われるようになり強い失望感が漂っていた。ある理事は、法廷訴訟の長い歴史を有するアメリカ合衆国だったら権利擁護者の意向に則して発令していただろうかと考えた。その晩、理事たちは障害者が二四時間以内にグレンデールに移行することになるという事実について話し合った際に、最後の手段を行使すべきではないかと考え始めていた。

封鎖――抗議の象徴

グレンデール問題の全過程において、メディアは移行予定となっている本人が地域に戻れるようにすべきであると信じていた家族や権利擁護者をかなり支持していた。トランキルから予定された移行の数日前に、バンクーバー・サンはこの問題についての二つの大きな一面記事を掲載した。このことによってブリティッシュコロンビア州及びカナダ全域にわたってメディアの強い関心を引き起こすことになった。ＢＣＭＨＰの理事及び友人たちはその移行と二四時間以内に彼らができることを考え始め、最低限でも入所施設に行き家族への支持を表明すべきであろうと徐々に感じ始めていた。

ＢＣＭＨＰの事務局長であるアル・エトマンスキー氏は次のようにその当時のことを思い出した。

「私たちが本当に行おうとしたのは世論の支持を得ることでしたし、その支持の根拠は当該家族へのものであるべきだと思っていました」。

決定過程に参加したＢＣＭＨＰのある理事は抗議の最後の象徴について次のように詳細に述べた。

「私たちはアドボカシー活動をただやめることができず、家族に対して『運が悪かったね』と言うことはできないと決定しました。悲しみの只中にいる家族を支持するために何らかの態度を表明しなければなりませんでした。州全体にわたってアソシエーションに電話をかけ始め、彼らに私たちを支持してもらうように確認し、九月九日（残り二四時間もない）の朝に私たちの活動に参加したいと考えている人々にカムループスに来てもらうよう促しました。そして、本人たちのことを忘れてはおらず、闘い続けていくと伝えました。

すぐに、六〇名以上の人たちが州全域からカムループスに来てくれました。正確には私たちに何ができるかは分からず、そこへ向かう車の中でいくつかの選択肢について話していました。私たちは道路の脇に立って別れのあいさつをするような中身のない態度を示すことには反対でした。それ以上の意味のある何かをしなければならないと感じていました。そこで入所施設からの出口となっている道路に立ち、封鎖することを決めました。家族と友人たちは肩を組んで立ちました。これらの静かで、きちんとした服装をして、多くが中高年の男性と女性が持っていたサインやプラカードには『病院ではなく、ホームへ』『デービッドもまたホームを必要としている』というメッセージが書かれていました。

それは初秋の早朝、五時三〇分のことでした。数家族は入所施設の中に入っていき、彼らの息子や娘と長い時間を過ごしました。彼らが外に出てきたときに、報道関係者が集まり家族にインタビューを始めました。

そのときに、王立カナダ騎馬警察がやってきて私たちが法律違反を犯していることを分かっているのかと尋ねました。私たちは分かっていると言いました。私たちが逮捕されることになることを知っているかを警察は尋ねました。私たちは分かっていると言いましたが、その場を離れるように求められれば、静かにそうするつもりでした。彼は立ち去り、しばらくの間彼のことを見ませんでした。その後すぐに、トランキルから人々を空港まで移送する救急車が道路を走ってきて、遠くの方にそのライトが見えました。私たちは立っている人たちに今この場を離れることを望み、道路を封鎖することに抵抗感のある人がいれば行くことができるし、誰もそのことについて悪く思う人もいないと伝えました。この場にいる多くの人たちが母であり、父であり、障害者自身でした。その中には法律家や聖職者、地域のアソシエーション関係者など地域の人たちが含まれていました。誰もその場を離れませんでした。私たちは腕を組んで歌い始めたときに人々の体が緊張していることが伝わりました。

そして救急車の隊列が到着しました。その中の一人がドライバーのところにやってきて、なぜ私たちがそこにいるのかを尋ねていたのを覚えています。そのドライバーは大丈夫だと言い、一列になった五～六台の他の救急車と共にそこに座っていました。

その後私たちは管理者とミーティングをもち、彼らに本人たちを移送しないように伝えました。私たちがそこにいる間に、あるグループの本人たちが車に乗せられ、入所施設の敷地の他の入り口から連れ出されていました。他の入り口にも人がいましたが、正門の入り口よりも多くの人はいませんでした。私はこれらの人たちがただ絶望していたのを思い出すことができます。それはひどい時間であり、列にいた母親の一人がすぐに自分の息子がその車にいることに気づきました。管理者側はその車に誰がいるのかを私たちには伝えませんでした。彼らが出てきて母親に話すこともしませんでした。私たちは中にいた職員からそのことを知りました。それは本当にひどいことでした」。

その晩、本人たちを移送したグレンデールを含めていくつかの地域では夜を徹してキャンドルが灯された。

封鎖やそれに続いて夜を徹してキャンドルを灯したことの影響はどのようなものだったのか。ある面では、それは人的資源省に何の影響も与えなかった。当省は封鎖をしている人たちとの交渉を拒否し、入所施設は二四時間以内に本人たちを移送することができた。ある面では、それは象徴的な抗議をした人々の生活に多大な影響を与えた。彼らの多くは重度障害者の生活への関与が深まったと述べた。あるＢＣＭＨＰの理事はグレンデールにいる人々が地域に安全に戻れるまで定期的に彼らを訪問し続けることを決めた。彼女は翌年までの間そうした訪問を継続した。

ＢＣＭＨＰにとっての成果は施設閉鎖過程から得た教訓以上のものがあったように見えた。

「長期ケアの問題が生じることによって、私たちは本人たちにより多くの関心をもつようになり、施設閉鎖の全過程と同様に、私たちの組織を構成する人たちが誰なのかを再定義できるようになりました。家族と共に団結し、政策上の文章を作ることよりも本人たちがより重要な存在になりました」。

権利擁護者にとっておそらく最も大きな影響を与えたグレンデール問題の成果は、彼らの取り組みによって公の場において議論すべき重要な問題が提起されることになったことであった。封鎖についてのメディア報道は広範囲にわたっており、多くの論説や記事が重度障害者は地域で生活できるかどうかという問題を取り上げた。カナダにおける精神遅滞をめぐる運動という観点からは、**いくつかの点でグレンデール問題は一九八〇年代における重要な問題を示している**。つまり、知的障害者のための入所施設は私たちと共に存続することになるのか。そうであるならば、こうした入所施設は主に複合的なニーズを有する人たちを収容することになるのであろうか、ということである。

BCMHPの責任者は、この問題に対してどの程度の影響を与えることができるかということについては確かではなかった。彼らは「状況を待って対応する」という州政府の戦略は費用がかかるということが分かっていた。

「……州政府は未だに支持を得ることができ、論争が起きているのは政治活動あるいは一部の急進派のためだと考えている限りは、多くの論争が起きてもちこたえていくでしょう」。

こうした懸念が生じるかどうかは、BCMHPの地元のメンバーがこの問題についてのBCMHPの立場を支持するかどうかに関わっていた。一つのアソシエーションのみが公に反対意見を表明した。BCMHPによれば、「一つ二つの他のアソシエーションだけがいくつかの懸念を表明していた」ということである。封鎖から数カ月が経過し、BCMHPの担当者はグレンデール問題がBCMHP全体にどのような影響を与えたのかを次のように評価した。

「(BCMHP全体が)一つにまとまっただけではなく、私たちはより強く、自信と確信をもてるようになりました。組織を構成する人たちへの信頼は強いものがありました。親や障害者は私たちが彼らのために声を上げることが分かっていましたし、彼らは私たちを信頼できました。メディアはこの問題を理解していました。結果として州政府は絶えず圧力を受け続けていました。言い換えれば、州政府はこの問題を一部の急進派の問題におとしめることはできませんでした」。

「ケア」を描写する——グレンデールの内側から見た状況

第2章においてトランキルの各棟における生活がどのようなものだったのかを見てきた。バンクーバー島にあるグレンデールに移行されてから三カ月後に、私たち調査者はその現場を何度か訪問した。グレンデールが複合的な医療ニーズをもつ人たちに必要な「ケア」を提供していると州政府が述べていることを考えると、調査者がトランキルからグレンデールに移行した人たちに提供される「ケア」を直接観察することが重要であった。グブリアムとバックホルト（Gubrium & Buckholdt, 1982）は職員によるケアの捉え方が臨床行為についてのコミュニケーションのイメージあるいは枠組みを創り出すことを明らかにした。

以下の簡潔な内容は、本人たちがトランキルから移行された後にグレンデールで時を過ごした調査者のフィールドノートを修正したものを提示している。

「バンクーバー島にあるグレンデール・ロッジはビクトリアからおよそ二〇マイル離れたところに位置する。トランキルと同様に、それは道も通じていない、人里離れたところにあり、他の地域の取り組みからは孤立している。入所施設自体は比較的新しいが、かなりの数の窓とピカピカのフロアーのあるコンクリート製の建物である。そこに三〇〇名以上が生活している。

グレンデールの広く明るいホールを歩いていくと、写真が飾られている壁に四つの大きなポスターがあるのが見えるが、それらの全てはブリティッシュコロンビア州で障害者のために例年行われる特別イベントのものである。これらは本人たちが楽しんでいる写真である。私たちが訪問する二つの棟において見られる唯一の写真でもある。

各棟の経験豊富な職員は看護師であり、看護師長の一人はトランキルで以前働いていた男性である。彼は率直に『各棟にいる本人たちはトランキルにいたときよりも少し元気がない』と述べた。トランキルでは個人に対応したプログラムがもっとあった。二つのそれぞれの棟では数時間経った後も正式のプログラムは見られない。

他の職員は過密状態と専門職員の不足について不満を述べている。施設全体でパートタイムの理学療法士とフルタイムの言語療法士がいるのみであることが分かった。

職員は実際よりも低い年齢のごとくに入居者に関わっている様子が多く見られた。例えば、職員がある棟について私たちに述べたとき、リストには入居者が一二～三二歳までの年齢層にわたっていたが、『平均精神年齢は六カ月と示されている』。全ての入居者に行われる幼児刺激の継続的プログラムがあると自信をもって私たちは言われている。多くの棟では玩具の箱があり、そのユニットの数名の本人は二～三歳用の玩具をもっていることに気づいた。あるソーシャルワーカーはいかに各本人のための活動を作り上げ、いかにこれらの活動を基本的には幼児のための特別な玩具と関連させたのかを説明した。幼児としてのイメージが職員の表現方法や活動方法を規定していることは明らかである。

職員によって述べられた主な活動は『ポジショニング』というものである。基本的にここで重視されているのは、数時間ごとに本人の位置を変えることによって、車椅子に座る彼らの位置が適切であり、床擦れにならないようにすることである。私たちの観察したところ、ポジショニングは重要であるが、多くの本人は彼らにとって全く不適切な車椅子にいるということである。例えば、ある人は椅子に背中が弓型に曲がるように座らされ、頭の支えが全くない状況である。職員はトランキルが行った車椅子の修繕の質が悪いと不満を述べている。職員は本人にはできる限り動いてもらうように意識しているように見える。そのため午後は各棟で照り輝く日光を本人は楽しむことができる。多くの本人にとって、日々眺めているものは白い壁の天井であり、ときどき彼らに関わる人が来るのはたいてい食事や薬のときである。

州政府の役人が述べたように本人は身体が脆弱であり、医療ニーズがあるということを示すものがほとんど見られない。実際、私たちが話す職員の誰も世話をする本人のことを述べる際にそのような言葉を使用することはない。むしろ職員や入所施設の案内書が述べているのは、日々の多くが『日課』に追われている、つまり、職員の多くが単に入居者を清潔にし、乾かし、食事を食べさせ、服を着させることに時間を費やしているということである。施設案内にはまた『職員は入居者に刺激をもたらすために全ての可能な機会を使うようにしている』ということが書かれている。私たちの観察では、日課が支配し、職員は生活維持のための活動にとても疲れ果てており、機会があっても看護ステーションに座ってリラックスし他の職員と話をするくらいである。

職員が『ケア』する方法が日課、幼児刺激、ポジショニングであるということは興味深いことである。私たちの観察では、グレンデールの職員は彼らが『ケア』と言うところと同じ方法で役割を果たしている。『医療的に脆弱である』とラベルを貼られた本人について過度に心配する必要性については職員からは言及されていない。同様に、急性期ケアの医療行為が必要であったり、なされたりすることを観察していない」。

解決に向けて——権利擁護者と健康省との協働

一九八四年の秋、グレンデール行きを運命づけられた五五名はその入所施設を将来のある時期までのホームとじているように見えた。トランキルが一九八五年一月三一日についにその扉を閉じたとき、長期ケア問題は後ろに退いてしまったように見えた。トランキルの二六〇名以上の人たちがブリティッシュコロンビア州の各地域に移行していた。次章で述べるように、地域移行については楽観的な雰囲気と建設的な評価が見られた。

グレンデールに移行した五五名は州政府からも権利擁護者からも忘れられてはいなかった。一九八五年の冬と春に、ＢＣＭＨＰの数名のボランティアはグレンデールへの訪問プログラムを実施した。このプログラムにはトランキルの本人たちに会い、家族に子どもたちと連絡をし続けるように勇気づけるためにボランティアが定期的に訪問することが含まれていた。このプログラムの結果は失望するものがあったが、三名のボランティアは定期的に訪問し、ＢＣＭＨＰにおいてこの問題が継続して考えられるような話や考えを提供した。

あるレベルにおいて、ＢＣＭＨＰは何度か人的資源省との接触を始めていたが、それは地域認可協議会の規定を変更させようとする試みであった。人的資源省の反応は基本的には否定的なものであり、職員はこの問題について権利擁護団体と会うことを拒否した。同時にＢＣＭＨＰは人権事務所に苦情を申し立て、当事務所はグレンデールに移行させられた数名の本人を代表して差別事案のヒアリングを行うことに同意した。

ＢＣＭＨＰは州政府との広範囲にわたる接触を通して、最終的には州首相室に入ることを許可させた。その後、州首相室の方からＢＣＭＨＰと、長期ケアに値するとラベリングされた本人たちを公的に管轄する健康省とのミーティングを仲介してくれることになった。ＢＣＭＨＰは健康省の関与を得ると、事態が急速に進展した。副長官はこのプロセスにおいて主要な役割を果たした。この問題についての一般世論の関心によって健康省が対応しなければならない状況が創り出されていたことは疑いなかった。健康省の役人はそのような強く且つ長期にわたる圧力をこれまで経験したことがなかったと述べた。
一九八五年九月二五日に、ＢＣＭＨＰと健康省はグレンデールの重度障害者のための合同の試験的プログラムを発表した。このプログラムの基本的内容な下記の通りであった。

・長期ケアに値するとされたグレンデールの七名を地域にすぐに移行させること
・地域ケア認可規則の歩行可能性に関わる規定を即座に削除すること
・重度障害者の個別ケアが個々の事例に基づいて検討されるように地域ケア認可法を修正するために長期的に取り組むこと
・健康省副長官が今日に至るシステムに関わる諸問題についてより良く直接的に理解するために長期ケア問題の決定によって影響を受けた家族と会うことに同意すること

このことはＢＣＭＨＰが当初から求めていたような問題への包括的解決策でも体系的解決策でもなかったが、グレンデールの本人たちをさらに地域移行させるための可能性の扉を開くことになった。一九八七年の初期までに、試験的事業の一環として移行した本人たちは地域で元気に過ごしているということについてＢＣＭＨＰと健康省との間で一般的な合意がなされた。ある役人は次のように述べた。

「私たちは多くのことを学びました。地域で効果的に支援を提供していますし、本人たちは大きな成長をしていました。本当に何も問題はありませんでした」。

一九八七年の春までに、多くの仕組みがつくられ、長期ケア問題を解決する広範囲にわたる地域アプローチが保障された。変革されたいくつかの仕組みには下記のことが含まれた。

・健康省における障害サービス課の開設
・健康省の基本声明を障害にかかわらず全ての人たちの地域生活と家族支援を支持するものとする
・家庭内支援のプログラムの開始
・グレンデールについては健康省が責任をもつ

一九八七年四月に、健康省は積極的な関与をし、一九八七年から一九八八年までに長期ケア施設から他の六〇名の成人を移行させるために予算化を図ることとなった。その結果、一九八八年の春までに、グレンデールに移行された入居者の多くが地域に戻ることになった。

グレンデール問題に関して、親のリーダーはおそらく多くの人たちによって共有されていた感情を次のようにまとめた。

「全ての人たちが地域に戻ることができるという事実を認めてもらうことは長く困難な闘いでした。今やカナダ全域にわたって障害者にとってとても重要な変化が起ころうとしています」。

要約と結論

一、グレンデールへの再入所をめぐって起きたことを理解することは、それが**政策と価値**の衝突をもたらしたという点で重要であった。州政府（人的資源省）と権利擁護団体（ＢＣＭＨＰ）は複雑なニーズを有する人々を再入所させるべきか、地域で生活させるべきかに関して非常に異なる考え方をもっていた。

権利擁護者にとって、価値観についての問いへの解答は明確であった。すなわち、地域生活は全ての人々のためにあるということであった。一方、州政府にとって、価値観は明確に述べられてはおらず、どのような価値観が政策を推進させているのかは明確ではなかった。したがって、政策上の「危機」が生じた際には、政策自体あるいは政策が規定される法の諸規制がますます影響するようになった。

健康省は州政府の行動パターンとは異なり、原理や価値観に行動の基礎を置いていた。ＢＣＭＨＰとの試験的事業によって、その実行可能性を創造的に探究する扉を開くことになった。

カナダにおけるほとんどの脱施設化の取り組みにおいて、障害の軽度の入居者から地域移行させるという「垂直的」計画方法が採られてきた。これはグレンデール問題の最初の段階において繰り返し言われたことであり、重度障害を有する入居者が地域に移行する機会はほとんどないということであった。グレンデール問題によって計画立案者は施設閉鎖の際には個別化された「水平的」計画手法を採用するように求められることになった。健康省とＢＣＭＨＰによる革新的な試験的事業が他の省庁及び州でもなされるべきであり、これによって政策と価値との衝突を解決できるであろう。

二、グレンデール問題における**親の考え**は、どの程度彼らが息子や娘たちと関わっているか、あるいは「疎遠」であるのかによって異なっていた。家族と再統合し、個別計画の策定過程に熱心に関わっていた親は地域に移行させないという州政府の決定に裏切られたという思いと憤りを感じていた。施設閉鎖過程に関わっていない家族は州政府による決定を支持し、その決定を変えようとする権利擁護の取り組みに関わることはなかった。

三、グレンデール問題によって、個人の権利と全ての人にとっての地域生活の価値を信じてきた**権利擁護者の一貫性**が明らかになった。ＢＣＭＨＰはグレンデールへの再入所を止めることができなかったが、その過程全体を通して互いに支え合っていたメディアや家族と共に肯定的成果をもたらす様々な戦略的方法を開始した。結果的にこの行動によって、健康省が関与するようになった。ＢＣＭＨＰによる一貫した行動は、「ある一つの問題に粘り強く関わる」他の権利擁護団体にとっても重要な事例となった。

親、権利擁護者、サービス提供事業者、入所施設の労働組合関係者は皆、複雑なニーズを有する人々も地域で生活することができると信じていた。政策立案者と、入居者と極端に疎遠となっている親だけがグレンデールに移行した人々は医療的に脆弱だと思い込んでいた。グレンデールでの参与観察によって、**医療的に脆弱**だと公的に表現されている本人たちに対して、職員は「ケア」を基本的に保護的且つ非医療的な方法で表現し提供していることが分かった。BCMHPと健康省による試験的事業の一部としてグレンデールから移行された数名の人々は、当初は「医療的に脆弱」だと言われていた。これらの人々はトランキルから直接退所した人と同様に、今では地域で支援を受けて生活をしている。こうした調査結果から、「医療的に脆弱」という用語あるいは他の同種のレッテルを使用することによって、私たちは重度障害のある男性や女性たちを特別な強さや能力のある人たちとしてみることができなくなるということが明らかになった。

第10章 家に帰る――環境の変化、心の変化

施設閉鎖宣言の一年後に相当する一九八四年の夏までに、トランキルからの最初の移行者が自分たちの出身地の地域に移行し始めていた。その夏及び初秋の期間における「出身地に帰る」という過程はとてもゆっくりと行われた。この結果、過半数の入居者が閉鎖過程の最後の三カ月の間、すなわち一九八四年一一月から一九八五年一月の間に移行することになった。

本章の目的は新たに始めた地域生活についての人々の印象について記述することである。引越しの日を含めた移行過程と共に、地域での最初の数カ月間における人々の印象や関わりについて検討しよう。移行した人たち、彼らの新たなサービス提供事業者、政府、家族にこの移行期間について語ってもらった。

移行過程

入所施設から新たな地域のホームへと本人たちを移行させる物理的過程は非常に様々であった。時にはトランキルの職員が入居者の新しいホームまで一緒に行くこともあれば、そうではないこともあった。入居者と一緒に行った職員は彼らが地域における新たなサービス提供事業者と一五分だけ過ごしたことを話してくれた。またある施設職員は移行を容易に進めるために地域のホームで二日間過ごした場合もあった。さらに入居者と一緒に行った職員の中には受け皿となる機関の職員と会うこともできない人がいたが、この場合は地区のソーシャルワーカーが仲介役としての役割を果たしていた。

施設閉鎖宣言によってその期限が定められた結果、移行や施設職員と地域職員の情報交換のスムーズさに違いが生じたように思われた。初期の移行期間では、本人は一人ずつ移行することが多く、次の共同入居者が来るまでにそれぞれが慣れていく余裕があった。サービス提供事業者はこの過程について次のように主張した。

「私たちが本人について全てのことが分かるようになるまで各本人には一対一で職員がつくというのが私たちの心がけていることでした。その後、職員が離れていくようにしていました。そのようにして私たちはトランキルの全ての入居者に対応することができました。はじめの頃は一対一で職員がつくことによって、本人たちは安心でき私たちは彼らのことについて知ることができました……。そして彼らは何ができて何ができないのかを理解することができました」。

また初期の移行期間では、とりわけ近くの地域に移行していく予定の人たちにとっては、引越しの日に備えて新しいホームを「訪問する」機会があった。サービス提供事業者はこれによって安心して本人のニーズを充足せるための計画を作ることができた。

施設閉鎖過程の最後の三カ月のあいだは、スムーズに移行させることや情報交換といったことに十分な配慮がなされなくなったと施設職員とサービス提供事業者は話していた。このように取り組みを急ぐことによって全ての人たちが混乱することとなった。あるサービス提供事業者は次のように語った。

「……私たちのホームの一つは、トランキルの人たちがあまりにも忙しくしていたために、私たちが入居者を受け入れる時期に彼らを移行させることができませんでした。このような不安定な状況がありましたし、しかも既に私たちは支援のために補助金を行政から受け始めていました」。

閉鎖過程の最後の期間はトランキルと地域のホームとの連携がうまくいかなくなっていた。受け入れのホームは準備ができておらず、あるいは重要な医療情報が伝えられてこなかったことなど非常に不安定な移行の取り組みについて職員は語った。こうした事例の全ては予算や期限によって閉鎖の取り組みの一つひとつが縛られた最後の数カ月の間に生じていた。

ある入居者は新しい職員が入所施設にやってきて、コミュニケーションの取り方やどのような支援が必要なのかを知ってくれたのでとても安心したと語った。例えば、ある身体障害をもつ女性は彼女をケアすることになる人たちがどの程度信頼でき、感受性があるのかということについて「とりわけ心配していた」と語った。多くの場合には、移行する人たちや新たな直接支援をする職員が互いに慣れていく過程にはほとんど関心がもたれていなかったことが明らかにみえた。

入居者の移行についての受け止め方に影響を与えたかもしれない移行に関わるもう一つの重大な事柄について施設職員は教えてくれた。入所施設では施設閉鎖過程の一八カ月の間に入居者は施設内で何度か移行させられていたのである。棟が閉鎖されると、入居者は新しい棟に移行することになった。多くの人たちは二〜三回移行させられ、七回もの移行をさせられた人もいた。したがって、トランキルの男性や女性は数週間、絶えず彼らのことが分からない新しい職員と関わらなければならないという不安定な状況に置かれていた。このような状況が実際の地域への移行にどのような影響を与えたのかということについては把握することは困難である。

入居者の新しいホームについての印象

私たちとコミュニケーションをとることのできた男性や女性たちは、彼らの地域のホームについて満足していると語ってくれた。以下の事柄がしばしば語られた。

・プライバシー：「自分自身の部屋のあること」
・選択し、決定する自由
・自分の持ち物をもつ喜び
・家の中で役割を遂行するときの達成感
・様々な場所に出かける機会
・親戚を訪問できること

入所施設での生活についての記述（第3章）と私たちが訪問した多くのグループホームの家庭のような雰囲気とは非常に対照的であった。私たち調査者のフィールドノートには入所施設を退所した多くの男性や女性たちが感じた満足感について記されている。

「全てのグループホームを訪問すると、言葉で話すことのできない人たちが例外なくきまって自分たちの部屋を見せたがっていることに気づいた。部屋の中に私たちを入れてドアを閉めて、彼らのベッドを見せて優しくさわり、ときには家族あるいは職員の写真、ラジオや他の個人の持ち物を見せてくれた」。

本人たちが自分たちの所有物や達成したことについて誇りを抱いているということが、地域への移行に伴う全般的な満足感を示していたと解釈することができる。確かに、新しい生活環境における本人たちの非常に安心している思いを感じ取ることができる。同時に、地域生活を始めてから数週間のあいだ入居者たちの言葉や経験から彼らが個人としてのアイデンティティを強くもっていることに気づかされた。これらの本人たちはいくらか目立つような方法で、彼らが何者であるのかという観点から、さらには彼らが入所施設で生活している時には不可能であったやり方で自分自身を表現できた。

入居者は彼らの新しい生活環境について満足をしていたが、入所施設の職員と入居者双方の長くつきあいのあった友人たちがいないのを寂しいということを数名の男性と女性は語った。しかし、彼らのコメントの中には矛盾もあった。

「私はトランキルを懐かしく思います……。そこには良い友達がいました……。ここは新しく、私は好きです。トランキルはあまりにもうるさかったです」。

ある意味で入所施設での仲間たちは家族のようなものになっていた。彼らと別れることになったのが悲しいことであるということについては当然である。友人たちと別れてとても寂しく感じていたのは長い年月を通してトランキルが彼らの家になっていた高齢の本人たちが多かった。ごくまれではあるが、地域のホームでの職員の中には本人たちが昔の友人たちとの関わりを維持するために電話をかけたり、あるいは手紙を書いたりするのを助けている人もいた。

家族の地域生活についての見方

多くの家族は地域に彼らの家族が戻ってきたことについて興奮し、その生活について肯定的に見ていた。恐れを抱き抵抗していたという状態から強く支持するようになったという変化はあまりにも劇的だったので、それが変化に直面することに伴う単なる諦めのようなものだとは考えることはできない。家族は本当の意味で地域生活の意義について理解していたようにみえた。私たちのアンケート調査も私たちのインタビューの結果を証拠づけていた。つまり、家族の七〇・二％がとても満足しており、二一・八％がいくらか満足しているということであり、二・九％だけが新しいホームに対していくらか不満であるという結果であった。五・一％はどちらでもないと回答していた。

このデータを改めて考える際に、親がこの施設閉鎖過程の期間を通して経験した葛藤を思い出すことが重要である。様々な支援を受けて、彼らは自分たちの息子や娘たちと関わる方法について考え始めていた。親同士のミーティング、一対一の支援、さらには個別計画の策定過程によって支持的な環境が創り出され、家族は徐々に施設閉鎖過程に関わる関係者となっていった。多くの家族はこの過程を通して力をもつようになった。私たちはこれらの重要な過程を振り返ることによって、このいくらか「劇的な」結果について理解することができるであろう。

家族の始めの頃とその後の態度はあまりにも対照的であったので、私たちがインタビューをした家族のその態度の違いについて述べてきた。これについては表4で示した。同時に、この家族にとっ

表4　家族の認識

施設閉鎖宣言の時	家族である知的障害者本人が地域に戻った時
1. 私はとても動揺した。	1. 私は本当に嬉しいので……、今では彼女にトランキルにいてもらいたくない。彼女の様子をみると……、彼女にとっては地域での生活がずっと良いと思う。
2. とても嬉しい。何が起きたのかということについて気にかけていなかったが、大規模入所施設よりも良いであろう。	2. これが本来のあるべき姿ではないか。長い歴史において知的障害者に起きたことの中で最も良いことである。
3. 少し恐ろしかった（あっけにとられた）……。不安である。	3. とてもうまくいっているように思える。私はこのホームでとても幸せである。
4. 最初はとても恐ろしかった。とても不安であった。	4. とても家のような雰囲気がつくられている。彼は本当に幸せであった……。
5. 私たちはとても疑っていた。	5. より良い状況に向かって多くの変化があった。それについて全く疑いはない。私たちが考えていた以上にずっとうまくいっている。
6. トランキルが彼女にとっての家だと私たちは考えていた。それで私たちは支えられてきた。	6. 彼女が幸せであるということで私たちは嬉しい。100 パーセント良くなっている。
7. 彼に何が起きるのか？　他に選択肢がないということが分かった。	7. これまでは比較ができなかった。私はとても嬉しい。今では以前と比べると天国である。
8. 本当に心配だ！　即座に多くの人が地域に統合できるというような超人的なことを彼らは言っている。	8. 彼の生活の質はトランキルの頃よりも遥かに良い。彼は今では、自分の可能性を最大限に生きることができる。

ての地域生活の印象がいかに施設入所時の頃の危機と非常に異なるのかということについてある母親のストーリーを以下に示そう。

「何も問題はありません。これは長年にわたり知的障害者に起きたことの中で最も素晴らしいことです。他の場所ではそれが起こっていたことを知っていましたが、他の場所はとても遠かったので、自分にそれが起こるまで自分のこととして本当の意味で考えることはできませんでした。これが行われることに全く問題ないと思います。

始めの頃に入所施設に彼を連れていったときのひどい経験の後に彼がそこ（入所施設）から出られてとても安心したように思いました。グループホームを最初に訪問した時、正面玄関のドアに行き、誰かに事務所に行ってもらってサインをしてもらい、電話をかけて誰かに来てドアを開けてもらうという代わりに、私たちはただ正面玄関に行ってドアのベルを鳴らしました。私たちはただドアを開け、入ってもいいかどうかと尋ねると、誰かが『やかんがついたままになっているのー』と言いました。そのようなことが私を安心させてくれました。それはとても特別な意味がありました。そこに行って、テーブルに座り、紅茶を一杯飲み、利用者たちはすぐにいろいろなことを話してくれました。

それは全く新しい生活だったと感じています。彼を取り戻しましたし、私が大変な責任を負うこともなく彼は再び私のもとに帰ってきました。そのように私には見えました。大晦日の日を覚えています。私たちは話をして、過ぎ去ったこの一年間を振り返り、一九八四年は私たちの人生にとって最も幸せな年になったと思いました。本当に良かったです」。

施設閉鎖宣言が最初になされたときに多くの家族が経験した脱施設化の危機という問題は、彼らの息子や娘たちが地域に移行したときまでに解決していたということを私たちのデータは示している。

家族の**地域生活への肯定的印象**の多くは以下の三つの生活の側面に関係しているように考えられた。すなわち、それは一、幸福感、二、人間関係と訪問、三、様々な機会と達成感、である。

家族はどのように感じたのか、とりわけ家族のメンバーである本人たちが彼らの新しい状況についてどのように感じていると考えているのかということについて多く語っていた。興味深いことに、その意味は他の人には認識できないが、家族は息子や娘が送ったサインを読み取り、信じようとしていた。親は絶えず、地域にいる息子や娘の気分について語っていたが、それは入所施設での経験とは対照的なものであった。**親の幸福感は彼らの家族である知的障害者本人たちがいかに幸福に元気にしているのかということと直接関係していたように思えた。**

入所施設を退所した兄弟と深く関わるようになったある男性は自らの思いを次のように述べた。

「私が言えることはそれが私や私の家族に大きな幸せをもたらし、とても価値のある何かであるということです。とても大きな幸せです。それは全く予期していなかったことでした。私はカムループスまでの道のりを曲がりくねって行き、同じように彼のことを見に行き続けていくのだろうと思っていましたから」。

異なる方法で「彼のことを見る」ということがいくつかの家族によって繰り返し語られ、いかに彼らの家族である本人たちが幸せであると認識したのかを語ってくれた。ある母親は次のように述べた。

「トランキルでは、私が彼女を施設に連れて戻る時にはいつでも、彼女は変わっていき、元気を失い静かになり、ほとんど著しく変化していくようにみえました。グループホームのここでは彼女はとても元気にしていて……。というのは私が彼女を連れていくと、元気に自分の部屋へとすぐに消えてしまうのでした」。

幸福感は新しい生活環境の安全や安心感ととても関係しているようにも見えた。ある母親の見方が典型的であった。

「彼はここでは幸せであり、居心地がよいのです……。彼はトランキルでは何年もの間、夜を通して寝入ることはありませんでした。彼がここに来てからは毎晩ぐっすり眠り、彼らが朝になってから部屋の中に入り、『さぁジョージ、起きる時間ですよ』と言うと、彼はシーツをあごのところに持ってきて彼らに笑顔を返すのです。彼は本当に自分の部屋での穏やかさと静かさが好きなのです」。

訪問パターンと人間関係

定期的に訪問していたほとんど全ての親は新しい地域の生活環境にいる息子や娘たちと共に暖かさや愛情を経験していた。この変化は職員がとても歓迎してくれ、家族の訪問を受け入れてくれるということに関係していると親は考えていた。ごく自然に訪問することの容易さや楽しさはたいてい、入所施設を訪問したときに家族が経験していたことと対照的であった。家族によれば、この開放的な雰囲気のために家族と本人たちとの信頼関係が深まり、感情的な結びつきも強くなったということである。さらに、家族は最初の数週間のあいだに職員とも信頼関係を深めていった。また、親はたいてい

表5　家族による息子あるいは娘の訪問パターン

訪問頻度	入所施設	地域のホーム
1週間に1回以上	4.3%	21.9%
1カ月に1回/2回	14.7%	24.6%
6カ月に1回/2回	25%	33.3%
1年に1回	24.1%	
1年に1回以下あるいは一度もない	31.9%	
未だに訪問できていない		20.2%*

＊家族のデータは地域移行後の4～6カ月後に収集された。

息子や娘たちとの関係性は入所施設で経験していたものとは全く異なると語っていた。

「彼はこの新しい場所で人々と関わることができます。（入所施設では）あまりにも多くの人がいるために、人との関係づくりを促す時間もなく、彼はよく胎児のような格好で丸くなって横になっていました。ここではそのようなことが見られません。彼はやってきて椅子に座り、コーヒーを飲み、私と一緒に座って、以前では行っていなかったあらゆることをしています」。

家族が彼らの親族である本人を訪問するパターンはトランキルでの訪問パターンと比較するととても変わった。表5ではその違いが示されている。この変化は彼らの息子、娘、兄弟姉妹と地理的に近いということと関係していることは明らかである。また、このように訪問パターンが変化したということは、この施設閉鎖によって非常に多くの親は彼らの息子や娘と再び関係を築くことができたということを表しているに違いない。最後に、職員の歓迎する姿勢がこうした変化の背景にある三つ目の要因であるかもしれない。これらの調査結果は他の脱施設化に関わる先行研究と異なる点である。というのは、先行研究では一般的に家族の訪問パターンに大きな変化が生じたということが示されていなかったからである（Conroy & Bradley 1985）。家族は親族である本人との関係は関係が作りやすくなり、より快適なものになったと述べていた。

「ウィリアムとは楽しい時間を過ごし、定期的に散歩に行くことの他にも、私たちはある晩に夕食に招待され、テーブルを皆で囲んでおいしいローストビーフの夕食を食べて、多くの笑いがあり幸せなひと時を過ごし、とても楽しかったです」。

数名の本人たちは職員ととても親しい関係を築いているということも感じられた。

「彼はホームで働いている職員の一人と、とても、とても良い関係を作っています。その職員はフランクにとても好意的に関わってくれています」。

また数家族は、最初の数週間のあいだに職員はいかに小さなことでも積極的に働きかけをしてきたかということを述べていた。ある職員のメンバーは親に電話をかけ、「ウィリアムがカードを送りたいので家族の誕生日を知りたい」と話したという。このようなことは以前ではなかったので、親にとっては驚くべきことであった。

数家族は最初の数週間で家族としての思いや絆が深まっていき、訪問することにも慣れたと話した。

「私は予定していたことを変更しなければならず、そのような中でも私自身の人生を送っていかなければなりませんでした。というのは、彼女（娘）が私に会いたいときはいつでも会えることを期待していたからなのですが、それは一週間に二〜三回ほどになるのです。でも今では私は少なくとも一週間に1回程度、会いに行くようになり、私以外の家族もこれまで以上に定期的に彼女に会いに行きます」。

兄弟姉妹の場合にはごく自然に関係を築いていったように思われた。しかし、孫、姪や甥の場合は関係を築くのは比較的にゆっくりであった。数家族は「彼らの遠い家族と関わるとは思ってもみなかった」と語った。一方、他の家族は関係を築くことに対して慎重であった。子どもをグループホームに連れて行ったある姉妹にあたる人は子どもたちの反応に驚いた。

「ほぼ四歳だったカレンはマイケルを他の人と同じように見ていたと思います。それはとても素晴らしいと思います。彼が話せないとか、おかしな音を立てているとは決して言うことはなかったので、私の方からこれらのことを子どもに伝えてあげなければならないほどでした。子どもたちをそこ（入所施設）には連れて行ったことはありませんでした。……そうすることは正しいことではありませんでした。子どもたちは物音や大集団、そして棟の建物を恐がっただろうと思います」。

新しいグループホームを定期的に訪問するようになった数家族の方々は、家族のいない本人たちの対照的な状況について述べていた。例えば、ある本人の母親はグループホームにいる一人以上の人たちが彼女を「ママ」と呼んでいたと述べた。私たちの参与観察からも、家族のいない多くの本人は他の本人には家族との深い関係があると気づいており、彼らもそうした関係を欲していたように思われた。

近隣住民との関係を築くことは、最初の数週間あるいは数カ月の間ではより難しいことであった。四家族は近隣住民が自分たちの親族である本人とうまくやっていくようになるまでには時間が必要だろうと語った。いかに住民が未知なことに恐れを抱き、土地の価値が低下することに不安を感じ、プライバシーが侵害されることを心配しているかということについて彼らは語ってくれた。これらの家族は徐々に住民の態度が変わり、彼らが障害のある個々人を理解するようになるときがいつか来るであろうということを理解し、あるいは信じているように思われた。多くの家族は最初の数週間は近隣住民については注意をしていたと語った。いくつかの家族は彼らの親族である本人には誰もが地域で支援を受けて生活できるように権利をもっていると分かっていても、近隣住民が拒絶することによって傷つけられ、恐れ、さらに苦しんでいると感じていた。

地域生活を始めてからの最初の期間は、本人たちの人間関係は職員や家族に限定されていたことは明らかである。

様々な機会と達成感

家族は自分たちの息子や娘、兄弟姉妹が地域で生活を始めてから最初の数週間に数多くの機会や達成があったことについて話していた。プライバシーや他の人の物とは別に個人の持ち物をもてるという機会や価値について多くの家族が語っていた。繰り返しになるが、家族は入所施設での生活と比較したときの対照的状況について興奮して語っていた。

「私が（新しいホームに）やってくると、それは素敵なホームで、本当に家のような生活環境でした……。そして彼には自分自身の部屋があり、他の人もそうであり、彼らは私を案内してくれたのです。まるでそれは天国のようでした。私はその言葉を使ったのを覚えています。地獄に対する天国だと。トランキルは地獄ではないのでそうとは言えませんが、いずれにしても新しいホームは天国でした」。

新しい生活環境ではプライバシーが守られ、居心地が良いので、自分たちの愛する家族が自らを表現したり、選択肢を与えられ日常的に決定をする機会をもつことによって「自らのアイデンティティをもつ」ようになったりするのではないかと家族は感じていた。このような地域生活の特徴的側面は親の迷いを解消する上で重要であったように思われた。親がこれまで子を入所させたときに彼らが非常に悩み迷ったのは入所施設では人間らしい関わりや様々な機会が欠如していたためであったということを振り返るべきであろう。

ほとんど全ての家族は息子や娘が地域で生活を始めてから数週間でスキルや能力、関心、容姿や行動に変化が生じたことに言及した。いくつかの家族からの以下の語りには、機会が増え、多くのことが達成されていくことに対する人々の肯定的な認識が示されている。

「彼女はベッドからシーツをとり、洗濯機まで運んでいくお手伝いをしています。そのようなことを彼女ができるとは私たちは思いもしませんでした」。

「彼らは最近映画を観に行きました。彼は今までの人生で映画を観に行ったことはありませんでした」。

「食習慣のようなあらゆることが改善しました。彼はこれまでよりも穏やかになり、リラックスしています」。

「彼は小さなテープデッキを夜自分のテーブルに置いています……。今では覚えているのか、自分でそれができます。その使い方について彼に教えることはできませんが、しばらく眺めて、彼は自分でそれをしています……。彼がどんなテープを聞いたのかが皆が分かります。というのは次の日にその歌を歌っていますから」。

「彼女は今自分がしていることに本当に誇りをもっています。以前では誰も時間がなかったので、私は覚えていません。彼女は作っている全ての物、している全てのことを見せてくれ、とても幸せです」。

地域での最初の数週間、親や他の家族は入所施設での長期の暮らしで失われたスキルが再び現れ始めたということを述べた。セルフケア、家事、他者への気遣いといったなかで新たな能力が見られ始めていた。こうした変化は本人たちに期待がもたれ、様々な機会が提供され、職員によってスキルが教えられているためであると親は考えていた。さらに、様々な日々の多様な活動は入所施設での単調な生活とは対照的であることが多かった。

家族の心配

自分たちの親族にあたる本人たちの地域生活について非常に肯定的見方をしていたが、家族は最初の数週間、心配事についても話していた。興味深いことに、地域生活に適応することが難しいとは誰も語っていなかった。親によって述べられた心配事には三つあり、それは職員による仕事への適応や離職、日中活動、そして息子や娘、兄弟姉妹の将来についてであった。

職員が絶えず変わっていたので離職によって地域での適応が難しくなると数家族が語っていた。ある父親は離職に伴う問題について以下のように主張した。

「ここが彼らのホームであるということを皆が見過ごしがちでした。職員という見知らぬ人たちを家の中に入れたり、出したりしているのです。私たちはそれが好きではありませんでしたし、正しくないと思います。ある朝起きると、今まで会ったこともない人がそこにいるんですよ。ええ、彼らは否定的な反応をしても不思議でありません」。

職員の離職という問題は対人援助サービスにおいては繰り返し生じている問題である。しかしながら、複雑なニーズをもつ人たちが彼らの発達を最大限に保障するために継続的支援を必要としている移行期間においては、それは一層深刻な問題となる。不運なことに、私たちのデータは離職あるいはそれによる影響という点について明らかにできていない。

人的資源省の公式ガイドラインでは全ての人は日中活動に参加すべきであるということが示されている。私たちのデータでは、入所施設から退所した数人の方々は最初の数カ月間で日中活動に参加していなかった。家族が心配し、自分たちの息子や娘が家の中で一日中座っているのはどうしてなのかと不思議に思うのはごく当然である。この問題については、次章において私たちの調査結果を示したい。

施設閉鎖期間に息子や娘と再び関係を築くことができた親が今では明らかに、彼らの人生においての関係者となり、彼らの人生に関わる意思決定の多くに関与できるようになったということが私たちの調査結果から示されている。それにもかかわらず、**実際の施設閉鎖直後に家族から示された主な心配事の一つが息子や娘の将来についてであった**。不安であるという感情は息子や娘が入所施設にいるときに親が感じたことと類似していた（第3章）。しかしながら、新しい生活環境に関わる迷いについて語られることは少なく、将来の計画という点で迷いのあることが多く語られた。親は彼らが亡くなった時に自分たちの親族にあたる本人たちの面倒を誰が見てくれるのかと考えていた。

「彼らは世の中の不安定な状況にとても影響を受けやすいと私たち皆が感じているのだと思います。状況がとても安定し続けるように計画を立てる必要があります。数名の親は心配をしていて、とりわけ私の年齢になったときに、周りに人がいないときに誰が彼らの関心事に対応してくれることになるのかと心配をします。誰かが彼らの面倒をみてくれるという確証が必要なのでしょう」。

親は彼らが喜びを感じている現在の居住場所でこれからもずっと生活できるということを保障してもらいたいにちがいない。数名の親は生活の質が維持されるように現在のサービスをいかにモニターしていくかということについて疑問を投げかけていた。

サービス提供事業者の認識

現在入所施設から退所した男性や女性たちを支援している地域のサービス提供事業所で働く職員は当初の地域生活について四つの点から語っていた。すなわち、適応や適応行動の変化、近隣住民の受け入れ、本人たちがいかに学習し変化しているのか、そして職員の訓練や支援の必要性、である。

全ての職員は本人たちが新しいホームにすぐに適応できたことに最も驚いていた。職員は「適応行動」、余暇の過ごし方やスキルの習得という点での著しい変化についてよく話していた。職員によるコメントでは地域生活を開始した最初の数週間に気づいた変化について多く語られた。

「今は最初の一～二週間よりも本人が叫ぶことも少なくなり、ずっと穏やかな環境になっていると思います」。

「アイコンタクトがかなり増えました。互いのことを意識するようになり、より社交的になっています」。

「本人たちはすぐに生活に慣れました。今はより適応し、幸せな様子にみえます」。

「私たちのホームにいる本人たちは今では日課に従い、家事により気軽に参加してくれています」。

ある意味で、元施設入居者の変化のスピードに驚いていた職員のうち最も意見を述べた人は以前、入所施設で働き現在は地域のホームで働いている人であった。彼らは人が能力をもつようになるか否かということは生活環境がいかに重要であるかということを述べていた。

おそらくトランキルの本人たちは「重度障害者」とラベルを貼られていたため、職員は最初の数週間は「行動」面にかなりのエネルギーや努力を注いだ。地域支援チームのコーディネーターはほとんどの「最初の数カ月間に私たちが受けた研修についての要望はいかに行動を管理し、変化させ、促していくのかという観点のものであった」と述べた。

こうして職員への研修は入所施設から退所した男性や女性たちに直接関わる人にとって重要な支援の仕組みとなった。このような研修の効果について職員は様々な意見をもっていた。一般的に、それは評価されていたが、以前のように集中的に行われることもなく、包括的なものでもなかったという。

「研修が十分なものであったと私は思いますが、適切にそれは取り組まれていませんでした。私たちによる直接支援の必要を満たすために多くの研修や継続的な補助がなされることになるのでしょう……。研修を行う際には費用がかかります。というのは、私たちは労働組合の契約に縛られていましたし、もし私たちが被雇用者に研修会に参加するように求めればその全費用を支払うことになるでしょう」。

最初の数週間の段階では職員は本人たちの行動を改善させるという考えに焦点を当てていた。より広い地域を活用するということに言及した職員はほとんどいなかった。地域への小旅行や外出はあったが、この段階ではこのような活動は職員にとってあまり重視されていないことが明らかであった。

職員はグループホームへの**地域の当初の受け入れ状況**について述べていた。私たちの質問紙による調査データでは、近隣住民の五〇%は入居者が最初に引越しをしてきたときに警戒し、他の一五%が恐れ、怒りを抱いていたと職員が考えていることが示されている。一つの例外を除いて、新しいグループホームに対して怒りをもって反応した唯一の地区がカムループス、すなわち、トランキルに最も近い町にあった。全体的に職員は、最初の数週間では近隣住民の二一%が受け入れ、支持をしてくれたと述べていた。このような支持的な対応によって、近隣住民は新しい入居者を歓迎するために訪問したり、クッキーを持ってきてくれたりした。あるサービス提供事業所は「控えめ」にグループホームを紹介することによって、初期の頃の受け入れがなされやすくなったのではないかと述べていた。一方、相談を受けることもなく、住居のある通りにグループホームがつくられるということを伝えられなかったために、怒りを示した近隣住民もいたということをいくつかのサービス提供事業者は報告していた。このような住民の側にある最初の頃の警戒、恐れやためらいは、地域の受け入れや住民の関わりを促すためには時間や関わりが最も重要な要素であると指摘していた他の研究によっても述べられていた（Perske 1980）。

数名の職員は自分自身がいかに適応し「日々学んでいる」のかという感覚について話していた。サービス提供責任者は職員による変化の過程についていかに感じたのかを述べた。

「職員は皆、入居者と共に学習していて、それはゆっくりしたプロセスでした……。私たちが準備できると次の段階に向かっていきました。彼ら（職員）は一つの単純な問題に対処することができると私たちはより複雑なことを伝え、ゆっくりと職員の対応できることを増やしていきました」。

親が職員の離職について心配していたように、ある経験豊富な職員は職員が仕事を継続していけるかどうかを心配していた。彼らは将来や費用の削減、いかに経済の変動期によってサービスの質が低下するのかということについても心配をしていた。ある職員は将来起こりうる問題について以下のようにほのめかした。

「適切に職員を配置させることができません……。実際には二名の職員が必要なときに四名の入居者に対して一・五名の職員しかいないときに問題になります……。料理、家の掃除、外での庭仕事、入居者の送迎、買い物（が仕事には含まれます）。それは多すぎます。それが今私たちの直面している問題なので、本当に心配しています」。

州政府の認識

州と地区のレベルで州政府関係者は、入所施設から退所した男性や女性たち、家族やサービス提供事業者と同様の印象をもっていた。州政府の役人による最初の数カ月間の地域生活についての考えはとても肯定的なものが多かった。家族あるいはサービス提供事業者が述べていたような心配事や困難について言われることはほとんどなかった。それはおそらく州政府の職員として彼らは元入居者の日常生活からは距離をとっていたからではないかと考えられた。

政府関係者は本人が地域に適応し、進歩していることに本当に驚いたように思われた。ある地区職員は施設閉鎖後の数週間に経験したことについて以下のように振り返った。

「数カ月の間に本人たちのなかに見える成果や変化は驚くべきことでしたし、信じられませんでした。プロパガンダのように聞こえるかもしれませんが……、それが実際に起こっていることを見ると本当に驚きます。彼らは幸せであり、落ち着いています。彼らの中にはもう既に変化が生じているのです。それはと

環境の変化、心の変化

カムループス・ニュース、1985年11月6日、ジョン・ジョンソン　レポーター

47歳の知的障害のある女性はあまりにも自信を喪失し、かつてはコーナーに閉じ込もり、自分を守るような格好で腕を上げてうずくまっていたが、その彼女が新しい生活を発見したのである。彼女は4歳のときからトランキルが閉鎖される今年の始めの頃まで知的障害者入所施設の入居者であった。

彼女がダラスのボゲッティ・プレイスに新しく設立されたグループホームに最初に引越しをしたときに、彼女が日中活動に参加するように外に連れていくために2人の人が必要であった。「今ではバスがここに到着し、私たちがジャケットを彼女に渡すと、彼女は自分自身で出かけていくのです。彼女は以前は怖がっていましたが、8～9カ月後には彼女は好奇心をもち、信頼するようになりました」とジーナ・クラウストン（ホーム責任者）が述べた。

17年間トランキルに勤めたクラウストンは、州政府が最初に施設を閉鎖し、325名の入居者の多くを地域に移行させると宣言した時には疑っていた。

「私はそれ（施設閉鎖）はうまくいかないだろうと言っていた一人でした。それは学びであり、楽しいことでした。私にとっては、以前は反対していた何者かに従う弟子になったようなものでした」

てもすばらしい」。

このような施設閉鎖過程については当初述べてきたように（第6章）、いくつかの州政府の地区職員は地域開発に関わっており、家族を相互に結び付け、家族が彼らの息子や娘と再び関係を構築できるように支援をしていた。BCMHPによる家族支援戦略と連携したこれらの努力の成果について、多くの人的資源省関係者が述べていた。

「この全体のプロジェクトの最も素晴らしいことは、家族が地域に移行した本人たちと再び関わるようになったことでした。彼らは何年もの間、訪問することがありませんでしたが、今では定期的に訪問しています。彼らは週末に本人たちをホームからどこかに連れていったり、ホームを訪問したりしています。彼らには障害

があるということで家族である本人たちを受け入れてこなかった人たちが、今では再び関わるようになっています。この全体の過程の最も素晴らしいことは、家族全体が彼らの家族である本人たちに再び関わるようになったことが見えることです」。

他の地区の州政府職員は同様の考えを述べていた。

「とても理解のある親がこの過程を通してとても興奮するようになったのを（私たちは見てきました）。彼らはかつてもってなかったような期待をもっていました。かつては全ての希望を諦めた中で物事が変わり始めているので、これらの親たちはとても興奮していました」。

本人や家族の生活における最初の変化が州政府関係者の考えに直接影響を与えていたように思えた。施設閉鎖から学んだことを振り返り、人的資源省の上級責任者は以下のように強調した。

「知的障害者、彼らの親や地域の能力を過小評価してはならない。私たちにとっては本当に目が開かれました。これらの人たちを私たちは過小評価してきたのです」。

施設閉鎖後の最初の数週間及び数カ月の間に州政府関係者から述べられた一つの懸念事項は、サービス提供事業者による施設退所者のグルーピングの方法であった。例えば、二〜三のグループホームでは、一つのホームの全ての入居者に行動上の問題があるという状況であった。人的資源省はこれらの生活環境ではもう既に問題が生じていることに気づいていた。次章では、閉鎖一年後のこれらの運営上の問題についてより深く考察していこう。

要約と結論

一、家族、本人、サービス提供事業者や州政府は皆、ブリティッシュコロンビア州全域に作られた新しいグループホームで生活を始めた頃の本人たちの経験について非常に肯定的に受け止めていた。これは、彼らが施設閉鎖過程の初期段階で施設生活について考えていたこと（第3章参照）とは大きく異なるものであった。

家族の新しい生活環境についての見方は特に肯定的であり、いくらか劇的なものであった。親は施設閉鎖過程の初期段階において恐れやためらいを抱いたということを思い出してほしい。それとは対照的に、多くの家族は地域生活の考えをもち、その現実を受け止めることができるようになっていた。このように肯定的な考えをもつことによって、家族は脱施設化の危機という段階（第5章参照）を乗り越えることができるようになったことは明らかであった。こうした質的変化や過程はペンハーストでの研究結果と同一のものである。ペンハーストの閉鎖以前は二〇％以下の家族だけが息子あるいは娘の地域生活への移行に賛成していた。施設閉鎖後は、六五％以上の家族が地域での生活への移行にとても賛成するようになった。家族に関するこうした調査結果は将来の施設閉鎖に関わる人たちにとってとりわけ重要である。すなわち、家族は彼らの家族構成員と再び関わることができるようになり、そのことによって彼らは地域生活の協力者及び支持者となるのである。

私たちは脱施設化に関わる調査期間中、脱施設化の取り組みが価値のあることかどうかということについて何か証拠があるのかを尋ねられてきた。今では全てのセクターについての力のこもったレポートがそのことを自ずと語っていると私たちは回答できる。脱施設化の正当性について証拠をもって主張しようとする人々のために、入所施設を退所した人々の証言を含む様々な情報源からの豊富な証拠があると言うことが公平であろう。

二、施設閉鎖過程において引越しをし、新しい場所で落ち着くことができるかということについて職員や入居者から様々な懸念が言われてきた。施設閉鎖期限が迫るにつれて、この閉鎖過程においては入居者への配慮がなくなっていった。将来における施設閉鎖計画ではこの移行期の対応を改善するためにいくつかのセクターから提案がなされた。

三、全てのセクターからは元施設入居者の行動に変化が起こったということが報告された。このような認識は近年の量的調査の結果と符号するものである。例えば、ペンシルバニア州でのペンハースト入所施設の元施設入居者についての五年間にわたる調査結果から適応行動の著しい上昇が示されてきた。ペンハーストの元施設入居者は地域で生活を始めてから誰かの助けを受けることなく自立して自分で物事を行うことができるようになった（Conroy and Bradley 1985）。私たちの質的調査の結果もこの結果を支持し、さらにはこのことは入所施設と地域生活の行動面での差異について周囲の人々が「気づく」ようになることを示している。

四、全てのセクターからは入所施設から地域生活に移行することによって、**生活環境の質が劇的に変化した**ことも報告された。プライバシーや様々な機会の向上などノーマライゼーションのいくつかの指標が言及された。このような認識はペンハーストでの調査結果を支持するものである。すなわち、新しい居住形態はノーマライゼーションや個別化という観点からも「より良い」ということであった（Conroy and Bradley 1985）。上記の調査結果は行動に影響を与えうる生活環境や社会的期待の有効性を示している。地域生活環境は人々の生活に「環境」を与え、そのことがノーマライゼーション原理の実態を示している。多くの場合、本人たちは自分自身の部屋をもち、活動に参加し、家事を行い、日中活動や余暇活動に出かけている。入所施設ではこのようなことがなかった。

五、地域生活に移行した最初の数週間については様々なセクターから**懸念**が表明された。これらは主に、職員の入れ替わりや継続性、行動障害のある人たちが不適切に共同生活をせざるを得ないこと、日中活動が限定されていること、モニタリングや将来の質のある社会資源を保障できるかどうかについての懸念であった。施設から退所した男性や女性たちは最初の数カ月間は地域の人々との関係が疎遠のままであったが、このことは我々の調査で聞き取りをした人たちからは懸念事項として語られていなかった。入居者の主な人間関係は職員や家族に限定されていた。地域生活を始めたことで社会的文脈が変化することによって、人びとの考え方が大きく変わった。例えば、元入居者が新しい生活環境に慣れないということが言われることもなかったので、かえってそのことが改めて確認された。ある種の適応性についての問題はこれまでもあり、これからもあるだろうと考えることが自然であるようにみえる。しかし、家族の目からみれば、移行したことによる肯定的側面と比較するとそのような問題は大きなことではない。

多くの意味で地域生活に比較的適応しやすいということがまさに精神遅滞という定義とは異なる実態を示しているといえる。「期待された」学習可能性ということを述べるためにラベルを使用することに深刻な疑問を提起することになる。先行研究（Bogden and Taylor 1982; Mercer 1973）によれば、ラベルを貼り、精神遅滞という用語を使用することは深刻な結果をもたらすことになるということが指摘されている。

最終章では、施設閉鎖後一年以上の間に経験されてきた地域への参加や地域生活のいくつかのパターンについて検討したい。

第11章　地域での生活――一年後

トランキルの施設閉鎖から一年以上が経過し、元施設入居者はブリティッシュコロンビア州全域にわたりいくつかの地域で生活をしていた。他施設に再入所された人たちにとって、彼らのうちの数名を地域のグループホームに移行させる計画が進行中であった。全てのセクターにおいて、施設閉鎖の取り組みは成功したというのが一般的感覚であった。ブリティッシュコロンビア州では、八〇〇名以上を収容するニューウェストミンスターにあるブリティッシュコロンビア州最大の入所施設ウッドランズを閉鎖する計画についての話すらあった。ある親のリーダーの言葉が、おそらく施設閉鎖一年後の多くのセクターの中にある雰囲気を伝えていた。

「私はその成功について楽観的で、誇り高く、喜びをもっていたいと思います。そこには多くの成功があります。しかし、私たちはこれからも活発に活動を続けたいし、決してこれまで起こることがなかった変化をとても率直に受け止めていきたいのです」。

地域で今生活している元施設入居者にとって、暮らしとはどのようなものであったのだろうか。このたびの調査の一環として、トランキルから退所した男性や女性たちの施設閉鎖による成果について小規模の調査研究を始めた。我々が特に関心をもったのは、日々の生活パターン、社会的ネットワーク、地域社会における人間関係、地域社会にどの程度参加し統合されているかということであった。エマーソン（Emerson 1985）、ペック（Peck *et al.*）、ターンバル（Turnbull 1985）の研究によれば、これらの事柄が脱施設化の評価研究において最も重要であると主張している。

本章では、成果に関わるデータに基づき、いくつかの調査結果について検討する。参与観察者として、いくつかの地域にある四つのグループホームで長期間過ごした。また、立地条件を知るために他のいくつかのグループホームも短い時間ではあるが訪問した。さらに、詳細な情報を知るための質問票をグループホームの管理責任者に記入してもらった。最後に、施設閉鎖から一八カ月のあいだ、新聞記事や他の関連のある文書を組織的に調べ、上記の調査データをより深く理解することに努めた。この調査結果は探究的なものであったが、施設閉鎖過程と共に地域生活環境がいかに十分に計画されるべきなのかという点において、将来の施設閉鎖の取り組みにとって有益な方向を示してくれている。

グループホームでの生活とノーマルなライフスタイル

私たちが訪問した全てのグループホームはきれいにされており、近隣の他の住宅と変わらないものであった。ホームは車椅子での出入りができるように大きく広がった一階建ての住宅から、大きな二階建ての住宅、分譲マンションまで様々であった。明らかにグループホーム運営者は近隣住宅の基準に沿うように注意を払っていた。

いくつかのグループホームの立地環境にはより多くの問題があった。多くのグループホームが近隣の住宅地にあったが、いくつかの場所にあるグループホームは近隣の地域からはいくらかかけ離れたところに位置していた。このような場所にあることは、地方ではよく見られることのように思われた。

私たちが訪問した多くのグループホームはとても快適であった。質の良い家具、様々な便利な家電製品、入居者が自分自身で過ごしたり他の入居者と過ごしたりできる多くの空間が確保されていた。多くの入居者は個室であったが、二人部屋の人も数名いた。

共同生活では確かに衝突や問題が生じうる。グループであるがゆえに協働で行ったり共有したりすることが多くなり、争いごとが起こることもある。施設から退所した男性や女性たちにとってのグループホームは一度に「勤務につく」職員が二〜三名であった。四〜五名のグループホームでは、一人の職員が勤務に入る就寝時間以外では、六〜七名の人々が一度にいることを意味していた。**日々の日中活動のパターンやホームでの人間関係は、入居者が福祉的就労に参加しているかどうかに応じて様々であった。**日中活動の内容の違いを別として、入居者間の相互関係や日々の生活という点でグループホームでは多くの共通することがあるように思われた。

比較のために、二つのグループホームでの朝の時間帯の**参与観察によるフィールドノートの内容**を示してみよう。

「七時〇〇分に到着すると、リチャードだけが既に起きていた。彼はロッキングチェアに揺れながら座っていた。到着したばかりの二名の職員もまたテーブルに座っていた。三人目の職員は台所にある入居者の薬を整理していた。ほとんどの会話の内容は入居者のこと、昨晩の出来事、その日の計画についてであった。居室にいる入居者を起こすような日課はなかった。

準備ができると各入居者は朝食を食べるために台所にやってきた。誰も朝食に何を食べたいかを尋ねられることはなく、おかわりが必要かどうかを尋ねられていた。職員が朝食の準備をし、食後の片づけの多くも行っていた。各入居者は自分が食べた場所をきれいにする責任を担っており、数名の入居者は自然にそのことを行い、他の人は職員から促されて行っていた。朝食の間、入居者は互いに話をすることはなかったが、一人の女性職員が入居者によく話しかけていた。彼女は入居者のその日の様子、その日にある予定、昨日あったことについて話しかけていた。入居者に心を開き、自然な形で入居者に関わっている唯一の職員が彼女であった。他の職員は主に指示だけをしていた。数名の入居者はうなずいたり、指をさしたり、時には話したりしながらその職員に答えていた。

朝食の後、全ての入居者はリビングに腰をかけていたが、ジェーンだけが共有ルームにある彼女のお気に入りの椅子の方へと行った。施設を退所してから受けている行動変容プログラムの一環として、一五分おきにジェーンのためにベルが鳴った。彼女は椅子から直ぐに立ち上がり、冷蔵庫の方に行きそれに指をさし、彼女のコミュニケーションシートに書かれた食べものの一つを言い、それをもらって食べてから元の彼女の椅子に戻った。

朝食後は他の全ての人たちがリビングルームで過ごしていた。テレビはついていなかったが、誰も互いに話しかけたり関わったりすることがなかった。ボブの膝には猫が横たわっていたが、彼はそれを触ることなく何もすることもなかった。その日に計画されていることは何もなかった。誰も職員の知っているホームを訪問することもなかった。職員はこのような日は週末だけではなく週に二日ほどあると教えてくれた」。


職員は「座って」何もしないで過ごすことがあるのは、そのグループホームの入居者が高齢者であるからだと説明してくれた。結局、彼らはデイプログラムや福祉的就労の場に行くことを求められることはなかったが、職員はその日を過ごすために、地域やホームでできることを探そうと努力していた。

毎朝入居者がデイプログラムや就労に行くグループホームでは、いくらか人々は活発に動いていた。再び、フィールドノートの記録を以下に示す。


「木曜日の朝のことである。皆が仕事に行く準備をしている。二人の入居者は自分の昼食をつめ、車に乗る準備をしている。一人の女性は半ブロックほど歩いて街のバスに乗り、バスの乗り継ぎも自分でしている。

メアリーとヘレンはまだ朝食を食べている。彼らは職員によって朝食を準備してもらっており、おかわりが必要かを尋ねられている。食事が終わると自分で食器を片付けている。職員とこれらの女性たちとの間でたくさんの会話がなされている。入居者は皆、異なる時間帯に出かけて行くことから、職員と入居者の間で個別化された相互の関わりがなされていることが分かる。朝食はいくらか忙しくしていたが、それは多くのグループホームでは見られることであり、とりわけ緊張した雰囲気でもなかった。

全ての四名の女性が仕事に行くためにきれいに着こなしている。彼女たちの服は入念にどれがよいかを選んで着たものであることは明らかである。彼女たちが一番似合う服を着こなせるように誰か職員が助言していることが明らかであった」。

入居者が就労に行くホームとデイプログラムに行かないホームとでは個々人の費やすエネルギーの度合い、相互の関わりや参加状況に大きな違いがある。一見すると、ノーマライゼーションはいくらかステレオタイプの方法で「やりくりする」だけのことが可能であるように思えてしまう。例えば、年齢や文化的に適切な行動パターンをノーマライゼーション原理は示している。上記の二つのホームにおいて、入居者がある年齢にあれば「仕事」のために出かける、退職する年齢であればホームで過ごす、他の人と同じようにホームで過ごす、あるいは魅力的な服を着こなすというような行動パターンが生じてしまっていた。

継続的に参与観察を行うことによって、ノーマライゼーションとはほとんどの入居者にとって個人的なプロセスであり、彼らのライフスタイルは入所施設にいるときよりも大きく異なるものであるということが分かってきた。全ての入居者は個室や、今では支援を受けながら自分で管理している所有物に誇りをもっている。デイプログラムに行き、仕事に行っていた人たちはその日のことについて自分で必要なより多くの選択をしていた。しかし、全ての入居者が自分の服を選び、どのくらいのものを食べたいのかを決め、ホームの「一員」であるように支援されていた。**入居者は社会的に価値のある役割を維持するように支援を受けていた。**服装、マナー、適切な行動の仕方が結局、重視されていた。

しかしながら、私たちの参与観察を通して明らかになったことは、社会参加や社会的関係が充実しているかというときにノーマライゼーションのこの側面がいかに制約を受けているかということである。ほとんどの入居者が過ごす圧倒的に多くの時間は職員のいるところでなされているということが参与観察や質問票の結果から明らかになった。入居者はホームで家事、テレビをみること、くつろぐことに多くの時間を費やしている。

数名の入居者が受けている行動変容プログラムは施設閉鎖の初期に職員が訓練を受けた処遇方法であるように思える。この訓練は主に、行動変容やノーマライゼーションに焦点が当てられており、余暇活動への参加や、人間関係や友人関係の形成、社会的支援には重点が当てられていない。主な運営方法として行動変容アプローチを採用することによって、実際にこうしたことを広げる可能性を狭めてしまっている。

多くのグループホームでは、ホームでの活動を適切に行ったかどうかで褒美を与えるということが行われており、その結果、入居者は職員に非常に依存するようになってしまっていた。

デイプログラムと雇用

デイプログラムと雇用の機会は、障害者がその成長する機会を最大限に保障するために重要なプログラムであるとしばしば言われてきた。人的資源省は施設閉鎖の初期に地方支部やサービス提供事業者にデイプログラムの重要性を強調していた。しかしながら、これまで見てきたように、入所施設を退所した全ての人がデイプログラムに参加していたわけではなかった。デイプログラムに参加することができた場合にもそれがどれほど適切なものかは別の問題であった。前章でみたように、施設閉鎖の最初の数カ月間に親が最も不安に感じていたことの一つは、デイプログラムが不十分であるということであった。

施設閉鎖の成果に関わる私たちの調査研究の一環として、調査者はデイプログラムにも入居者と共に参加した。トランキルの元施設入居者のために用意された典型的な二つのデイプログラムについて以下に印象的な様子が示されている。

あるタイプのデイプログラムは障害者を対象とする作業所あるいは保護的な就労環境であった。入所施設を退所したある人たちは既存の作業所に参加し、他の人たちは退所者のために特別に作られた就労環境に参加した。保護された就労環境は障害者を隔離し孤立させるということで一般的に批判されてきたが、近年ではこうした就労環境の多くが生産性を重視するようになりノーマライゼーションの考え方に合致するものになってきた。そうした就労環境が元施設入居者のためにいくつかの地域で作られてきた。ある調査者の観察結果は下記の通りである。

「この就労の場所は工場地帯の中にある。私が参加した時には主に椅子の部品を作ったり、家具を組み立てたりしていた。その場の雰囲気は会社の就労場面のように確かに見え、三名の職員と九名の雇用された障害者が忙しく働いていた。そこで働いている人たちの多くが熱心に仕事に取り組み、どこで次の仕事を始めるのかを理解しているように思えた。その職場はよく計画的にことがなされており、いくつかの仕事は職員の支援がなくなされており、何らかの支援を受けて完成される仕事もいくつかあった。

障害者の間での相互の関わりはほとんどなかった。ただ職員と障害者の間での関わりはあった。ある意味でその職場は、障害者にとってモデルとなり友人となりうる健常者の同僚がいないということ以外は、いくらか一般的な工場の職場のようであった。

職場の管理責任者はこの一年間に障害者がいかに多くの点で成長したかということについて強調した。数名の人たちは何らかの仕事を始めることさえできず、隅で縮こまっていたのが、今では誇りをもって自分が作ったものを見せてくれると話していた。彼らは自分の仕事を本当に楽しんでおり、このことは自尊心を高める上で重要であると主張していた。

障害者は一日一ドルよりもわずかに多い工賃を受け取っている。皮肉なことに、金曜日には職員は昼食にレストランに行きたいという障害者と共に出かけ、そこで彼らの工賃のほとんどを昼食代に使ってしまうのであった。ある典型的な金曜日に、労働者は昼食時間を楽しく過ごし、職員と入居者の間でいくらかの関わりがあった。しかし、他の地域の人たちと関わる様子は見られなかった」。

この福祉的就労の状況は多くの点で典型的な障害者の就労環境である。隔離、低賃金、いくらか単調な仕事内容が主な特徴である。しかしながら参与観察を継続していくと、かつて施設に入所していた人たちにとって、この種の就労環境によって仕事に関連する活動のスキルや自信をもつことが可能になったことを私たちは理解するようになった。初めて元施設入居者は複雑なスキルを習得し、市場で売ることのできる製品を作っていたのであった。しかし、この特殊な就労環境において、職員はそこで働く障害者が一般就労に将来的に移行しうる可能性について考えることはしていなかった。実際に、この職場における就労環境は将来的に拡大していくということが職員によって話されていた。

元施設入居者にとっていくつかのデイプログラムはより訓練志向型の内容になっていた。ある調査者が訪問した職場は以下のようであった。

「この職場は一〇名の障害者と三名の職員が働いていた。彼らは住宅地域の近くにある半ば工場コンビナートのようなところにあるとても狭い場所で働いていた。その職場はストレスの多い環境であり、それはある点では空間的狭さと密集状態によるだけではなく、そこで行われている仕事内容によるものであった。これはとても典型的な訓練のための職場環境であった。クライエント、彼らはそう呼ばれていたが、梱包、封筒入れ、物資の仕分けを行っていた。職員は医学的アプローチによって、障害者が働き続けるような定期的な指導や働きかけをしていた。職員はその仕事を熱心に行っていたが、そのことによって緊張した雰囲気が醸し出されていた。職員は数名の障害者についてのデータを収集しており、訓練期間を注意深く設

表6　施設閉鎖から15カ月後の元トランキル入居者のためのデイプログラム

地域での雇用	2.7%
保護された作業所（福祉的就労）	33.6%
生活スキルあるいは訓練への参加	38.9%
デイプログラムの選択肢がない	5.3%
その他（ホーム内でのプログラムを含む）	19.5%

＊52グループホーム運営責任者への質問紙調査に基づく。調査対象者は元施設入居者の113名

定した行動変容プログラムを行っていたのは明らかであった。

ある時点で二名の職員が外にコーヒーを飲みに行ったが、クライエントは働き続けていた。この職場では仕事に関連する社会的スキルの習得は重視されていないことは明らかであった。職員はそこで働く障害者は行動が変わり、いくつかの仕事については自信を見せるようになったと述べていた。多くの障害者は訓練プログラムにある一つの仕事をこなすと、その日の午後には次の仕事を続けて行っていった。椅子に座っているだけで仕事を完成させていない人たちも数名いた。高度な仕事への関わりや笑顔及び自然な行動は見られず、自分が今している仕事をひたすら行う人たちもいた。障害者はこの職場に車やバスで来ており、四時間の労働時間が終了すると寄り道もせずにホームへと帰って行った」。

社会的ネットワークと人間関係

ホームはスキルや責任を担う場だけではなく、居心地の良さや安心感をもち、人から愛され深く思われ本当の意味で受け入れられるような場所でもある。ホームで人と人との深い関係を形成することによって、ホームの外の人たちとも人間関係を作ることができるようにもなる。ターンバル

（Turnbull 1985）は脱施設化の評価研究を通して次のような提案をしている。

「入所施設とホームの大きな違いは、個々人の人間関係の質である。全ての人たちの人間関係の質やそのような人間関係による成果をより良くするような方法が将来的には優先されるべき事であろう」。（p. 25）

入所施設での暮らしについて述べてきたように（第3章）、そこで暮らす入居者は社会的ネットワークや人間関係が非常に制約されていた。家族による訪問もまた非常に少なかったが、地域移行することによって家族による訪問が多くなっていった。元施設入居者が新しいホームで落ち着いたので、他の入居者・職員・近隣住民・友人との関係を含めて、彼らの人間関係は家族関係を超えて広がっているのか（もし彼らに家族がいるのなら）、他にどのような社会的ネットワークや人間関係があるのかということについて私たちは関心があった。施設閉鎖期間に収集したデータによれば、元施設入居者のネットワークは大変限られたものだろうと思う。施設閉鎖に伴う個別サービス計画や移行先の受け皿を作るという局面において社会的ネットワークについてはほとんど注意が払われていなかったことを読者は覚えているだろう。

グループホームにおける入居者間の社会的関わりは少ないものであった。参与観察では「ルームメイト」のような自然な相互の関わりが見られなかった。**グループホームの入居者は定期的に組織的方法で職員からの助言を受けて生活していた。**多くの人たちは最も基本的な生活スキルについても職員からの支援を必要としており、その結果、職員は継続して入居者に働きかけをする必要性が生じるのではないかと思われた。しかしながら、いくつかの事例を例外として、職員がホームの入居者間の相互の関わりを促すような場面はほとんど見られなかった。

これはホームにコミュニケーションをするのが難しい人たちが一緒に生活していたからに違いない。そのような生活環境では、入居者間の関わりを育てたり、形作ったりする機会は少なくなってしまう。共同入居者の誰も話をすることもサインを示すこともできないホームにいるある男性は他の新しいホームに引っ越すことを強く希望している。彼は彼と同様にコミュニケーションをとることのできる仲間を必要としていた。

調査者のフィールドノートには、入居者間の相互の関わりが最も自然な形でなされているホームでのある晩のことが以下のように書かれていた。

「皆がリビングルームでテレビを見ていたが、ジャネットだけは台所で刺繡のような手芸に取り組んでいた。それは彼女がときどき行っていたことである。テレビを静かに見た後で、ノレーンはバーバラに彼女の髪を触りながらカールしてくれるように頼み、髪を切りたくないということを言っていた。バーバラは職員であるが、ノレーンの洗髪を手伝い、台所の椅子に座って彼女の髪をカールしていたが、そのあいだおしゃべりをして、ノレーンとよく会話をするようにしていた。職員はその後でおやつをつくり、一人の入居者によってそれが用意された。リチャードはすぐにベッドに行き、他の人たちはリビングルームに戻って少しの間テレビを見ていた。職員の話によれば、入居者は好きな時間にベッドに行き、就寝時間は人によって様々であると説明してくれた」。

社会的ネットワークの広い入居者は家族関係も深かった。私たちの調査データによれば、施設閉鎖後から一年以上経過すると、新しいホームの入居者の四八％が何らかの形で家族に関わっていた。これはときどき電話をすることから、特別な日に贈り物を送る、一週間に一回ホームに訪問する、自然にホームに「立ち寄る」、昼食・夕食・映画に一緒に出かける、週末に家族のもとで過ごす関係まで様々であった。ごくまれに家族とよく関わる人たちだけではあるが、職員の同行なしに人からの招待を受けることもあった。ホームの他の入居者や職員との関係が唯一の社会的な関わりである人たちにとって、家族による訪問は重要なことであった。一人の調査者は以下のような記述をしている。

「ジャネットのお姉さんがその晩、お茶を飲みにホームに立ち寄った。そのホーム全員のために家で作ったジャムを持ってきてくれた。最初に彼女は台所にいる全員に会い、そのあとジャネットがお姉さんを自分の部屋に連れて行って自分たちだけの時間を過ごした。彼女たちはジャネットが他の姉妹の家で次の週末を過ごす計画をすることに忙しかった。二人は互いに大切に思っていることが明らかであった。ジャネットは車にいるお姉さんにハッグをし、手を振って別れを言っていた。ジャネットは私を家の中まで連れていき、カレンダーに記された一週間に二つあるマークを示してくれた。これは家族に彼女が電話をかける日を思い出すために書かれたものである。職員は彼女がよく電話をするように援助をしており、彼女が話をすることができなくても、意味のある相互の関わりが電話を通してなされていた」。

家族同士のネットワークの中にいたいという希望が私たちの中には強くある。入居者のグループホームに行くと、彼らは家族が最も関わってくれることを望んでいると話していたものであった。

「ノレーンは家の中を案内してくれた。彼女は部屋を案内してくれ、彼女の古い家族写真について話してくれた。彼女は写真の中にいる人の名前を知っていたが、その中の誰とも連絡をとっていなかった。写真を置いて、ノレーンは姉妹がまだ生きているかしら、もし会うことができたらと語った」。

私たちの調査からは施設閉鎖過程のときから入居者に再び関わるようになった家族は幾分定期的にホームにいる彼らを訪問し続けていた。この結果は家族支援が施設閉鎖過程において極めて重要であるということを示している。しかしながら、ノレーンのように家族と関わることがなかった人たちは、サービス提供事業所の職員から家族との関係を再構築するための支援を受けることがなかった。多くの事業所では家族との関わりを支援することの重要性を職員があまり認識していないようであった。ある事業所ではその必要性については他の事業所よりも分かっていたが、そのためのスキルがあまりなかった。少ない事例ではあるが、職員が家族に連絡し計画していることを伝えたり、情報や意見を尋ねたり、家族を夕食に招待することもあった。

社会的ネットワークにおける近隣住民の役割は今回の調査ではほとんど見られなかった。私たちが訪問したグループホームのいずれにおいても入居者が近隣住民と継続的な関わりをしているところはなかった。地方においては近隣住民との関わりは全くなかった。二つのグループホームでは、近隣住民との関係をつくる可能性があったが、それが進展することはなかった。

グループホーム運営責任者への質問票の結果を考えると、このことはいくらか驚くべきことである。第10章においてグループホームへの近隣住民の当初の反応がかなり警戒的なものであり、六〇%の家が警戒、恐れや怒りをもっていたということを私たちは書いた。しかしグループホーム運営責任者によると、施設閉鎖から一五カ月が経過すると、グループホームへの近隣住民の対応が劇的に変わったということであった。一二・二%の住民が警戒や恐れを抱いていたのに対して、三六・八%の住民がグループホームを受け入れ、二八・六%の住民がそれを支持しているということが分かった。サービス提供事業所の人たちは地域住民がもはや友好的でないということはないと言っていた。彼らはうなずいたり、朝のあいさつをしたり、不愉快であるということを示すこともなかった。しかしながら、職員が入居者の社会的関係やネットワークを広げるために近隣に意識的に関わることはなかった。その結果、近隣住民が入居者の生活に関わることはなかった。

グループホームの入居者にとって**職員は社会的ネットワークにおける重要な存在である**。多くの場合、職員が入居者の実社会における唯一の人たちであった。私たちの参与観察によれば、数名の職員が入居者に積極的に関わり、彼らと意識的に深い関係を築こうとしていた。この数少ない職員が入居者のこと、彼らの関心や活動を本当の意味で気にかけていた。あるグループホームでは、以前働いていた職員がグループホームを訪ね、一人の入居者と深い関係を築いていた。別のグループホームでは、ある女性職員がとても熱心に、入居者が家族や彼らの知っている人たちと連絡をとれるように支援をしていた。

このデータに関しては一定のパターンがあるわけではなく、私たちが訪問したグループホームのいくつかにわたってこれらの数少ない職員が働いていた。しかし多くの場合、**職員は日々の生活に必要なことをするために入居者に行動を促し指導をしているだけの関わりをしていた。**職員はこうしたホームの管理という点では有能であるように思われるが、クライエントと肯定的な社会関係を作ろうという積極性や熱意はあまりなかった。一つ二つの例外を除いて、職員は彼らの仕事時間以外で自らの生活のなかで入居者と関わることはなかった。ここで私たちは職員が仕事以外のプライベートの時間に入居者と深い人間関係を築くべきであるということは必ずしも言っていない。このことは望ましいことなのかもしれないが、職員はクライエントと関わり過ぎることによって、クライエントが他の人々と関係を作ることができなくなることがないように注意すべきである。私たちの調査結果からは、**職員は入居者が社会的ネットワークや人間関係を形成することを支援する必要性について単に意識していないということであった。**職員に職務規定においてこのような役割を課しているサービス提供事業者はひとつもなかった。

あるグループホームでは職員の離職がたびたび生じていることが明らかになった。職員がしばしば入居者と最も重要且つ唯一の人間関係を形成しているという私たちの調査結果と相まって、職員の離職率という実態は大きな課題である。数少ない人間関係が途絶えることは入居者の生活の質にとって望ましいことではない。

地域への参加及び社会統合

既に見てきたように、入所施設の環境におけるいくつかの限界の一つは、地域参加及び社会統合の機会が欠如しているということであった。一方、地域で生活するということは障害者が地域にいることや様々な種類の活動に参加する機会を提供している。地域とは全ての組織やクラブ、人が集まることを主とする場所と考えることができるかもしれない（McKnight 1985）。

サービス提供事業所は障害者が参加する地域活動のタイプを指摘するように尋ねられた際に、彼らは三つのタイプに分類することができると回答していた。第一に、レストラン、食料品店、銀行、ショッピングセンターなど消費活動をする場所である。第二に、ビンゴ、ダンスホール、スイミングプール、公園、図書館、ビーチ、映画、博物館やホッケーゲームなどの余暇や文化活動をする場所である。第三に、何らかのコースで学ぶことのできる教育活動の場所である。数名の障害者は大学での基本教育、ソーシャルスキルの訓練、エアロビックスなどのコースをとっていた。第四に、クラブや組織と考えられる場所があった。これらは最も利用頻度が少なく、教会だけが職員が言及していた唯一のクラブあるいは組織形態であった。

我々の継続的な参与観察によって、これらの地域活動の場所は障害者と福祉関係者ではない一般住民との意味のある相互関係を作れるかどうかという点で様々であった。例えば、消費活動の場所は、相互関係の機会を創り出していたが、人間関係を形成するための場としては活用されていなかった。

参与観察によれば、障害者がこうした地域活動に参加することはごくまれであった。あるホームでは、入居者は定期的に買い物に行く、あるいは、一週間一回の晩に出かけていた。他のホームでは、個人による活動が進められていたが、それは職員が始めるか、入居者に参加してもらうように働きかけをしているかどうかということにかかっていた。

全ての地域活動の場所が障害者の地域参加や社会統合を進めているわけではなかった。例えば、ある地域では地元の教会が一カ月に二度、知的障害者のためにダンスの機会を提供していた。

「おそらく五〇名ほどの障害者が参加していた。六人のライブバンドも行われていた。グループホームの職員も数名おり、入居者の家族も来ていた。数名の入居者がダンスをしており、他の多くの人たちが椅子に座って音楽を聴いていた。数名の職員はそこで行われていることに全く関与しておらず、入居者がその場に参加することや地域住民と交流することを勧めてもおらず支援してもいなかった。しかし、数名の職員は熱心に関わり、障害者と楽しく時間を過ごしていた。

教会の司祭はその時間ずっとホールを回っており、障害者との交流をとても大事にしているように見えた。数名の障害者は本当に楽しんでいるように見えた。その晩ずっと他の人とほとんど関わることのない障害者もいたが、彼らがどのように感じているかは分からなかった。そのイベントは九時過ぎには終了した。この日は金曜日の夜ということを考えるといくらか不思議に思えるが、この時間に終了した。私の知る限りでは、障害者はその時間にホームに帰って行った」。

地域に参加するということは、クラブ、組織や地域に関わる以上のことがあるのは明らかである。地域は、障害者が互いに関係しあい同じ目標をもって協力し、徐々にある種の責任を担うようになるものとしても理解されなければならない。この意味で、障害者のグループホームや、前述したような社会的イベントが行われる場所で起こっているいくつの活動は、地域に貢献できるであろう。不運なことにこれらの場所は、他の多くの障害者が隔離された生活環境と同様に、ボランティアは障害者「のために」何かをする傾向があり、その結果、障害者が責任を共有する能力や地域のもつ力を狭めてしまうことになった。

二つの最もよくある地域活動は買い物と余暇・文化活動への参加である。こうした活動の場に参加することはトランキルの元入居者にとっては非常に肯定的な経験であるのは明らかであった。私たちの参与観察及び職員のレポートによれば、これらの経験は障害者に自信をもたせ、彼らが地域社会の中で生きていくために必要な多くのスキルを習得することを可能にしていた。しかしながら、私たちが気づいたもう一つの側面は、多くの場合障害者は地域の中にいるだけであり、彼らがより積極的に地域活動に参加できるような励ましや支援がほとんどないか、全くないということであった。一人の調査者はこの点を明確に記述していた。

「職員がジャネットとダイアンヌと一緒に地元の薬局に入った時に私はたまたまその場所にいた。職員は親しく人に接する快活な若い女性であり、店で会った数名の人たちと少し話をしていた。ジャネットとダイアンヌは年老いた女性であり、彼女たちは店にいることを楽しんでいるように笑っていた。職員が他の客と話をしているあいだ、ジャネットとダイアンヌがその会話に参加させてもらうことはなかった。職員は買い物リストを持ち、棚から商品を選び、自分自身でそれらを運んでいた。その際にも、職員と二人の入居者が会話をし、相互に関わることをしていなかった。レジでは、職員とレジ担当者は活発に話をしていた。ジャネットとダイアンヌがそこにいるのが見えないかのようであった。彼女たちは笑みを浮かべ続けていたが、レジの人から認識されることはなかった」。

この調査研究は、職員がグループホームで生活する男性や女性たちにとっていかに重要であるかということを示していた。**長いあいだ入所施設にいて限られた社会的スキルしかもたない障害者にとって、彼らと地域住民とを結びつけてくれる人が必要である。**上記の参与観察では職員は快活で、自分自身の「機能的な」役割に自信をもっていた。しかし、彼女は障害者が自立し、地域の他の人たちと人間関係を形成できるように働きかけ、支援をするための意識やスキルが欠如していた。そのような支援を行う機会はあったが、それを行っていなかった。この働きかけや意識が欠如していることは私たちが訪問したグループホームの職員に共通して見られていた。

次のフィールドノートにおいて、障害者が地域活動に関わり参加するように職員がいくらかより意識的に働きかけ、支援をしている事例を見ていくこととしよう。

「障害のある四名の女性と職員三名と私とで土曜日の朝に農場市場に出かけた。入居者一人ひとりに職員がつき、最初はグループで移動していた。他の人たちは私たちが余裕をもって歩けるように、少し引き下がって歩いてくれた。他の人からこっそり見られていた。私たちのグループはパックツアーの集団のように見えた。その後、グループ行動ではなく個別に行動するようになり、普通の買い物客の中を移動するようになった点が大きな違いであった。他の人たちは立ち止まって距離をとっていた。

職員は入居者にこの果物あるいはあの野菜はどう思うかとよく尋ねていた。ときには返答をもらったり、もらわなかったりした。一人の女性は花を売っている場所で止まり、花に指を指して、それらを買うのを手伝ってもらっていた。彼女は嬉しそうにしていた。皆がそれぞれ買ったものを運んでいた。

二度ほど知り合いとあいさつを交わすことがあった。一人は他のグループホームの入居者の母親であり、もう一人は近隣住民であった。この二つのあいさつはともに短いあいだに、楽しく、リラックスしたなかでなされていた。

たいていレジあるいは販売員は職員と直接関わっていた。職員は二回、入居者の女性をレジとの会話に参加させていた。多くの販売店員はその入居者を直接見るのを避けていたが、職員が率先して入居者に会話に入ってもらったときに、一般の人たちと彼女たちとの間に直接的な関わりやアイコンタクトもなされた」。

この参与観察では、他のものと同様に、いかに地域への参加が実に多様な学習やスキル習得の機会を広げることになるかということが生き生きと示されていた。上述した買い物の場面では、地域の他の人たちとの関係を広げていくために「関わりを個別化すること」がいかに必要であるかということが見出された。近隣住民や地域の人たちは障害者というラベルを貼られ、複雑なニーズをもつ個々人と関わることになるであろう。それが私たち人間の行いうることである。一般の人たちに障害者の集団に肯定的に関わることを求めても非現実的である。彼らは「価値が低く見られた」人たちの集団を見るときに、その特別な集団についての否定的なステレオタイプの見方をもちがちである。繰り返すが、入居者と地域の人たちとをつなぐ必要性がある。その架け橋を作る人たちはそれを行い、他の人たちにとって模範となる方法を学ぶ必要がある。

参与観察の結果、地域の組織、クラブ、教育的コースに参加することが社会統合や人間関係を最も形成しやすい機会となるということが示されている。私たちが訪問したグループホームの入居者がこのような参加をしていることはほとんど見られなかった。しかし、参加の機会があったところでは、たいていはとても肯定的な結果が現れていた。

一つの事例として、一週間に二回朝の時間帯に一般市民の住宅で開催されている高齢者向けエアロビ・クラスに参加している高齢男性と女性の例を以下に示そう。

「クラスにはグループホームの入居者であるトムとエブリン、職員一名を含む一二名が参加していた。そのクラスは特に、高齢となった身体を動かし柔軟にすることを目指しており、一九四〇年代のバンド音楽を使っていた。エブリンとトムは彼らができる範囲で参加していた。彼らはリズムをとることは難しいようであったが、多くの動きをまねようとしていた。

他の参加者たちは彼らを全面的に受け入れ、他の全ての人たちと同様に彼らと冗談を言い合っていた。彼らは言葉で応答することができなかったが、話の多くは彼らに対して直接的に行われていた。職員の役割は本当に最小限のものであり、講座の最中もその後も話が弾むような働きかけや人間関係を広げるための試みがなされることはなかった。

一つの出来事が印象的である。トムが翌日異なる職員と買い物に出かけたときに、一人の高齢の女性がトムを呼び止め、『やあ、あなたも今日はエアロビには行かないの？　私たち二人ともセールに来たかったようね』と声をかけていた。トムはこの女性のことが分かり微笑んでいた。職員はこの女性を知らなかったが、重要なことは女性が彼のことを知っていて恥ずかしがらずに声をかけたということであった」。

エブリンがエアロビに参加することによって、その経験が出発点となりいかに人間関係を形成することにつながるのかということが示されている。エブリンは最近、障害のないエアロビ参加者を自宅に招待した。

一つには事業者や職員の役割についての考え方のために、地域への参加及び社会統合の機会は限定されたものであった。参与観察や職員との会話から提案できることは、**職員が地域への参加を人間関係ではなくスキルを獲得する機会として捉えていくべきであるということである。**言い換えれば、マーケットのような消費活動をする場所に参加する際にはスキルを広げる機会とみなし、余暇活動に参加することはプログラムの選択を広げる機会として捉えるようにするべきである。

要約と結論

トランキルを退所し地域で生活を始めて一年が経過する男性と女性たちの暮らしについての我々の調査研究に基づき、いくつかの要点を述べることができる。

一、グループホーム入居者の毎日のライフスタイルはいくらかノーマライゼーションを志向したものであった。入所施設での生活とは対照的に、日々行うことはより個別化され、文化的にも普通のものとなり、入居者は個別化された生活空間を享受していた。

また、グループホームの職員はノーマライゼーション原理を理解しているように振る舞っていた。ホームはきちんと清潔にされ、近隣に溶け込み、人びとの外見や服装によって彼らの「差異」が最小限なものとなり、個人的な所有物をもち、家事に参加するようになっていた。

同時に、「ノーマライゼーション」を実現する上での障壁も明らかになった。ベルコヴィッチ（Bercovici 1983）が明らかにしたように、職員とクライエントが関わる共同生活では、いくらか管理志向型の雰囲気が形成されることになる。入居者が様々なホームでの活動や家事に参加する一方、意思決定への参加の機会が制約されることになる。

これは居住形態の規模が関係するのであろうか。数名の研究者によれば、いかなる規模にかかわらず、質の低下や「保護的な」環境が形成されると言われている（Rothman & Rothman

1984)。質の高い居住環境での分析結果から、規模が小さくなることは入居者が彼らの生活全体に関わるための重要な要因であるということが分かっている（Taylor *et al.* 1987）。私たちの調査結果からは、少ない居住人数や、とても感受性が豊かでよく訓練された職員がいることが、「家のような」環境を創り出すということが明らかになった。

二、私たちの研究結果が一般的な結果を示しているとすれば、入所施設を退所した人たちは地域生活に十分に適応することができたということである。グループホームや日中活動の場で提供される支援の形態は「訓練」や「適応性」を志向し続けている。ゴレイとその研究協力者が脱施設化についての包括的研究を実施した後に警告しているのは、我々は脱施設化や適応主義的方法だけを考えないよう注意しなければならないということである（Gollay 1978）。言い換えれば、人びとが地域の中で充実し豊かな生活を送れるように支援することは、彼らが地域生活を始めた当初に採用されていた支援方法とは異なるということである。職員が「人間関係形成」や「地域への統合」を積極的に進めることができないのは、地域の様々な機関や職員がより一層創出しなければならない地域生活支援の領域があるということを示している。

三、今回の調査の中間結果は、施設閉鎖に関わるこれまでの調査結果を支持するものであった。例えば、家族構成員と再統合できた家族は頻繁に地域のグループホームを訪問するようになった。多くの場合、家族は入居者がグループホーム以外でもつ唯一の重要な人間関係であった。こうした調査結果は、施設閉鎖時において包括的な家族支援がいかに重要であるかということを明らかに示している。

四、調査結果からは、グループホームで生活する入居者は支援ネットワークが限られていることが分かった。多くの入居者が信頼することができる特別な人や友人がいないことが分かった。ゴレイ（Gollay 1978）の調査結果も同様のことを示しており、入所施設を退所した二五％の人たちがグループホーム以外に友人がいないことが明らかになった。他の研究でも、親友の役割を果たす人がいないことが分かった。

ベルコヴィッチ（Bercovici 1983）の調査結果と同様、入居者はグループホームのサブカルチャーに埋め込まれ、障害をもたない地域の人たちと人間関係を形成することが限られている。入所施設よりも個別化された生活空間という点で豊かな生活を享受していたが、彼らは未だに「クライエント」であった。すなわち、福祉サービスの制度が彼らの生活を圧倒させる影響力を与えていた。

五、さらに、機関や職員は意識的に入居者の人間関係やソーシャルネットワークを広げることをしていないことが明らかになった。スペクトとナギー（Specht and Nagy 1986）の最近の研究では、地域のグループホーム職員は、入居者のニーズについての意識や行動力がとても低いことが分かった。この背景要因として、「多くのサービス提供機関が専門的に福祉サービスを提供する際のプロセスに深く組み込まれているため」障害者を価値の低い存在と考えてしまう思考回路があることを彼らは主張している（Specht and Nagy 1986, p. 35）。この思考回路によって、職員が自らの障害者観や障害者が健常者と普通の人間関係を作る可能性を見出すことをゆがめ、制約してしまうことになる。

私たちの調査結果から人間関係を築くための仕組みを作り、それを支援するための手がかりや戦略が示唆されていた。今後の施設閉鎖の取り組みではそのプロセスにおいて「人間関係の形成や社会的ネットワーク」について検討されるべきである。例えば、個別計画の策定過程では、本人の生活における友人や社会的サポートの双方についてのニーズを親や職員が意識し、人間関係を築くための方法を促進していけるように支援される必要があるであろう。

六、私たちの調査結果から示されることは、**地域参加や社会統合は人によって多様である**ということであった。家族と定期的に出かけたり、公共機関を使ったり、いくつかの地域活動に参加したりしていた人たちも何人かいた。多くの人にとっては、社会参加はグループホームによって計画された買い物や外出くらいのものであった。私たちが観察したどの人も近隣住民に関わり、近隣での出来事に参加していることがなかった。

既に述べたように、私たちの調査結果は中間的なものとして考えられなければならない。しかし興味深いことに、この調査結果は将来施設閉鎖を計画し実行していくにあたって示唆的であった。**もし**

政策立案者が地域における人々の生活の質という観点から施設閉鎖を評価したいのであれば、社会的ネットワーク、人間関係、社会参加や社会統合という問題に対処することが将来的に求められるであろう。

我々は「サービスを提供する」という方法の多くが問題だと考えている。事業所によって統制されたシステムはその性質上、「クライエント」を地域から切り離してしまう傾向がある。そのような事業所が障害者と地域とをつなぐ懸け橋となり、障害者と地域との関係を形成することを意識的に目指すのであれば、事業所の目標や職員の機能を大きく変えていくことが求められるであろう。またサービスは、それがどれだけ優れたものであっても、人間関係と生きた活動のある本当の意味での「地域」に深く関わることができるように絶えず努力しないのであれば、不十分なものであるということを理解しなければならないであろう。

【補遺】

研究方法

序

本研究の方法は、施設閉鎖過程や初期の成果に関与した様々な関係者の考えを可能な限り理解し、再構成するためにデザインされてきた。様々なセクターの考えを理解することを目指す上で人々の経験、認識や彼らが自らの行動を表現する仕方を傾聴することが必要であった。

第1章で述べた「多様な現実」を理解するために、いくつかのセクターの歴史だけではなく、施設閉鎖に関連する出来事についての彼らの認識を見ていくことが重要であった。このようなデータ収集の幅広いアプローチによって、私たちは各セクターが世界をどのように見ているのかということを理解できるようなっただけではなく、施設閉鎖過程においてとられた反応や取り組みについて理解できるようになった。

私たちの研究調査デザインは個人や集団に対するインタビューを通して得られた質的データに主に

依拠してきた。対照的に量的調査は本質的には数値に依拠して各調査項目を測定する。この研究ではいくつかの量的データが使用されてきたが、施設閉鎖過程に関わる課題や問題の多くはより深い考察を促す質的データを活用してきた。

方法のタイプ

情報収集のために四つの方法が採られた。

・**資料分析**：これには様々な報告書、統計、ミーティング議事録、報道や新聞記事の分析が含まれていた。

・**参与観察**：研究過程のいくつかの段階で参与観察を行った。すなわち、トランキル入所施設、入所施設から退所した入居者の家族の実家、入所施設を退所後に移行したグループホームや他の地域生活環境、において実施した。

・**インタビュー**：調査の質問項目や計画を反映したインタビューガイドを個人や集団へのインタビューにおいて活用した。多くの質問は自由回答方式で行われたが、このアプローチによって一〜三時間の深いインタビューを行うことができた。

・**家族へのアンケート調査**：質問紙による調査はトランキルから戻った本人の各家族に郵送する形で行われた。施設閉鎖前と後の考えや本人との関係のパターンを含む様々な課題について三六の質問を行った。家族へのアンケート調査から得られたデータは少数の家族との深いインタビューから得られた情報を確認するための方法として非常に重要であった。全体で一二七名を対象にした家族調査において回答率は五二パーセントであった。本研究を通して分かったことであるが、家族調査はインタビュー・データを補完する内容であった。

・**サービス提供事業者へのアンケート調査**：質問紙調査は施設閉鎖一年後に全てのサービス提供事業者に郵送する形で行われた。これは彼らの認識や施設閉鎖の当初の成果について明らかにするためであった。これらの質問紙で提供されたデータによって施設閉鎖から一年以上経過した後にいくつかのサービス提供事業所で実施した参与観察の内容を確認することができた。四一名を対象とした質問紙調査で居住サービス提供事業者の六五パーセントが回答した。

サンプリング

質的調査研究におけるサンプリングは一般的には単にあるカテゴリーに属する人たちを無作為に選べばよいということではない（Wiseman 1970）。本研究では私たちのデータが妥当且つ一般化できるものであることを保障するために注意深く調査対象者を選ぶことが重要であったが、施設閉鎖過程において重要な出来事についての情報を有する人たちを適切に選定することがより重要であった。無作為性と重要な情報の必要性との間の緊張関係を解決するためにそれぞれのグループに応じて多くの方法を採用してきた。

施設入居者：私たちはトランキルの多くの入居者や元入居者にインタビューすることを望んでき

た。入所施設の入居者を理解するようになると、これら本人の多くは言語でコミュニケーションを行う際の経験あるいは支援が乏しいことを理解するようになった。その結果、私たちの最初の頃のインタビューでは、自分自身のことを言語で表現できるトランキルの元施設入居者一〇名を選定した。これらインタビュー対象者は三〇~四〇年間入所施設で生活してきた人たちから五~六年の間だけ入所してきたより若い人たちまでいた。多くの元施設入居者はこれらのうちのどこかに位置づけられ、一〇~二〇年間はいずれかの入所施設で生活した経験があった。

入所施設から新たな地域のホームに移行した人たちを調べていくなかで、私たちはいくらか多くの元施設入居者に関わるようになった。グループホームの二四名の人たちはまたその年齢や能力が様々であった。ある本人は言葉で表現でき自立度もかなり高かったが、他の本人は基本的な生活スキルにおいて他者にほぼ完全に頼っていた。

家族のメンバー：家族を対象としたアンケート調査に回答した一二七名の家族に加えて、四地区の一八名の家族が深層インタビューに参加した。これらの家族は彼らの家族のメンバー（息子あるいは娘、兄弟あるいは姉妹、あるいは親戚）の入所期間に応じて無作為に選定された。言い方を換えれば、各地区において長期間・中期間・短期間、入所していた息子あるいは娘あるいは親戚のいた家族を特定することができた。

最も意志のあり熱心な家族がインタビューに参加してくれた。私たちには息子あるいは娘に関わる過去についての親への質問があったが、親は私たちが期待した以上により包括的に彼らの過去や将来について話すことを望んでいた。実際に、全ての親にあるこうした強い意向によって、質的調査における データ収集がその後の分析にいかに影響を与えることになるのかということを示している。例えば、こうした親の強い意向の結果、私たちはより包括的に施設化と脱施設化に向き合ってきた家族の「履歴」を扱うことができた。

全ての親は息子や娘の幼い頃の様子について話すことを希望していたために、第2章においてその頃の親の履歴について簡潔に述べた。これは、「多様な現実」アプローチを採用しない唯一の報告となった。

地区での他のインタビュー：四つの各地区において、各地区において施設閉鎖過程を実施するために特別に設置されてきた州政府プロジェクトチームの一名あるいは二名にもインタビューをした。また、私たちは各地区において、少なくとも二名のサービス提供事業者、精神遅滞者のためのアソシエーションや少なくとも一名あるいは二名の他のサービス提供事業者にもインタビューをした。

本研究を開始すると、各地区には私たちが話すべき他のキーパーソンがいることがすぐに分かった。例えば、多くの地区では、施設閉鎖の取り組みが地域で展開する際にとても重要な役割を果たしていた親のリーダーがいた。私たちは各地区で少なくとも親のリーダー一名にはインタビューをし、施設閉鎖に関わる親のグループによる広範囲な活動が見られたローワーメインランドでは全部で三名にインタビューをした。私たちのデータ収集が展開するにつれて、他のキーパーソンはインタビューすることがとても重要になった。例えば、ある地区では、元州政府関係者がとても重要なコンタクトパーソンとなった。

労働組合の執行部や組合員：二名の労働組合のリーダーと六名の組合員に対して深層インタビューが行われた。そのうちの何名かは入居者と共に地域に移行することになり、他の何名かは他の入所施設で働くようになった。さらに、施設閉鎖後に入所施設や他の職場にいる組合員とよりインフォーマルなインタビューや相互行為が行われた。これらの相互行為には、一〇～一五名の組合員がおそらく関わっていたであろう。

州政府：州政府関係者は二つのグループインタビューに参加することに同意した。しかし、上級役人が個別にインタビューに応じることに同意はしなかった。

州の権利擁護団体：「知的障害者ブリティッシュコロンビア州住民」（BCMHP）が施設閉鎖過程において重要な役割を果たすことになり、二名の上級職員と四名のボランティア／理事に個別にインタビューをした。

他のインタビュー：研究が進むにつれて、重要な役割を果たしていた多くの他の人たちにもインタビューをした。これには、他省の関係者、施設閉鎖について見守っていた他州の組織に所属する職員も含まれていた。

妥当性に関わる問題

質的研究における妥当性の問題は、本質的に、調査者は行為者が自ら見るように、行為者の社会的世界を代表したかどうかということである。妥当性に関わる課題は調査対象者による世界観を記述するために使用されたデータから導き出された結論が実際に妥当かどうかということである。

いくつかのセクター間の数少ない人たちへのインタビューを行うことで調査結果が妥当ではないと考えがちかもしれない。しかし、より重要なことは私たちが話をした人たちからいかにより深く詳細に得ることができたかどうかということであることを認識しなければならない。この点で、深層インタビューの過程はとても包括的であった。

私たちの調査の妥当性を強化する方法として、私たちの報告書の草稿を本研究の各セクターにおいて鍵となった調査対象者に送付した。これらの調査対象者には、提示された観点が現実の見方を表現していたか、修正があれば提案してもらうようにした。彼らから得られた全てのフィードバックは調査者によって記された報告書の内容を強く支持するものであった。

データ分析

データから生まれるパターンやテーマが注意深く確定されるように、質的分析の五つの段階が計画された。この分析の段階は下記の通りである。

一、全てのインタビューのテープや詳細な観察を含むフィールドノートの筆記

二．各セクター（例えば、サービス提供事業者、入居者など）によるデータをコーディングする。コーディングはデータにおける共通性や多様性を明らかにする方法として、鍵となる単語あるいは言い回しをインタビュー・データに結び付ける過程である。調査者は協働して各セクターにある、そして各セクターにわたる共通するコードを作り出す。

三．各セクターにある共通する、そして多様なパターンを確認する。全てのデータがコード化された後にこれを行う。コードに基づき、各調査項目に応じてセクターごとに、共通するパターンあるいは調査結果が確認される。多数派の見解を表すこれらの共通するパターンが記される。この段階では、他の異なるパターンあるいは同じパターンにある少数派の見解もまた確認する。

四．各セクターにあるパターンを比較する。セクターごとにパターンが確認された後にこれがなされる。例えば、個別サービス計画の策定過程についての家族のデータが同様の過程についてのサービス提供事業者のデータと比較される。このデータは家族が一般的にこの過程に満足している一方、サービス提供事業者はより多様且ついくらか否定的な応答をしていることを示していた。

五．データを結び付け、あるいは説明をするテーマについて確認する。例えば、「部外者としての親」は、施設閉鎖過程の初期における親や家族の見解を説明している。多くの点で、テーマは帰納的分析過程から生じる主要な課題である。

これらの五つの段階による帰納的分析過程は、最も徹底した妥当な調査方法と調和している（Miles & Huberman 1984; Patton 1980）。同時に、この方法はとても記述的方法で読み応えのある役に立つ資料を提供することになる。

あとがき

入所施設を閉鎖するということは、社会変革の複雑な過程である。本書の記述や分析で述べてきたように、多くの個人や集団はトランキルの閉鎖過程において重要な役割を果たしてきた。本調査が採用した方法によって、様々なセクターにいる人びとの感情、認識、行動を深く考えることができた。

一般的に、この種の計画された社会変革の取り組みは予測することも、統制することもできない。施設閉鎖過程で生じたことは大部分、様々なセクターがどのように相互に関わり、この閉鎖過程に影響を与えていくかということにかかっているということである。この点で、私たちの調査結果は、ある共通する間違った認識を変えようとするものである。

第一に、子どもを施設に入れた年老いた両親や家族は彼らのことを気にかけないことはないということである。支援を受けて、これらの家族は彼らの息子や娘たち、兄弟や姉妹と再統合することができた。また、多くの両親が地域のアソシエーションと再び関わるようになることもみられた。「エンパワメント」というコンセプトは、多くの両親や家族がいかに無力で受動的な状態から自信をもち、能力があると感じ、地域に関わるようになるのかを適切に表現するために使用されてきた。多くの家族は「部外者」として関わっていた状態から施設元入居者である彼らの家族のメンバーに親密に関わるようになっていった。

第二に、施設閉鎖における権利擁護団体の役割は単に社会政策や政府の意思決定に直接影響を与えるだけではないということである。BCMHPによって採用された戦略からは多くのことを学ぶことができる。彼らの家族支援戦略とは、地元のアソシエーションが入所施設に家族のいる各家族のもとを訪問し、支援するということであった。BCMHPは地域のディベロッパーやアソシエーションに強い「価値を基盤とした」関係性を構築することに時間とエネルギーを費やしていた。これらの二つの戦略は相互に関連しあい、地域に帰る元施設入居者の男性や女性たちのために作られた地域の社会資源の形態や質に影響を与えていた。

第三に、重度の障害や多くのニーズを有する人たちでも入所施設でのケアは必要ないということであった。私たちが聞き取りをした全てのセクターからは、トランキルから退所した男性と女性たちが地域にうまく適応して暮らしているということが報告された。その最も「驚くべきこと」として、元施設入居者が地域での新しい生活を始めるとすぐに変わったので、一般的な全般的サービス計画が必要ではなくなったということである。グレンデール問題はまた、あるラベルを貼られた人たちが地域で生活「できる」かどうかということを区別することにいかに私たちは慎重になるべきかということを教えてくれた。このたびの質的調査の結果は、より重い障害のある人も地域のなかで個別化された支援を必要とし、彼らが成長することを最大限に保障されるべきであるという他の調査結果を支持するものであった（Lovett 1985）。

計画された社会変革の主な過程は、それがより効果的であるために多くの市民が参加する機会が作られなければならない（Hadley & Hatch 1981; Wharf 1979）。市民参加は閉鎖過程においては「計画」されていなかったが、脱中心化した地域に基づく行政のアプローチによって偶然にも、様々なセクターによる参加や連携が可能になった。州政府は地域のディベロッパー、地区州政府の施設閉鎖チーム、地域サービスの開発に必要な補助金という形で各地域に社会資源を割り当てた。この構造によって、様々なセクターが相互に関わり、施設閉鎖とその後の成果に影響を与えることになった。ここにはいかに計画された社会変革を進め、市民参加を促していくかということに関わる明らかに重要な教訓がある。

最後に、トランキルから退所した男性や女性たちのことに戻ろう。これらの人たちは入所施設を退所することによって、生活の質が大きく向上した。多くの人たちは今、二〜三人と小規模のグループホームで生活している。彼らはデイプログラムや地域の活動に参加している。もし入居者が地域の普通の家族のようになれば、グループホームを超えて数名の人たちと友人関係を形成することができたかもしれない。そうでなければ、彼らの社会的ネットワークの範囲はグループホームの職員や入居者に限定したものとなるであろう。

今回の調査から示されたのは多くの点で、脱施設化の「次の段階」として目指すべきことは、入所施設を退所し地域に帰った際に、地域やアソシエーションはいかに元施設入居者が地域の中で人間関係を形成し、サポートネットワークを作れるように支援できるかということである。施設閉鎖過程において、様々なセクターが元施設入居者のために友人関係や社会的ネットワークの形成のためにいくつかの「機会」を創り出していたが、そのようことはまれであった。

今後の施設閉鎖において、家族支援戦略を補う入居者の個別支援戦略を行うことが可能であろう。この種の人間関係を形成する過程は、元施設入居者が地域に参加するのを助けていくことになるので、脱施設化の取り組みを超えて重要な事柄である。ある意味でこの「次の段階」によって、いかに私たちが本人たちをラベリングしてきたかを再び問い直すことになり、人びとが必要とするサービスを単にマネージメントすることではなく、本当の意味での彼らの地域参加や社会統合を支援できるかどうかが問われることになる。

このたびの施設閉鎖の出来事から学んだことを思い出してもらえれば、このことは困難なことではないはずである。最終的に、施設閉鎖の初期において、その後にとられた様々な戦略や市民参加の方法を誰が予測できただろうか。施設閉鎖過程で、様々なセクターが多くの考え方、行動の仕方、戦略を学ぶことができた。入所施設を退所し地域で生活を始める人たちのための寛容な地域を創り出すために、このたびの教訓を生かさない理由などないのである。

Willer B. & J. Intagliatea (1979) Crisis for families of mentally retarded persons including a crisis of deinstitutionalization. *British Journal of Mental Subnormality.* Volume 25, part 1 #48 pp. 38-49.

Willer, B. & J. Intagliatea (1982) Comparison of family care group homes as alternatives to institutions. *American Journal of Mental Deficiency.* 86, pp. 588-595.

Wiseman, J. P. (1970) *Stations of the Lost.* Englewood Cliffs NJ: Prentice-Hall.

Whikler, L. (1981) Chronic sorrow rev*isited. The American Journal of Ortho Psychiatry.* 51, pp. 63-70.

Wolfensberger, W. (1973) *The Principle of Normalization in Human Services.* Downsview: National Institute on Mental Retardation.

Wolfensberger, W. (1975) *The Origin and Nature of Our Institutional Models.* Syracuse: Human Policy Press.

Wolfensberger, W. (1977) A multi-component advocacy/protection scheme. In *Law and Mental Retardation: A Monograph Series.* Toronto: Canadian Association for the Mentally Retarded.

Wray, L. D. (1983) *Parents can monitor the quality of programs: Some suggested actions.* Presentation to Association for Retarded Citizens. Minnesota.

Wyngaarden, M. (1981) "Interviewing Mentally Retarded Persons: Issues and Strategies," in Bruininks *et al.* (Editors) *Deinstitutionalization and Community Adjustment of Mentally Retarded People.* Washington, DC: American Association on Mental Deficiency.

Zaltman, G. (1983) Theory in use among change agents. In Seidaman, E. (Editor) *Handbook of Social Intervention.* Beverly Hills: Sage Publications.

Rothman, D. & Rothman, S. (1984) *The Willow Brook Wars*. New York: Harper and Row Publishers.

Rothman, J. (1970) Three models of community organization practice. In F. Cox *et al*. *Strategies of Community Organization*. Itasca New York: Peacock Press.

Sarason, S. (1974) *The Psychological Sense of Community*. San Francisco: Jossey-Bass Publishers.

Saulnier, K. (1982) Networks, change, and crisis; The web of support, *Canadian Journal of Community Mental Health*. 1:1, March.

Savage, H. (1985) *Justice for Some. Downsview*, Ontario: National Institute on Mental Retardation.

Scull, A. (1977) *Decarceration: Community Treatment and The Deviant: A Radical View*. Englewood NJ: Prentice-Hall.

Scull, A. (1981) Deinstitutionalization and the rights of deviant. *Journal of Social Issues*, 37:3.

Seyle, H. (1970) *Stress of Life*, Toronto: MacMillan.

Specht, D. & M. Nagy (1986) *Social Supports Research Project: Report of Findings*. Holyke, Massachusetts: Western Massachusetts Training Consortium, Incorporated.

Strauss, A. (1978) *Negotiations: Varieties, Contexts, Processes, and Social Order*. San Francisco: Jossey-Bass Publishers.

Taylor, S., D. Bilklen, &J. Knoll. (Editors) (1987) *Community Integration for People with Severe Disabilities*. New York: Teachers College Press.

Turnbull, A. P., M. J., Brotherson, & J. A. Summers (1985) The Impact of deinstitutionalization on families: A family systems approach. In R. H. Bruininks & K. C. Lakin (Editors) *Living and Learning in the Least Restrictive Environment*. Baltimore: Paul H. Brookes Publishing Company.

Turner, F. & J. Turner (1985) *Evaluation of the Five Year plan for Closure of Mental Retardation Facilities*. Southwest Region, Ontario: Ministry of Community and Social Services.

Wharf, B. (1979) *Community Work in Canada*. Toronto: McClelland & Stewart.

Planning. Toronto, Ontario: Queens Printer.

Ontario Association for the Mentally Retarded (1985) *Pine Ridge: A Follow up Study One Year Later*. Toronto. Ontario Association for the Mentally Retarded.

Olshansky, S. (1967) Chronic Sorrow; A Response to having a medically defective child. *Journal Casework*. 6:1, pp. 190-193.

Patton, M. W. (1980) *Qualitative Evaluation Methods*. Beverly Hills: Sage Publications.

Peck, C. A., T. Blackburn, & G. White, G. Blackburn (1980) A review of empirical literature on community living arrangements. In Appolonni, T., Cappucilli, J., & Cooke, T. (Editors) . *Achievements in Residential Services for Persons with Disabilities: Toward Excellence*. Baltimore: University Park Press.

Perske, (1980) *New-Life in the Neighborhood*. Nashville, Tennessee: Parthenon Press.

Provencal, G. (1980) The Macomb-Oakland Reginal Centre. In T. Appolonni, J. Cappueille, &T. Cooke (Eds) *Achievements in Residential Services for Persons with Disabilities: Toward Excellence*. Baltimore: University Park Press.

Rappaport. J. (1985) *The power of empowerment language*. Social Policy. 16:2.

Reisman, F. & A. Gartner (1973) *Self Help and Haman Services*. San Francisco: Jossey-Bass Publishers.

Richler, D. (1981) "A Decade of Change: How Far have We Come", *Canadian Journal on Mental Retardation*. 31:2.

Rivera, G. (1973) *Willowbrook: A Report on How it is and Why it Doesn't Have to be That Way*. New York: Vintage Books.

Rosenau. N. & Provencal, G. (1981) Community Placement and Parental Misgiving. *Canadian Journal on Mental Retardation*. 31:2.

Rothman, D. (1980) *Conscience and Convenience: The Asylum and Its Alternatives in Progressive America*. Boston: Little, Brown and Company.

Rothman, D. (1981) *Social Control: Uses and Abuses of the Concept in the History of Incarceration*. Rice University Studies.

Lafave, H. *et al.* (1976) *Is the community ready? In Ahmed, P. & S. Plog. In State Mental Hospitals: What Happens When They Close.* New York: Plenum Medical Book Company.
Leismer, J. (1981) *Prevention of Institutional Admissions and Returns.* Report on Pennhurst, Pennsylvania.
Lovett, H. (1985) *Cognitive Counselling and Persons with Special Needs.* New York: Praeger.
Lord, J. (1985) *Creating Responsive Communities.* Toronto: Ontario Association for the Mentally Retarded.
Lord, J. & L. Osborne- Way (1986) *Toward Independence and Community: A Qualitative Study of Independent Living Centers in Canada.* Kitchener: Centre for Research & Education in Human Services.
Marchak, P. (1984) The new economic reality: Substance and rhetoric. In Magnusson, W. *et al.* (Editors) . *The New Reality: Politics of Restraint in British Columbia.* Vancouver: New Star Books.
McKnight, J. (1985) *Regenerating community. In K, Church (Editors) From Consumer to Citizen.* Toronto: Canadian Mental Health Association.
McWhorter, A. & Kappel, B. (1983) *Mandate for Quality: Building on Experience.* Volume 1, Downsview, Ontario: National Institute on Mental Retardation.
McWhorter, A. (1986) *Mandate for Quality: Changing the System.* Volume 3, Downsview, Ontario: National Institute on Mental Retardation.
Menolascino, F. Understanding parents: a crisis model for helping them cope more effectively. In Menolascino and Pearson (Editors) : *Beyond the Limits; Innovation in Services for the Severely and Profoundly Retarded.* Seattle: Strobe.
Mercer, J. (1973) *Labeling the Mentally Retarded.* Berkeley: University of California Press.
Miles & M., M. Huberman (1984) *Qualitative Data Analysis: A Source Book of New Methods.* Beverly Hills: Sage Publications, (1984) .
Ministry of Community and Social Services (1985) *Individual Program*

Deinstitutionalization's Final Stage. Paper presented at the Meetings of the American Public Health Association. Los Angeles: November.

Gollay, E., R. Freedman, M., Wyngaarden, & Kurtz, N. (1978) *Coming Back: The Community Experience of Deinstitutionalized Mentally Retarded People.* Cambridge, Mass: Abt-Books.

Gottlieb, B. (1983) *Social Support Strategies: Guidelines for Mental Health Practice.* Beverly Hills, CA: Sage Publications.

Grant, B. (1985) Home again. *Canadian Journal of Mental Retardation.* 35:11.

Greenblatt, M. (1976) *Historical factors affecting the closing of state hospitals. In Ahmed, P. & S. Plog. State Mental Hospital: What Happens When They Close.* New York: Plenum Medical Book Company.

Gubrium, J. F. & D. R. Buckholdt (1982) *Describing Care: Image and Practice in Rehabilitation.* Cambridge, Massachusetts: Oelgeschlager, Gunn, & Hain, Publishers Inc.

Hadley, R. & Hatch, S. (1981) *Social Welfare and the Failure of the State.* London: George Allen & Unwin.

Hall, R. I. (1983) *Playing for Keeps: The Careers of Front-Line Workers in Institutions for Developmentally Handicapped Persons.* Waterloo: University of Waterloo, Masters Thesis.

Hill, R. (1949) *Families Under Stress.* New York: Harper & Brother New York.

Hutchison, P., Lord, J. & Osborne-Way, L. (1986) *Participating: With People Who Have Directly Experienced The Mental Health System.* Toronto: Canadian Mental Health Association.

Keating, D. J. (1981) *Deinstitutionalization of the Mentally Retarded as Seen by Parents of Institutionalized Individuals.* Philadelphia: Temple University, Ph. D. Thesis.

Kieffer, C. H. (1984) *Citizen empowerment: A developmental perspective.* Prevention in Human Services. 4:2.

Kovacs, M. (1983) *Individual Program and Service Planning Procedures. Grimsby,* Ontario: Mary Kovacs & Associates.

Copeland, W. (1982) *Economics and Human Services*, Seminar at National Institute on Mental Retardation. Toronto.

Canadian Mental Health Association (1987) *Community Reinvestment: Balancing the Use of Resources in Support of People with Mental Disabilities*. Toronto.

Day, S. (1985) Rights and advocacy. *Canadian Journal of Mental Retardation*. 35: 1.

Des Lauriers, G. & M. (1982) Clair-Foyer: Deinstitutionalization in action. *Canadian Journal of Mental Retardation*. 32: 3, pp. 20-24, pp. 36-30.

Edelman, M. (1977) *Political Languages: Words that Succeed and Policies that Fail*. New York: Academic Press.

Edgerton, R. B. (1975) Issues relating to the quality of life among mentally retarded persons. In M.J. Bejab and S.A. Richardson (Editors) *The Mentally Retarded and Society: A Social Service Perspective*. Baltimore: University Park Press.

Edgerton, R. M. Bollinger & B. Harr (1984) *The cloak of competence: after two decades American Journal of Mental Deficiency*. 88: 4, p.345.

Emerson, E. (1985) Evaluating the impact of deinstitutionalization on the lives of mentally retarded people. *American Journal of Mental Deficiency*. 80: 3, pp. 277-288.

Etzioni, A. & E. W. Lehman (1980) *A Sociological Reader on Complex Organizations*. Third Edition, New York: Holt, Rinehart & Winston.

Farber, B. (1960) Family Crisis and The Decision to Institutionalize the Retarded Child. *The Council for Exception Children Research Monograph Series*, Washington.

Friedman, K. A. (1984) *Annual Report of the Ombudsman: British Columbia*. Victoria: Government of British Columbia.

Glasser, B. & L. Strauss (1967) *The Discovery of Grounded Theory*. New York: Aldine Publishing Company.

Goffman, E. (1967) *Asylum*. Garden City: Anchor of Doubleday.

Goldner, N. (1981) *Approaches to State Hospital Closure: Planning*

参考文献

Bercovici, S. M. (1983) *Barriers to Normalization: The Restrictive Management of Retarded Persons*. Baltimore: University of Park Press.

Blatt, B. (1970) *Exodus from Pandemonium: Human Abuse and the Reformation of Public Policy*. Boston: Allyn and Bacon.

Bogdan, R. & S. Taylor (1975) *Introduction to Qualitative Research Methods*. New York: John Wiley & Sons.

Bogdan, R. & S. Taylor (1982) *Inside out: The Social Meaning of Mental Retardation*. Toronto: University of Toronto.

Bott, E. (1971) *Family and Social Networks. Second edition*. New York: Free Press.

Blumer, H. (1969) *Symbolic Interactionism: Perspective and Method*. Englewood Cliff, N. Y: Prentice Hall.

Bradley, V. J. (1978) *Deinstitutionalization of Developmentally Disabled Persons*. Baltimore: University Park Press.

Bruninks, H. & C. E. Meyers, B. Sigford, & K. C. Lakin (1981) *Deinstitutionalization and Community Adjustment of Mentally Retarded People*. Washington: American Association on Mental Deficiency.

Canadian Council on Social Development (1985) *Deinstitutionalization: Costs and Effects*. Report from an Invitational Symposium. Ottawa: C. C. S. D.

Claque, M. R. Dill, R. Seebaran, & B. Wharf (1984) *Reforming Human Services: The Experience of the Community Resource Boards in British Columbia*. Vancouver: University of British Columbia Press.

Clement, W. (1975) *The Canadian Corporate Elite*. Toronto: McClelland & Stewart.

Conroy, J. W. & V. J. Bradley (1985) *The Pennhurst Longitudinal Study: A report of five years of research and analysis*. Philadelphia: Temple University Developmental Disabilities Center.

【解　題】日本における知的障害者の地域生活移行の支援への示唆

一　はじめに

本書『地域に帰る　知的障害者と脱施設化――カナダにおける州立施設トランキルの閉鎖過程』は、ブリティッシュコロンビア州（以下、BC州）カムループスにおける州立知的障害者入所施設トランキル（以下、トランキル）の閉鎖過程について知的障害者本人（以下、本人）・家族・施設職員・州政府関係者・権利擁護活動家へのインタビューや参与観察によって調査研究した結果を報告したものである。本書は、一九八七年に出版された脱施設化に関わる古典的研究書であるが、現在の脱施設化政策及び移行支援を検討する際の重要な考え方や方法を提示している。さらに、エスノグラフィーという手法によって人々の語りや観察記録が多く盛り込まれ平易な言葉によって解説されているため、福祉関係者以外の多くの読者にも理解できる内容になっている。実際、本書はカナダ国内で約五、〇〇〇冊以上販売されたということである。

本書を発行したヒューマンサービス調査・教育センター（Centre for Research & Education in Human Services）は一九八二年にオンタリオ州キッチナーにおいて設立されており、現在は「地域を基盤とした調査センター（Centre for Community Based Research）」として活動している。当センターのホームページには、下記のように記されている。

「当センターは肯定的な社会変革をもたらす知識の力を信じている。私たちは人々を結集し、地域の必要に対する本当の、そして革新的な解決策を提供する知識を活用するために尽力している。私たちの方法は、参加型で活動志向型であり、社会の完全で平等な構成員として人々に参加してもらっている。地域の人々、社会の周辺に置かれた人々、地域の組織、政府の省庁、社会そして健康サービス、教育施設の全ての関係者が私たちに協力をし、私たちの仕事は彼らに利するものとなっている」。

この理念に沿うように、本書の基盤となった調査研究は施設閉鎖に関わる様々な関係者が調査過程に参加し、彼らの地域に根差した経験や言葉を丁寧に拾いながら、社会を変革するための力強いメッセージを発信している。本書での「社会変革」とは、知的障害というレッテルを貼られた人々が施設ではなく、自らの出身地である地域に帰り、家族や地域社会と再び関わりながら、人間らしく生きていくことを可能にする社会への変革である。

トランキルの閉鎖は、カナダにおける一〇〇床以上の州立知的障害者入所施設（以下、州立施設）の完全閉鎖の最初の取り組みであった。これまでカナダ国内では、オンタリオ州において六六床の州立知的障害者入所施設ニピシング・リージョナル・センターが一九七八年に閉鎖されているが、本書でも言及されているように、重度知的障害者のいる大規模州立施設が閉鎖される取り組みは実施されてはいなかった。一九八一年にＢＣ州において、障害者福祉を管轄する人的資源省の長官グレース・マッカーシー（Grace McCarthy）は州の親の会の年次総会で州内にある州立施設の閉鎖を宣言し、これが国王演説の場において反映された。これはカナダ国内において州政府が施設閉鎖を正式に宣言した最初のものであり、その二年後の一九八三年七月八日にトランキルは閉鎖宣言がなされ、一九八五年一月三一日に閉鎖された。同州には他にもウッドランズ、さらには本書でも問題になったグレンデールという州立施設があり、いずれも一九九六年に閉鎖している。一九九二年にはニューファンドランド州、二〇〇九年にはオンタリオ州において全ての州立施設が閉鎖されている。これらの州では民間の知的障害者入所施設が存在していたが、現在ではこれらの民間施設も閉鎖あるいは小規模グループホームに移行している。しかし、マニトバ州、サスカチュワン州とアルバルタ州には一〇〇床以上の州立施設が残っており、カナダにおける施設閉鎖運動は現在も継続している。

カナダでは親の会や本人の会によるアドボカシー活動が、州政府が施設閉鎖計画を開始・展開させる上で重要な役割を果たしていた。運動団体が行政に働きかけ、行政が計画的な政策によって対応しているという点にカナダの脱施設化政策の展開過程の特徴がある。本書で登場するＢＣＭＨＰ（知的障害者ブリティッシュコロンビア州住民）は一九五五年に、七つの親の会が統合され、精神遅滞児ＢＣ協会（British Columbia Association for Retarded Children）として設立されている。同会は一九六九年に「精神遅滞者ＢＣ協会（BC Association for the Mentally Retarded）」、一九八三年に「知的障害者ブリティッシュコロンビア州住民」(British Columbians for Mentally Handicapped People)、一九八九年に「地域生活BC協会(BC Association for Community Living)」、二〇一三年に「インクルージョンBC(Inclusion BC)」に名称変更している(Inclusion BC ホームページ)。

すなわち、BCMHP(知的障害者ブリティッシュコロンビア州住民)は州単位の親の会を意味する。各州の親の会は全国組織である地域生活カナダ協会(Canadian Association for Community Living)の傘下にあり、これは国際的な知的障害者親の会の組織であるインクルージョン・インターナショナル(日本では国際育成会連盟と訳される。翻訳は原語との内容的差異があり修正する必要があると私は考えている)に所属する。州の親の会に所属する各地区アソシエーションはサービス提供組織であり、州の親の会は政策やプログラムの開発に焦点を当てるアドボカシー組織であり、地域生活カナダ協会は各州単位いずれからも自律したアドボカシー活動を展開している。一方、日本には全国手をつなぐ育成会連合会という知的障害児者の親の全国組織がある。これは、一九五二年に知的障害児をもつ三人の母親が障害児の幸福を願って、教育、福祉、就労などの施策の整備、充実を求めて、精神薄弱児育成会(別名 手をつなぐ親の会)という名称で設立された(全国手をつなぐ育成会連合会ホームページ)。現在同会は四七都道府県育成会と政令指定都市育成会が正会員となっており、所属する会員は約二〇万人である。同会はこれまで入所施設から地域生活への移行の取り組みについては支持をしてきたが、入所施設の閉鎖を主張した運動を展開したことはない。

BCMHP(知的障害者ブリティッシュコロンビア州住民)は設立当初は脱施設化運動に消極的立場であったが、一九八一年にアル・エトマンスキー(Al Etmanski)が事務局長に就任するとこの運動を積極的に展開させることになる。同会は、一九八一年に二〇ポイントの要望書を行政に提示している（Adolph 1996a: 115）。要望書には入所施設の閉鎖のみならず、特別支援学校や福祉的就労などあらゆる隔離政策に抵抗する内容が記載された。同会による脱施設化運動がトランキル閉鎖の取り組みに多大な影響を与えることになった。とりわけ一九八四年九月にトランキルの入居者五五名を州立施設グレンデールに移行させるという州政府の計画に対して、同会は重度知的障害者の地域生活の権利を主張して熾烈な抗議活動を展開させ、最終的にその権利を実現させてきた。このような歴史的事実がアドボカシー活動主導によるカナダの脱施設化過程の特徴を象徴的に示している。グレンデール問題について、ロードらは「入所施設が閉鎖されているときに他の隔離された生活環境へと人々を再入所させることは、州の政策と障害者の権利を擁護する人たちの価値との衝突を劇的な形で示すこととなった」と述べている。

なお近年では、インクルージョンBCは二〇一七年六月一六日の総会決議において「障害のある人は誰も入所施設で生活すべきではなく、生活する必要もない」と明記し、BC州内の民間の身体障害者入所施設ジョージ・ピアソン・センターが国連の障害者権利条約第一九条に違反していると厳しく非難している（Inclusion BC 2017）。同施設は一二〇名の入居者がおり、地域資源を取り込んだ新施設に改築することが計画されているが、施設自体が障害者の居住場所・共同入居者の自己決定権を保障しないものとして批判されている。

本書で述べられているように、施設閉鎖運動の嚆矢となったトランキル閉鎖の取り組みは、州政府の施設閉鎖宣言から短期間で急速に行われ、背景には州政府による財政抑制という意図があり、十分な計画がなされないまま実施されてきたという様々な課題があった。こうした課題がありながらも、重度の知的障害をもっても地域生活は可能であるということ、長期の間関わりのなかった親でも子との関わりを再び形成することが可能であるということが本書では証明されている。入所施設から地域生活への移行の取り組みは、日本でも家族が反対することがクローズアップされることが多い。しかし本書では、当初不安を抱え反対していた家族が地域で生活する本人たちの姿を見ることを通して安心感をもち、地域生活は可能なのだと確信していく過程が示されている。このような脱施設化政策の成果は、今後同様の取り組みを行うことを検討している関係者に大きな勇気と希望を与えるものである。

二　日本にとっての今日的意義

日本では、二〇一六年七月二六日に神奈川県相模原市の知的障害者入所施設「津久井やまゆり園」で入居していた重度知的障害者一九名が殺害され、二七名が負傷するという悲惨な事件が起きた。この事件をめぐる主要な問題は、優生思想や精神障害者への監視強化の問題の他に、本書のテーマである知的障害者入所施設の問題があり、この点については日本社会において十分に議論されていないと私は考えている。とりわけ事件を起こしたのは当施設の職員であり、彼の優生思想に基づく考えと施設職員としての労働の関係については本格的な調査が必要ではないかと思われる。神奈川県（二〇一七）は二〇一七年一〇月一四日に津久井やまゆり園再生基本構想を策定している。これは、利用者が生活していた千木良地域の入所施設と共に利用者の仮居住所となっている芹ヶ谷地域の入所施設、既存の県立障害者施設においてやまゆり園の入居者全員に相当する一三〇人分の居室を整備することを前提とした上で、地域のグループホームへの移行を選択肢として提供するという計画であった。やまゆり園に限らず、建物の老朽化に伴い、全国各地で施設の改築・新築が計画・実施され、個室・ユニットケア・バリアフリーを完備した新施設の建設が進んできた。入居者の高齢化という状況も関係し、施設はいわば全室個室の特別養護老人ホームのような生活環境を有する場に変容しつつあり、「新たな施設化」ともいえる事態が各地で生じている。

二〇一五年時点で日本全国に約一三〇、〇〇〇人の障害者（多くが知的障害者）が障害者支援施設と呼ばれる入所施設で生活している（厚生労働省・社会保障審議会障害者部会 二〇一六）。定員五〇〜五九名の施設は全体の三〇・五％と最も多く、続いて六〇〜九九名が二七・四％、四〇〜四九名が二二・四％であり、一〇〇名以上の施設は六・一％である（日本知的障害者福祉協会 二〇一七）。カナダの州立施設に比較すると多くの施設が小規模であることが特徴的であるが、施設は地域社会から立地的に離れた場所に設立されており、社会一般の人々が当たり前に享受している生活の自由や社会との関係性は制約されているのが現実である。私は日本全国にある個室・ユニットケア・バリアフリーを完備した新型施設を訪問してきたが、訪問するたびに、施設職員の中で本人を地域生活に移行させるという動機や情熱が減少し、入所施設で生活すること自体への批判的精神が喪失しているのではないかという印象をもっている。本人の暮らしを限りなくノーマルにしようという善意に基づき施設の生活環境をより良くしようとするほど、地域生活を目指すことが困難になり、結果的に本人たちの暮ららしは他の一般の人たちと平等になることはないというパラドックスが存在している。

日本政府は二〇一四年一月二〇日に国連の障害者権利条約に批准をしている。この条約の第一九条a項には、「障害のある人が、他の者との平等を基礎として、居住地及びどこで誰と生活するかを選択する機会を有すること、並びに特定の生活様式で生活するよう義務づけられないこと」と規定されている（長瀬ら 二〇一二）。「特定の生活様式」については、第一九条の一般的意見「II．第一九条の規範的内容」の「A．定義 （c）自立生活環境」において、以下のように記されている。

「『単に』特定の建物あるいは環境に生活するということだけではなく、何よりも、ある特定の生活や生活環境を課されることによって個別の選択や自律性を喪失するということである。もし入所施設あるいは入所化の他の明確な要素を有するならば、入居者一〇〇名以上の大規模施設も、五〜八名のグループホームも、個人の住宅さえもが、自立生活環境と呼ぶことはできない。（中略）。脱施設化のための政策には、単なる施設化された環境の閉鎖ということを超えて、構造的な変革が求められる。大規模あるいは小規模のグループは、とりわけ家族と共に成長するニーズを充足させるために代替するものがない子どもにとっては危険である。『家族のような』入所施設は既に入所施設であり、家族によるケアに代替するものではない」（Committee on the Rights of Persons with Disabilities 2017）。

特定の生活様式には入所施設が含まれ、入所施設ではない地域生活を推進すべきであるという方向性が示されている。さらに、物理的な建物の閉鎖を超えて「構造的な変革が求められる」という施設閉鎖後の地域生活のあり方の方向性が示されている。すなわち、物理的に少人数での地域生活だけではなく、そこでの生活が本人の自己決定の機会や、地域社会への参加が実質的に保障されることの必要性が示されている。本書でも、「個別化された地域資源」や「関わりを個別化すること」、「人間関係の形成や社会的ネットワーク」という考え方の重要性が述べられている。津久井やまゆり園再生基本構想で示された計画は、

一、入所施設を地域生活と対等の選択肢として提示しており、
二、地域移行後の選択肢としてグループホームのみが提示され、
三、地域生活における自己決定や社会参加への視点が欠如している

という点で、障害者権利条約第一九条の方向性に合致するものではないと私は考える。

カナダの親の会や本人の会は障害者権利条約第一九条の条文を掲げて脱施設化運動を展開させている。本条約に批准し、そして相模原市障害者施設殺傷事件を経験した日本もまた脱施設化政策を本格的に実施する時が来ているのではないだろうか。本書のトランキル施設閉鎖過程における成果や課題を通して、今後の日本の脱施設化政策や地域生活移行支援のあり方を考える上で重要な視点や方法を学ぶことができる。以下では、本書を通して、主に入所施設から地域生活への移行支援において必要とされる仕組みと家族・本人支援のあり方について整理したい。

三　入所施設運営法人から独立した仕組み

トランキルの閉鎖過程では、ＢＣ州に設置された一〇の各地区事務所の方針や考え方、方法に委ねられている点が特徴的である。各地区事務所には、施設閉鎖のためのプロジェクトワーカーが配置され、実際に移行支援の計画作成の業務を担うプロジェクトチームが編成された。しかしプロジェクトチームごとに、本人や家族との関わり方、地域の受け皿を作るための取り組みやサービス提供事業所との関わり方は異なっていた。これは、ＢＣ州の歴史の中で各地区の自治を重視する方針が重視されてきたからであり、さらには当時の州政府による施設閉鎖計画や方針が明確ではなかったということにも起因していた。このような仕組みをロードらは「脱中央集権的な方法」と表現している。

本人は原則として、出身地域に移行することになり、各地域に設置された州政府の地区事務所が移行支援を担うことになった。「全般的サービス計画」については各地区事務所の職員が司会進行を務め、計画をまとめることになっている。地域の受け皿であるグループホームや日中活動を創出する際には、州政府が移行する予定の本人の出身地域に対して、各サービス提供事業所にニーズへの具体的対応方法に関わる計画書を州政府に提出してもらい、入札によって最終的にサービス提供事業所が決定されている。このとき、可能な限り小規模のグループホームとなるように行政とサービス提供事業所との間で交渉されており、結果的に、トランキルからの移行者を受け入れるグループホームは最大が六名となったことが報告されている。カナダでは、移行支援を担ったり、移行先の受け皿を創出したりするのが、行政関係者やサービス提供事業者という施設関係者とは異なる点に一つの特徴があることに留意しなければならない。

日本では、入所施設から地域生活への移行の取り組みを行う際に、入所施設の職員が主導的な役割を果たしてきたという特徴がある。日本では多くの知的障害者入所施設は民間の社会福祉法人によって運営されている。県や国の方針によって地域移行の取り組みが展開した旧宮城県立船形コロニーや旧国立コロニーのぞみの園のような施設もあるが、国による脱施設化政策が不十分な中では地域移行の取り組みは施設職員のリーダーシップに委ねられることになる。この結果、地域移行の取り組みにおいて入所施設からの移行先は、入所施設が立地する地域において創設された居住場所や日中活動となる傾向がある。カナダでは、入居者の移行先は出身地につくられることが原則であり、入居者にとっては施設入所前の生まれ育った地域に帰ることになるという状況とは異なる。例えば、施設設立当初から地域移行の取り組みを先進的に行ってきた北海道伊達市にある旧北海道立コロニー・太陽の園は、二〇一七年五月一日時点で地域移行者総数六一九名のうち二七七名が他市町村への移行者である一方、三四二名が伊達市内に移行している（北海道社会福祉事業団太陽の園 二〇一七）。

施設職員主導型の地域移行の取り組みは、移行に関わるあらゆる意思決定過程に施設職員が中心的役割を果たすことを意味する。例えば、神奈川県の『津久井やまゆり園再生基本構想』においても、施設職員が利用者の生活状況を把握することが期待され、意思決定支援チームにおける利用者の意思確認においても施設職員の関与が重視されている。この結果、移行支援のための会議を開催し、移行先の居住場所や日中活動の場所を開拓する取り組みは入所施設に所属する職員や、入所施設を運営する同一法人がもつ相談支援事業所の職員が行うことになる。日本では、移行先のグループホームや日中活動の場所も入所施設を運営する同一法人が運営しているところに移行する場合も多い。グループホーム学会の調査によれば、グループホームを運営する法人が施設入所支援を行っている割合は約三〇％であることが明らかになっている（一般社団法人日本グループホーム学会 二〇一二）。

入所施設を運営する同一法人が移行支援の役割を中心的に担うことによって生じる課題は、入所施設の構造や価値が移行支援の過程や移行先の地域の受け皿においても継続し、いわゆる「ミニ施設化」という事態が生じかねないということである（鈴木 二〇一〇）。本書の第3章でも描かれていたように、長期間施設で働いてきた職員は「施設化される」ことになり、施設で蓄積されてきたモデルに囚われ、新しい本人像や支援観をもつことは容易ではない。この結果、移行支援の過程や地域生活支援の現場において施設と同様の支援の考え方や方法が適用されかねない。

このような事態を避け、当事者主導の移行支援を行うためにはまず、入所施設の職員、あるいは入所施設を運営する法人とは独立した第三者機関が移行支援の過程に関与し、移行後の地域の受け皿を作る仕組みを創出する役割を担うことが一つの方法である。カナダの事例にあったように、地域支援の経験のある地域の機関が役割を担うべきではないかと私は考える。現行の日本の制度においてこの役割を果たせるのは、地域支援の経験を蓄積してきた相談支援事業所あるいはサービス提供事業所であろう。相談支援事業所は本来、第三者として知的障害者の計画を立案するとともに、それによって彼らの権利を擁護する役割を期待されている。ただし相談支援事業所あるいはサービス提供事業所は障害者権利条約の理念を理解し、本人の地域生活や自己決定を支援しうる知識と経験、価値観を有していることが前提であることは言うまでもない。これらの事業所が施設入所支援を肯定的に捉えていたり、地域での自立生活の意味を十分に理解していなかったりする場合には、事業所を中核とした地域全体の施設化・管理化をもたらすのみである。このため、例えば、障害者自立生活センターなどの自立生活支援の蓄積をしてきた諸団体が地域移行支援に関与することによって、当事者主導の移行支援プロセスを創出する取り組みなどが考えられる。

そして、施設職員が地域移行の取り組みに関与することは彼らの意識改革という点で重要である。ロードらは、他研究を参照しながら「施設職員が地域の移行先を訪問し、事前訪問の際に入居者と同行する際に、職員がこの取り組みを肯定的に受け止める結果がもたらされる」と述べている。このとき職員に対して障害者権利条約に基づく研修を徹底して行うことが不可欠となるであろう。この場合も地域における自立生活支援の経験のある諸団体が研修の役割を担い、施設職員と共に移行支援の取り組みを行いながら研修を行うということも考えられる。カナダでは州立施設であったため、施設職員が脱施設化の取り組みが開始されると障害福祉とは関わりのない部署に配属され雇用が確保されている状況があった。日本の入所施設の多くは民間経営であるため、施設職員が継続して地域生活支援の取り組みに関与することになるであろう。このため、カナダとは異なり、施設職員の意識改革のための研修が極めて重要になると考えられる。

四　家族支援

第二に、日本を含む福祉先進国における脱施設化政策の進展を阻む背景にある要因は、家族による抵抗に直面するからであった。このとき、なぜ彼らが否定的態度を示すのかということについて十分に理解し、家族支援を実施することがこの取り組みが成功するかどうかの鍵となる。

まず、本書では、地域生活への移行に伴う家族の感情を理解するために、施設入所時の家族の思いを「危機」という観点から理解すべきであることが繰り返し主張されている。障害児を抱える家族は家庭内で養育しようと努力したが、ついにはその限界に直面し支援を求めてもそれが得られず、家族崩壊の危機に直面していた。そして、医療／教育専門家の勧めで施設入所に最後の救いを見出し、施設入所を決定せざるを得なかった。ただし、家族、とりわけ養育責任を担った母親は、施設入所と共に自信喪失や罪悪感を抱えることになることが示されている。施設に子を入所させた親は何年もの間入所施設にいる子と最小限の関わりをもつだけであったが、施設退所という突然の知らせは当時の思いをよみがえらせることになった。これは、施設入所時の危機と脱施設化時の危機という感覚が結びついていることを示している。家族が脱施設化の取り組みになぜ強い拒否反応を示すのかということを理解する上で、施設入所時のことも含めて家族の実情について理解する必要がある。

次に、施設閉鎖宣言がなされてからの数週間は十分な情報提供がなされず、この結果、親は混乱し不要なストレスを抱えることになった。親はメディアを通して情報を知ることになるが、それは「しばしば偏っていたり、感傷的であったり、人間的温かみのないことであり、人々を驚かせるために作られている」場合がある。このため、「メディアを通してではなく個別に関わってもらうこと」が重要だとロードらは述べている。

さらに、入所施設の外部団体である権利擁護団体が移行支援過程に関与することの重要性が指摘されてきた。州の権利擁護団体としての親の会であるＢＣＭＨＰ（知的障害者ブリティッシュコロンビア州住民）はリーダーシップを発揮し、「家族支援戦略」と呼ばれる入居者家族を支援する仕組みを構築した。この戦略は、入居者家族が移行する本人のことを理解し、家族が移行支援の会合に関与し移行先の居住形態や日中活動を選択したりできるように支援し、必要な場合には地域に新たな社会資源を作り出すための活動を含めた一連の支援内容を意味する。地域生活への移行の経験のある親が移行をする親の相談に応じたり、一緒にグループホームを見学しそこで職員と話をしたりもしている。このような親同士のピアサポートによって、入居者家族は不安感を解消させていることが報告されている。家族支援を実際に担ったのが、州の親の会に所属する地元のアソシエーション（親の会であり、サービス提供事業者でもある）であったが、とりわけ事業所に配属された「リソース・ディベロッパー」という役割を担った人の存在であった。

この時期、州政府はリソース・ディベロッパーを雇用するための補助金を州の各地区に提供してきた。リソース・ディベロッパーは地元の親の会でもあったアソシエーションに配属されることになり、公式の役割はトランキルからの退所者を支援するために必要な資源を作り出すことであった。彼らはノーマライゼーションや地域生活の価値観、入居者家族に直接関わることの重要性について各

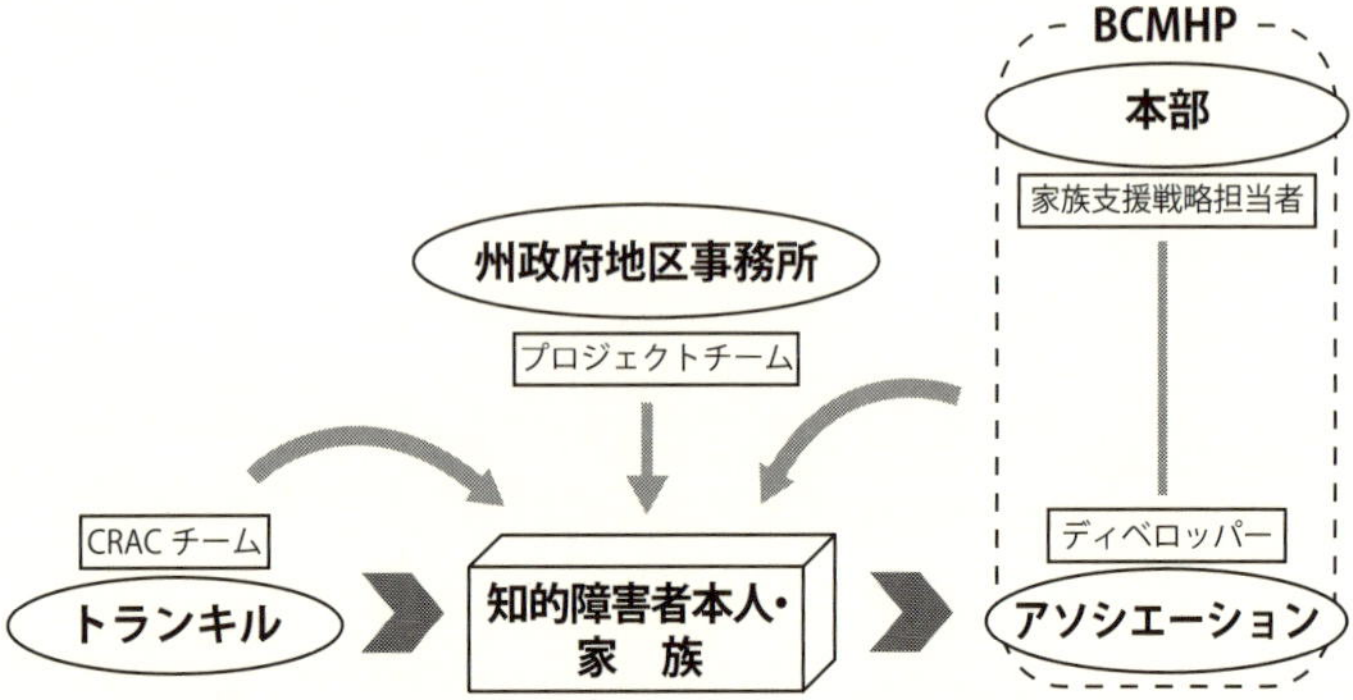

図１　BCMHP の家族支援戦略における主要アクターの関係図

サービス提供事業者に伝え、地域における受け皿を作り、さらに移行支援の過程に家族を関与させていくための重要な役割を果たしていた。こうした家族支援戦略によって、家族や移行先の地元のアソシエーションが州政府関係者の協力を得ながら、トランキルから地域生活への移行支援過程における会議や交渉に独自の方法で関与することが可能になった。ロードらは、これを家族にとっての「エンパワメント過程」であると主張し、この過程では、「人々が抱える無力さ、受動性や葛藤は徐々に少なくなり、彼らは少しずつ展望や自信を持てるようになる」と述べる。

ＢＣＭＨＰの家族支援戦略における主要アクターの関係は図１に示した。すなわち、ここには州政府地区事務所のプロジェクトチーム、ＢＣＭＨＰの家族支援戦略担当者及びアソシエーションのディベロッパー、そしてトランキルにおいて個別サービス計画を作成するＣＲＡＣ（地域資源助言委員会）チームが移行する本人・家族に関与している状況が示されている。移行支援ではトランキルの施設関係者も関与しているが、権利擁護団体である

ＢＣＭＨＰによる家族支援戦略を基盤にしながら、プロジェクトチームやディベロッパーといった第三者が積極的に関与しながら家族支援を実施している点に移行プロセスの特徴がある。

日本の移行支援においても家族支援は極めて重要である。なぜなら、日本の各施設において地域移行の取り組みが進展しない大きな要因の一つは、家族による不安や抵抗に直面するからであった（鈴木 二〇〇六）。日本では、家族は子を施設に入所させた後も、帰省や行事の際に子に関わることがあり、カナダの状況とは異なる。ただし、施設入所という決断をするまでに支援が得られず孤立し、とりわけ母親が全ての責任を背負って疲弊し、子の入所時に自信喪失や罪悪感、深い悲しみといった感情を抱えることは多くの家族が経験している。入所後も子と関わることができても、施設に子を預け「お世話になっている」という感覚があり、施設職員に対して自らの思いを自由に述べることができないことが多い。私が日本の調査で出会った家族の中には、「人質にとられている」と語る人もいた。このような家族の複雑な感情を理解することは極めて重要である。

親への情報提供は施設側から一方的になされる傾向があり、十分に時間をかけた形で個別に、そして集合的な形で情報提供がなされるべきである。さらに、施設職員以外の第三者機関が親への情報提供を含む移行支援を行うことが求められる。日本には全国手をつなぐ育成会連合会という知的障害児者の親の会があるが、地域支部における親の加入率は低く、地域移行の取り組みについて相談できるのは施設の家族会のみという親が多いのが実態ではないかと私は考えている。このため、地域における自立生活支援の経験のある障害者自立生活センターや事業所が地域における自立生活支援の経験のある親と移行に不安を抱える親を交流させることが重要である。このためには、例えば地域相談支援給付の報酬単価を上げるなどして、地域生活への移行の取り組みの影響を受ける家族を心理的にサポートし、彼らに必要な情報や体験の機会を実質的に提供できる社会的仕組みを創り出すことが重要である。

ただし後述するように、このときの家族支援の前提として、グループホームを地域生活への移行支援の主要な受け皿としてきた地域移行政策を抜本的に見直し、重度訪問介護や居宅介護などを活用した一人暮らしや友人との暮らしといった自立生活支援をも取り入れた脱施設化政策に転換させていくことが重要である。その上で、障害者権利条約、ノーマライゼーションやインクルージョンという理念の意義、すなわち、なぜ地域生活が重要なのか、障害者権利条約第一九条における地域での自立生活とはどのような生活を意味するのか、地域生活においてどのような点に配慮されるべきなのかという事柄についても親が理解できるような取り組みが求められる。私は沖縄県自立生活センター・イルカや京都市自立生活センター・アークスペクトラムによるインクルーシブ教育・インクルーシブ社会に関わる勉強会に参加しているが、このような場に知的障害者の親の会の関係者や一般の親も参加している。障害当事者が知的障害児者の親の抱えている様々な思いを理解し、親も障害当事者による様々な実践について理解する場となっており、双方が交流することの意義について実感している。このようなインクルージョンについて互いに学びあう場を各地で創出することが求められると私は考える。

五　本人支援

　第三に、本人に対しての移行支援についてである。本書では、この点については、トランキルの移行支援では、十分に実施されてこなかった課題として指摘されている。

　まず、施設を閉鎖し地域生活に移行することになるという知らせは、短期間施設生活をしてきた本人にとっては大きな喜びをもたらすものであった。しかし、長期間施設生活をしてきた本人にとっては他の本人や職員との間で築いた人間関係ゆえの喪失感や新たな地域生活への不安感をもたらす場合もあり、一方で、施設における不自由な生活に対しても不満感があり両面感情があることが示されている。いずれにしても、施設退所と地域生活への移行というのは本人にとって生活の大きな変化を生じさせるものである。この変化に対処できるように十分な準備期間が必要であり、本人が築いてきた人間関係を大切にしながら移行支援を行うという配慮が重要になるということである。

　次に、本人に対して施設閉鎖に関わる情報を十分に提供し、彼らが移行支援計画の策定過程に参加・参画することの重要性が報告されている。ロードらは、「将来の施設閉鎖において重要な戦略とは、地域組織が施設閉鎖過程において入居者の故郷である地域で広範囲にわたる支援ネットワークと入居者を結びつける個別支援戦略を作ることであろう」あるいは「我々は言葉を話さず、この過程を理解しそれに貢献できるように見えない個々の入居者であっても参画できるような方法を慎重に検討する必要がある」と述べる。すなわち、本書では親の会であるＢＣＭＨＰの家族支援戦略によって個々の家族が移行支援計画に参加・参画するための支援が実施されてきたことが報告されているが、ロードらは同様の取り組みが本人に対しても実施されるべきであると主張している。例えば、他国の入所施設から地域生活への移行プロセスにおける本人支援の研究には、スウェーデン・イギリス・ドイツと日本を対象にした河東田ら（河東田 二〇〇三）の研究がある。これによれば、障害が重度の本人は移行支援から取り残され、さらに事前に十分な情報を提供されるような働きかけすら当初どの国でもなされていないことが報告されている（河東田 二〇〇三：一五四―一五五頁）。この点で、本人への情報提供や支援計画への参加・参画は国際的にも重要な課題である。

さらに、「個別化された地域資源に焦点を当てる新しいシステムは将来における脱施設化の取り組みにおいて考慮しなければならないものである」とロードらは述べる。本書のトランキル閉鎖においては、「一つ二つの例外を除いて、地域に戻った全ての入居者はグループホームに行った」。しかし、ロードらは、こうしたグループホーム以外の選択肢として、「個別化された地域資源」の重要性について言及している。その事例として、カルガリー自立生活アソシエーションの「個人サービス・ブローカリッジ」システムについて紹介されている。これは、本人がどこで生活したいのか、地域に参加するためにどのような資源を必要としているのかを決定することを支援し、本人は最終的に給付金や必要な支援を行う職員の雇用の責任を担う仕組みである。すなわち、本人が職員の雇用者となる仕組みを意味する。このとき、言語コミュニケーションが困難な人のために、ブローカーという意思決定支援者がより積極的な役割を果たし支援できるようにしていることが報告されている。

このような仕組みは、サービスや支援に必要な給付金を本人に帰属させるという「個別化された給付（Individualized Funding）」と、彼らの居住場所・共同入居者・支援者・支援内容の決定をブローカーが支援をする意思決定支援の仕組みを組み合わせた方法である。

通常のサービス提供事業所給付の形態は、サービスに必要な給付金が財政機構からサービス提供事業所に支払われる。サービス提供事業所は給付金に基づき、在宅・施設福祉サービスを提供する。このとき、サービスの提供者・内容・提供場所に関わる決定権はサービス提供事業所にある。例えば、グループホームであれば、住宅・職員・入居者・サービス内容の決定をサービス提供事業所が行う。この場合には、住宅とそこでのサービスが統合されセットになって提供されており、住宅あるいはサービスのみを本人は変更できない。一方、個別化給付は、財政機構からサービスに必要な給付金が本人に支払われ、決定権は本人に帰属する。このため、本人は給付金に基づき、サービス提供事業者からサービスを購入するだけではなく、地域のクラブ・生涯学習などにおけるサービスを購入する。また、住宅とサービスが分離しているので、障害年金などの収入に基づき住宅を借りたり購入したりすることが可能となる。このサービスと住宅の分離という機能が居住支援において本人の自己決定権を保障する上で極めて重要である。このとき、本人はサービス内容・サービスを提供する職員や事業所・住宅を選定することになる。このとき、「ブローカリッジ」と呼ばれる本人の選択や判断を支援する意思決定支援を含むマネージメントの仕組みが存在している。

この仕組みは、BC州における州立施設ウッドランズの親の会が一九七八年に州政府に提唱し、ウッドランズからの移行支援において実施されてきた方法であり、現在のカナダにおける知的障害者福祉政策の基盤となりつつある。ウッドランズ親の会は本書においても登場する地域生活協会

（CLS）を設立し、一九八八年までこの給付形態による取り組みを実施してきた（鈴木 二〇一七）。個別化給付については日本でも「ダイレクトペイメント」や「パーソナルアシスタンス」として議論されているが、このような新たな給付形態と意思決定支援の仕組みを導入した移行支援が今後の脱施設化の取り組みにおいては重要である。例えば、カナダのサスカチュワン州においては、個別化給付を活用した移行支援の仕組みが州の取り組みとして計画されている（The Transition Steering Committee 2013）。

そして、本人は地域生活に適応することができているが、移行先のグループホームでは施設と同様の訓練や指導が継続しているという「ミニ施設化」の課題が見られることが報告されている。本書では、この背景として行動変容という視点が重視されてきたことについて批判的に検討されている。当時の調査研究でも、本人の適応行動や行動変容に焦点があてられたきことをロードらは批判的に述べ、「私たちは研究者として本人の行動が変化したかどうかということを意図的に研究しないようにしたということに留意しなければならない」と主張する。本書では脱施設化の背景としてノーマライゼーションについて言及されているが、北米ではヴォルフェンスベルガーによる「ソーシャルロールバロリゼーション」の考え方が普及している（鈴木 二〇一六）。これは「社会的価値のある役割」と訳され、本人が地域社会の中で価値のある役割を果たすことを重視している。本書でも地域に移行してから一年後の生活において「入居者は社会的に価値のある役割を維持するように支援を受けていた。服装、マナー、適切な行動の仕方が結局、重視されていた」と記述されている。社会への適応を過剰に重視する考え方が当時のグループホームにおいて普及したことによって、結果的に「ミニ施設化」という事態がもたらされていたのではないかと考えられる。

また、本書では人間関係もホーム内の職員や共同入居者との関係に限定されているという課題が報告されている。ロードらは、「今後の施設閉鎖の取り組みではそのプロセスにおいて『人間関係の形成や社会的ネットワーク』について検討されるべきである。例えば、個別計画の策定過程では、本人の生活における友人や社会的サポートの双方についてのニーズを親や職員が意識し、人間関係を築くための方法を促進していけるように支援される必要があるであろう」と述べる。また、ロードらは「入居者と地域の人たちとを『つなぐ』必要性がある」と主張する。この点については、単に公的サービスの利用だけではなく、社会一般にあるインフォーマルな社会資源との統合が重視されており、カナダにおけるその後の地域生活支援の一つの特徴を示している。一九九〇年代後半からカナダではインクルージョンという理念がノーマライゼーションに代わり重視されるようになるが、これはまさに本人が地域社会の中に物理的に存在しているというだけではなく、他の一般市民と同等の市民として生活していくことを目指すものであった。このときの重要な取り組みとして「人間関係の形成や社会的ネットワーク」が位置づけられ、この取り組みを担う新たな専門職として「ファシリテーター」という存在が現在は重視されている。ロードは、別書においてインクルージョンの過程とは市民権と完全参加への道筋を作り上げることであり、これを実現する上で人間関係の形成が一つの重要な方法であると述べている（Lord *et al.* 2011）。

最後に、ロードらは親同士だけではなく、本人同士のピアサポートの重要性について言及している。一九八〇年代初期のBC州においては、本人の会であるピープルファースト・ブリティッシュコロンビアは組織的な運動を開始する前の段階であり、本人たちは州や地区の親の会において個人的な活動として関与している段階であった。このため、本人同士による支援の仕組みが十分ではなかったといえる。しかし、一九八八年にローワーメインランド地域サービス協会（Lower Mainland Community Based Services Society 年度不明）という組織が設立されている（Lower Mainland Community Based Services Society 年度不明）。党組織は理事会の三分の二以上が本人によって構成され、州立施設ウッドランズからグループホームへの移行支援の取り組みを本人が行ってきた。このような取り組みはまさに本人同士によるピアサポートの仕組みであるといえる。

日本の移行支援においても本人支援が大きな課題となっている。移行の有無についての希望は本人に尋ねられるようになったが、移行時期・移行場所・共同入居者・支援者・支援内容について支援を受けながら自己決定する機会は十分に保障されているとは言い難い（鈴木 二〇〇五）。日本のグループホームでも、本書で記述されているような行動変容プログラムに類似する方法がとりわけ自閉症を伴う行動障害のある本人に対して実施されることが見られている。日本では「構造化」や「TEACCH（ティーチ）プログラム」が自閉症の本人支援において重視されているが、こうした方法論を過剰に適用することによって本人の行動を管理する状態が生じていないかどうかということについて客観的に検証することが求められる。また、移行先としてグループホームが暗黙の前提とされており、一人暮らしや結婚という多様な居住形態への移行が選択肢として提示されていない。日本では個別化給付に相当する給付形態は国の制度としては存在していない。しかし、障害者総合支援法に規定する重度訪問介護は歴史的に障害者本人に給付金を支給する制度を起源としており、現在でも主に障害者自立生活センターにおいて当事者主導に基づく対人援助サービスとして運営されている。このため、移行支援において重度訪問介護を活用した自立生活という選択肢も積極的に実施されるべきである（岡部ら 二〇一七）。さらに、日本ではグループホームという入所施設とは異なる居住場所への移行という物理的移行が実施されているだけであることが多い。移行に伴って、地域一般の社会資源とどのような関係を形成していくのか、これまで築いてきた人間関係が配慮されているのか、地域住民との関係はどのように形成されていくのか、というノーマライゼーションの社会・社交的側面に配慮されているとは言い難い。このような人間関係や社会参加に配慮した本人支援が今後は求められるであろう。

六　おわりに

以上の整理から示されているように、地域生活移行の支援において重要なのは、

一、入所施設運営法人から独立した移行支援の仕組みを前提にした上で、

二、個別的関係を通した正確な情報提供、ノーマライゼーションやインクルージョンといった原理原則の理解、計画策定への参画、地域生活の体験、家族同士のピアサポートなどの家族支援と、

三、十分な準備期間や正確な情報提供、施設生活時の人間関係に配慮した共同入居者の選択の機会、居住場所・共同入居者・支援者・支援内容などに関わる本人の自己決定支援、グループホー

ムを主要な受け皿とする移行支援政策を根本的に見直した上でパーソナルアシスタンスなどを活用した自立生活支援の選択肢の提供、社会一般の資源との関係づくり、本人同士のピアサポートなどの本人支援を実施する、

ということである。

このように、本書で示されたトランキル閉鎖過程における成果や課題は、日本における今後の地域生活への移行支援のあり方を考える上で重要な視点や方法を提示している。

引用文献

Committee on the Rights of Persons with Disabilities（2017）*General comment on article 19: Living independently and being included in the community*, 2017/8/29.

北海道社会福祉事業団太陽の園（二〇一七）施設概要

Inclusion BC（ホームページ）

http://www.inclusionbc.org/about-us/history/1950s

http://www.inclusionbc.org/about-us/history/1960s

http://www.inclusionbc.org/about-us/history/1970s

http://www.inclusionbc.org/about-us/history/1980s

http://www.inclusionbc.org/about-us/history/1990s（二〇一七年四月一四日検索時点）

Inclusion BC（2017）*Resolutions of Annual General Meeting*, 2017/6/16, http://www.inclusionbc.org/disability-supports/whats-new/resolutions-passed-inclusion-bc-annual-general-meeting-0（二〇一八年三月二九日検索時点）

一般社団法人日本グループホーム学会（二〇一二）『平成二四年度グループホーム及びケアホーム全国基礎調査――グループホームの実像を検証する』。

Lord, J. and Hutchison, P. (2011) *Pathways to Inclusion–Building a New Story with People and Communities*, Captus Press.

Lower Mainland Community Based Services Society（年代不明）*History of Lower Mainland Community Based Services Society*.

神奈川県（二〇一七）『津久井やまゆり園再生基本構想』（二〇一七年一〇月一四日）。

河東田博（二〇〇三）『知的障害者の入所施設から地域の住まいへの移行に関する研究』（平成一二年～一四年度科学研究費補助金・研究成果報告書）、立教大学コミュニティ福祉学部。

厚生労働省・社会保障審議会障害者部会（二〇一六）「障害福祉計画及び障害児福祉計画に係る成果目標及び活動指標について」（第八二回　資料）。

長瀬修・東俊裕・川島聡編（二〇一二）『障害者の権利条約と日本――概要と展望』生活書院。

日本知的障害者福祉協会（二〇一七）全国知的障害児者施設・事業実態調査報告書。

岡部耕典編（二〇一七）『パーソナルアシスタンス――障害者権利条約時代の新・支援システム』生活書院。

鈴木良（二〇〇五）「知的障害者入所施設Bの地域移行プロセスにおける自己決定に影響を与える環境要因に

ついての一考察」『社会福祉学』四六（二）、六五〜七七頁。

鈴木良（二〇〇六）「知的障害者入所施設Ａ・Ｂの地域移行に関する親族の態度についての一考察」『社会福祉学』四七（一）、四六〜五七頁。

鈴木良（二〇一〇）『知的障害者の地域移行と地域生活——自己と相互作用秩序の障害学』現代書館。

鈴木良（二〇一六）「カナダ・オンタリオ州の知的障害者の地域生活への移行における本人中心プランニング——集団処遇的モデルからの脱却としての自己決定支援」『社会福祉学』五七（二）、一〇六〜一一八頁。

鈴木良（二〇一七）「カナダにおけるウッドランズ親の会による知的障害者の地域生活移行の支援方法」『障害学研究一二』明石書店、八四〜一〇八頁。

The Transition Steering Committee (2013) *Valley View Centre Transition Planning Recommendations to the Minister of Social Services.*

訳者あとがき

本書の筆頭著者であるジョン・ロード氏はカナダにおける知的障害者の脱施設化や個別化給付に関わる研究の第一人者である。彼はこれまで本書以外にも数多くの著書を発表してきた。さらに、州政府や各事業者の計画策定への参画、知的障害者本人の地域生活における関係作りのための支援をするファシリテーターの養成に尽力するなどの活動をしている。研究者であると共に活動家としてカナダの知的障害福祉の変革に大きく貢献してきた。その成果がカナダ政府に認められ、ロード氏は近年、カナダ勲章を受章している。

私がカナダにおける知的障害者入所施設の脱施設化研究を本格的に始めたのは今から五年ほど前のことである。この領域で調査を開始する際に、ホームページ上で脱施設化に関わる様々な研究論文を発表しているロード氏に連絡を取った。すぐに彼からは歓迎のメールをいただき、二〇一三年八月に始めてお会いすることができた。最初にお会いした時には、彼の住むオンタリオ州ウォータールー周辺で活動するファシリテーターや脱施設化運動に関与してきた活動家、家族や利用者を招いたランチパーティーを開催していただき、脱施設化運動や個別化給付に関わる意義深い議論をすることができた。このような充実した時間を過ごせたのは、ロード氏のファシリテーターとしての力量と人柄ゆえのことであった。

その後、二〇一五年九月に訪問した際には、ロード氏はご自宅で知的障害のある娘カレンのために開催されたサークルの会合に招待して下さった。サークルとは、知的障害者本人の友人や家族が一同に集まり、本人の夢や希望に基づいて支援方法や生き方について皆で話し合うグループのことである。すなわち、これは意思決定支援の一つの形態である。カナダではサークルはたいてい、個別化給付を利用している知的障害者本人が利用している。つまり、意思決定支援の仕組みと脱施設化・個別化給付の取り組みは密接に関係している点が重要である。サービス提供事業所に給付される形態であれば、通常は職員が支援方法について検討するが、個別化給付は給付金が本人に帰属するために彼らが心から信頼できる友人や家族と共に意思決定をしている点に決定的な違いがある。

こうした訪問を通して、ロード氏からは本書が執筆された当時の脱施設化政策をめぐる社会の背景や状況、親の会の運動等について丁寧に説明をして頂いた。こうした説明や議論を通して、カナダの脱施設化運動では権利擁護活動家によるアドボカシー運動が極めて重要な役割を果たしてきたことを私は知った。国によって脱施設化政策の展開過程は異なる。スウェーデンは行政主導の政策、アメリカは裁判所の判決が重要な役割を果たしてきたが、カナダはまさに継続的なアドボカシー活動にあると私は考えている。社会変革を起こす上で草の根の市民運動がいかに重要かということを本書の翻訳を通して改めて学ぶことができた。そして、日本ではこのような社会変革を起こすためにはどのような市民運動が求められるのかということを日々模索している。

本書を日本語に翻訳し出版することの日本社会にとっての今日的意義について理解し、私の活動を継続的に応援してくださった著者のロード氏には心より感謝申し上げたい。また、翻訳書の出版が困難になっている日本社会において、本書の出版を快く承諾し編集作業に尽力してくださった明石書店の皆様、とりわけ、編集部長の神野斉氏とスタッフの矢端泰典氏には心より感謝申しあげたい。諸外国の素晴らしい実践を紹介するための翻訳書は日本の福祉政策を変革するために極めて重要である。このような翻訳書の社会的意義について理解を示して下さる出版社が日本社会において広がることを心より願っている。

【著者（代表）紹介】

ジョン・ロード（John Lord）

ジョン・ロードはカナダ・オンタリオ州ウォータールーの調査研究者、著述家、ファシリテーターである。彼は本書で示された多くの考えを含む「新しいストーリー（New Story）」と呼んでいるものを発展させているカナダのリーダーである。他にも『インクルージョンへの道』（*Pathways to Inclusion*）や『日常生活のファシリテーション』（*Facilitating an Everyday Life*）などいくつかの重要な著書がある。彼にはカナダ勲章を含むいくつかの受賞歴がある。出版物や関連する資料はホームページ www.johnlord.net でアクセスすることができる。

訳者

鈴木　良（すずき・りょう）

琉球大学教員。「ラルシュ・デイブレイク」（カナダ）及び NGO「地に平和」（パレスチナ）での勤務を経て現職。北欧・北米・日本の脱施設化とパーソナルアシスタンスについて研究。著書に『知的障害者の地域移行と地域生活――自己と相互作用秩序の障害学』（現代書館）など。

地域に帰る　知的障害者と脱施設化
――カナダにおける州立施設トランキルの閉鎖過程

2018年9月30日　初版第1刷発行

著　者　ジョン・ロード
　　　　シェリル・ハーン
訳　者　鈴木　良
発行者　大江道雅
発行所　株式会社 明石書店
〒101-0021 東京都千代田区外神田 6-9-5
電話　03（5818）1171
FAX　03（5818）1174
振替　00100-7-24505
http://www.akashi.co.jp
装　丁　明石書店デザイン室
DTP　レウム・ノビレ
印刷・製本　モリモト印刷株式会社

（定価はカバーに表示してあります）　ISBN978-4-7503-4734-9